本书为国家社科基金项目"土家族地区傩文化的数字化保护与传承研究"(批准号13CMZ030)的最终成果。

土家族傩文化数字化传承研究

聂森 等著

中国社会科学出版社

图书在版编目(CIP)数据

土家族傩文化数字化传承研究／聂森等著．—北京：中国社会科学出版社，2019.5

ISBN 978-7-5203-4256-8

Ⅰ.①土… Ⅱ.①聂… Ⅲ.①土家族—傩文化—数字化—研究 Ⅳ.①K892.24

中国版本图书馆CIP数据核字(2019)第062916号

出 版 人	赵剑英
责任编辑	刘 艳
责任校对	陈 晨
责任印制	戴 宽

出　　版	中国社会科学出版社
社　　址	北京鼓楼西大街甲158号
邮　　编	100720
网　　址	http://www.csspw.cn
发 行 部	010-84083685
门 市 部	010-84029450
经　　销	新华书店及其他书店
印　　刷	北京明恒达印务有限公司
装　　订	廊坊市广阳区广增装订厂
版　　次	2019年5月第1版
印　　次	2019年5月第1次印刷
开　　本	710×1000　1/16
印　　张	22
插　　页	2
字　　数	307千字
定　　价	88.00元

凡购买中国社会科学出版社图书，如有质量问题请与本社营销中心联系调换
电话：010-84083683
版权所有　侵权必究

前　言

中国乡土文化源远流长，是根植于农村大地而繁衍发展的传统文化，是中华民族的精神寄托和智慧结晶。但随着社会的发展和城镇化进程的加快，工业化和现代化对传统农耕文化产生了颠覆性的冲击，大量青壮年外出务工，大量的老人和儿童留守在农村，家庭的生活方式和人们的娱乐方式正在悄然发生改变，田园牧歌式的传统乡村家园正在离我们远去，乡土文化正在逐渐消失。特别是数字化时代的到来，网络多媒体的普及以及外来文化信息的入侵，在人们享受着时尚文化和都市文化的同时，也对人们的思维方式和价值观念产生了重大的影响，这些都大大的动摇了传统文化的生存土壤，导致传统文化的土壤和生存空间都遭到极大地破坏。

傩文化作为中国传统文化的重要组成部分，是远古先民在征服自然中为了获得生息繁衍创造的一种原始信仰，是在农耕社会指导人们思想言行的一种"意识形态"。长期以来，傩文化以传统乡土文化的形态留存于民间，被学术界、艺术界誉为"中国古文化的活化石"、"中国戏剧文化的活化石"，并入选第一批国家级非物质文化遗产名录。在与湘、鄂、渝、黔接壤的土家族地区，自古以来巫风盛行，又临近中原腹地，山高林密，为傩文化的原生形态和自然发展提供了适宜的土壤和生存的空间，是我国目前保存傩文化最丰富、最完整的地区。然而，当前我们正处于数字化时代，数字化已经在各个领域发挥越来越重要的作用，利用传统技术保护手段已远远不能满足当前对土家族地区傩文化保护与传承的现实需求，但如何有效利用数字化技术手段对土家族地区的傩文化进行保护与传承，是当前面临亟待解决的现实问题。

本书系2013年立项的国家社科基金项目的最终成果，主要基于社会学、人类学、传播学、计算机信息科学、艺术学等相关学科理论，利用数字化信息技术手段，对傩文化包含的口头曲艺、仪式表演、民俗活动、传统技艺等，采用人工智能、虚拟现实、多媒体、宽带网络与数据库等先进信息技术，对文字、图像、声音、视频及三维数据信息进行保存、组织、存储与查询检索，开展土家族地区傩文化的"静态保护"与"活态传承"的数字化信息技术研究。一方面为土家族傩文化的数字化采集修复、存储再现提供理论依据，另一方面为土家族傩文化的"静态"保护和"活态"传承提供翔实的数据资料。以此构建以数字信息技术为基础的土家族傩文化保护传承数字平台，为傩文化的保护传承、开发利用服务。

本书由聂森拟定提纲，完成第1、2、3、5章节的撰写，并负责全书的修改、审核和校正工作，令狐红英负责第4章节的撰写，崔忠伟负责第6章节的撰写，何明负责第7、9章节的撰写，秦艮娟负责第8章节的撰写，对他们的参与和辛勤劳动表示感谢。本书在写作中参考了大量国内外文献著作，谨向原著作者表示诚挚的谢意。本书的完成曾得到贵州省民族博物馆、西南傩文化研究院的大力支持，还得到龙宇晓教授等相关专家学者的帮助，还有参与本书调研、访谈的民间艺人，在此一并表示衷心感谢！本书出版得到了中国社会科学出版社的积极关心、支持和帮助，对他们的辛勤劳动也表示真诚的谢意！

本书在写作过程中涉及社会学、民族学、艺术学及计算机科学等相关众多知识，由于编写水平有限，难免挂一漏万，因此，书中疏漏和不足之处，衷心希望专家、学者和广大同人不吝赐教，批评指正。

目 录

第一章 绪论 …………………………………………………… (1)
第一节 问题的提出 …………………………………………… (1)
一 研究缘起 ………………………………………………… (2)
二 研究意义 ………………………………………………… (4)
第二节 课题的界定 …………………………………………… (5)
一 课题的界定 ……………………………………………… (5)
二 研究的目标 ……………………………………………… (7)
第三节 数字化保护技术的相关领域及相关术语 …………… (8)
一 数字化保护技术的相关领域 …………………………… (8)
二 数字化保护技术的相关术语 ………………………… (10)
第四节 研究综述 …………………………………………… (11)
一 国外非物质文化遗产的保护研究现状 ……………… (11)
二 国内傩文化的数字化保护研究现状 ………………… (14)
三 存在的问题及发展趋势 ……………………………… (17)
第五节 研究内容及方法 …………………………………… (19)
一 研究内容 ……………………………………………… (19)
二 研究方法 ……………………………………………… (21)

第二章 土家族地区傩文化的遗存现状调查 ………………… (23)
第一节 铜仁土家族地区傩文化遗存现状调查 …………… (24)
一 遗存现状调查 ………………………………………… (24)
二 遗存现状分析 ………………………………………… (34)
第二节 湘西土家族地区傩文化遗存现状调查 …………… (38)

一　遗存现状调查 …………………………………… (38)
　　　二　遗存现状分析 …………………………………… (47)
　第三节　恩施土家族地区傩文化遗存现状调查 ………… (53)
　　　一　遗存现状调查 …………………………………… (53)
　　　二　遗存现状分析 …………………………………… (64)
　第四节　本章小结 …………………………………………… (68)

第三章　土家族地区傩文化的数字化保护传承理论 ……… (70)
　第一节　傩文化的信息特性 ………………………………… (72)
　第二节　信息空间下傩文化保护与传承的
　　　　　思路及方法论 ……………………………………… (78)
　　　一　傩文化保护的思路 ……………………………… (79)
　　　二　傩文化的数字化保护与传承理论 ……………… (82)
　　　三　傩文化的数字化保护与传承方法 ……………… (87)
　第三节　土家族地区傩文化的数字化保护与传承的
　　　　　技术路线 …………………………………………… (91)
　　　一　傩文化的空间信息分析 ………………………… (92)
　　　二　傩文化的数字化保护与传承 …………………… (95)
　第四节　土家族地区傩文化的数字化保护与传承
　　　　　路径及方式 ………………………………………… (104)
　　　一　保护与传承的路径 ……………………………… (104)
　　　二　保护与传承的方式 ……………………………… (107)
　第五节　本章小结 …………………………………………… (111)

第四章　土家族地区傩文化的数字化保护技术综述 ……… (112)
　第一节　数字化技术概述 …………………………………… (113)
　　　一　记录和储存技术 ………………………………… (113)
　　　二　复原和修复技术 ………………………………… (115)
　　　三　展示与传播技术 ………………………………… (116)
　　　四　数字化版权保护技术 …………………………… (117)

第二节 傩文化的数字化采集记录和存储 (119)
　　一　文字记录和处理技术 (119)
　　二　图形采集和存储技术 (122)
　　三　声音采集和处理技术 (124)
　　四　影像采集和处理技术 (126)

第三节 傩文化的数字化复原和再现 (132)
　　一　数字图像修复技术 (132)
　　二　三维扫描技术 (133)
　　三　数字虚拟再现技术 (134)

第四节 傩文化的数字化展示与传播 (135)
　　一　故事编排技术和讲述技术 (135)
　　二　计算机动画和虚拟现实技术 (137)
　　三　网络新媒体交互技术 (139)

第五节 傩文化的数字化虚拟现实 (142)
　　一　虚拟现实技术概述 (142)
　　二　虚拟现实技术在非物质文化遗产保护中的应用 (143)

第六节 本章小结 (144)

第五章 土家族地区傩文化的数字化保护与应用 (146)

第一节 传承人的数字化"活态"保护 (147)
　　一　传承人的信息采集和方法 (148)
　　二　传承人的数字信息分类 (154)
　　三　传承人的数字信息管理 (159)

第二节 表演仪式活动的数字化保护 (161)
　　一　表演仪式的信息采集 (162)
　　二　表演仪式的数字化处理 (166)
　　三　表演仪式的数字化展示 (173)

第三节 傩文化实物的数字化保护 (175)
　　一　书籍文本 (175)
　　二　面具脸谱 (180)

三　表演服饰 …………………………………………（184）
　　四　法器道具 …………………………………………（188）
第四节　民间传说故事的数字化保护 ……………………（190）
　　一　数字化记录和采集 ………………………………（191）
　　二　数字化编排和讲述技术的应用 …………………（192）
第五节　本章小结 …………………………………………（193）

第六章　土家族地区傩文化的数字化传承与实现 ………（196）
第一节　傩文化的数字化传承原则 ………………………（197）
　　一　本真性原则 ………………………………………（197）
　　二　完整性原则 ………………………………………（197）
　　三　交互性原则 ………………………………………（198）
　　四　可持续性原则 ……………………………………（198）
第二节　大数据背景下文化遗产的数字化传承 …………（198）
　　一　数字化传承存在的问题 …………………………（199）
　　二　傩文化数字化传承中的大数据思维 ……………（200）
　　三　大数据在数字化传承中的应用分析 ……………（204）
　　四　大数据为傩文化带来的启示 ……………………（208）
第三节　大数据背景下傩文化数字资源管理 ……………（209）
　　一　数据库技术发展现状与趋势 ……………………（210）
　　二　土家族地区傩文化的数字资源分类 ……………（216）
　　三　土家族地区傩文化数据库建设原则 ……………（217）
　　四　土家族地区傩文化的数据库构建 ………………（220）
第四节　土家族地区傩文化的智能化交互展示平台 ……（222）
　　一　展示平台设计思路 ………………………………（223）
　　二　展示平台整体架构 ………………………………（224）
第五节　土家族地区傩文化的智能交互式展示平台
　　　　实现 ………………………………………………（224）
　　一　二维展示技术应用 ………………………………（224）
　　二　三维交互体验设计 ………………………………（225）

三　资源查询设计 …………………………………………（233）
　　四　用户访问行为分析和个性化主动信息服务 ………（245）
　第六节　本章小结 ……………………………………………（248）

第七章　土家族地区傩文化数字虚拟博物馆设计构建 ………（249）
　第一节　傩文化数字虚拟博物馆设计的相关理论 …………（251）
　　一　数字虚拟博物馆的技术支持 ……………………（254）
　　二　数字虚拟博物馆VR应用的必要性和可行性 ……（257）
　　三　数字虚拟博物馆VR应用实现 ……………………（258）
　　四　数字虚拟博物馆的建设内容 ……………………（260）
　第二节　傩文化数字虚拟博物馆建设框架 …………………（263）
　　一　数字虚拟博物馆建设需求分析 …………………（263）
　　二　数字虚拟博物馆系统结构设计 …………………（266）
　　三　数字虚拟博物馆系统功能设计 …………………（268）
　　四　数字虚拟博物馆数据库建设 ……………………（270）
　　五　数字虚拟博物馆交互体验设计 …………………（272）
　第三节　傩文化数字虚拟博物馆展示系统 …………………（274）
　　一　数字虚拟博物馆展示特点 ………………………（275）
　　二　数字虚拟博物馆展览交互 ………………………（279）
　　三　数字虚拟博物馆展览可视化 ……………………（282）
　第四节　本章小结 ……………………………………………（287）

第八章　土家族地区傩文化的数字化传播与利用 ……………（288）
　第一节　傩文化的传播属性 …………………………………（288）
　　一　傩文化的传播内涵 ………………………………（288）
　　二　傩文化的传播模式 ………………………………（291）
　第二节　傩文化的数字化传播 ………………………………（294）
　　一　傩文化的数字化传播含义 ………………………（294）
　　二　傩文化数字化共享 ………………………………（296）
　第三节　傩文化数字化开发利用研究 ………………………（299）

一　数字化技术在傩文化开发中的利用……………………（299）
　　二　傩文化的数字化开发利用需要注意的问题………（302）
　第四节　傩文化数据共享与知识产权问题………………（304）
　　一　傩文化资源数据库的知识产权保护…………………（305）
　　二　土家族地区傩文化资源数据库知识产权的
　　　　保护方法……………………………………………（306）
　第五节　本章小结…………………………………………（308）

第九章　土家族地区傩文化的数字化保护与传承对策研究……………………………………………（310）

　第一节　数字化保护传承的背景分析……………………（311）
　　一　时代背景………………………………………………（311）
　　二　行业背景………………………………………………（313）
　　三　机遇分析………………………………………………（313）
　第二节　数字化保护传承存在的问题……………………（314）
　　一　文化生态问题…………………………………………（314）
　　二　多学科交叉问题………………………………………（315）
　　三　人才队伍建设问题……………………………………（316）
　第三节　数字化保护传承的发展路径……………………（317）
　　一　数字化保护传承与文创产业相结合…………………（318）
　　二　数字虚拟博物馆与社会服务相结合…………………（319）
　第四节　数字化保护传承的发展模式……………………（320）
　　一　政府主导模式…………………………………………（321）
　　二　个人参与模式…………………………………………（321）
　　三　企业经营模式…………………………………………（322）
　第五节　傩文化资源开发SWOT分析……………………（323）
　　一　优势（Strength）分析………………………………（323）
　　二　劣势（Weakness）分析……………………………（325）
　　三　机遇（Opportunity）分析…………………………（326）
　第六节　傩文化的数字化产业发展对策…………………（328）

一　依托数字互联网技术，促进产业转型 …………（329）
　　二　依托数字虚拟技术，发展优势产业 ……………（331）
　　三　加大政策扶持力度，激发创意活力 ……………（332）
　第七节　本章小结 ………………………………………（333）

参考文献 ……………………………………………………（335）

第一章

绪 论

第一节 问题的提出

中国是一个具有悠久历史和灿烂文化的文明古国，中华文化源远流长、博大精深、丰富多彩。在悠久的历史长河中，中华民族创造了灿烂辉煌的传统文化，其中傩文化是中国传统文化的重要组成部分，在中国文化发展史上占有重要地位。傩文化是一种远古的原始宗教信仰文化，是自然崇拜、神灵信仰、民间民俗和多种技艺相融合的一种文化形态，包含了傩歌、傩舞、傩仪、傩戏、傩艺、傩技等。长期以来，傩文化所承载的丰富的人文、历史、科学、艺术等信息尤为珍贵，这种巫风傩俗所负载的文化现象曾被戏剧家协会主席曹禺赞叹为又一道"文化艺术长城"。即便在现代，这种巫风傩俗并未消亡，仍以传统文化的形态留存于民间，保持着勃勃的生命力，生生不息。

傩文化被学术界、艺术界誉为"中国古文化的活化石""中国戏剧文化的活化石"，并入选第一批国家级非物质文化遗产名录。傩文化主要分布在黄河流域、长江流域和西南地区，其中西南地区的傩文化遗存最为丰富，在与湘、鄂、渝、黔接壤的土家族地区，更是西南地区傩文化的代表，曹毅在《土家族傩文化浅论》中谈道："研究中国傩文化不可不研究土家族傩文化。"① 这里自古以来

---

① 曹毅：《土家族傩文化浅论》，《民族论坛》1995年第1期，第83—88页。

巫风盛行，又临近中原腹地，山高林密，为傩文化的原生形态和自然发展提供了适宜的土壤，是我国目前保存傩文化最丰富、最完整的地区。因此，对土家族地区的傩文化开展保护传承研究就具有较强的代表性。然而，就目前来说，这一地区傩文化保护和传承现状，不得不让人担忧。随着社会的发展，文化的变迁，傩文化所面临的形式也越来越严峻，丰富的傩文化遗产正迅速消失，保护的难度逐渐增大，正面临"人亡歌息""人去艺绝"的文化传承危机。所以，加大对这一地区傩文化遗产的保护与传承就越发重要。

当前，从对傩文化的保护和传承研究现状来看，还存在严重的不足，一是重"静态保护"而轻"活态传承"，二是重"物质"形态的保存而轻"非物质"形态的保护，三是重"传统技术"的馆藏式保护手段而轻"数字化技术"的非物质文化遗产保护手段。因此，这就需要找到一种新的方法来解决对傩文化保护和传承中出现的技术问题。

在数字化时代，利用传统技术保护手段已不能满足当前对土家族地区傩文化保护与传承的现实需求。通过实践与研究，我们发现数字化信息技术可以在傩文化遗产的保护传承中发挥更好的作用，能解决当前对傩文化保护传承中存在的技术问题，真正起到抢救、传承与发展傩文化之目的。因此，如何有效地利用数字化技术手段对土家族地区傩文化进行数字化保护与传承，是当前迫切需要解决的现实问题。

一 研究缘起

随着社会的发展，城镇化进程的加快，工业化和现代化对传统农耕文化产生了颠覆性的冲击，大量青壮年外出务工，大量的老人和儿童留守在农村，家庭的生活方式和人们的娱乐方式正在悄然发生改变，田园牧歌式的传统乡村家园正在离我们远去，乡土文化正逐渐消失。特别是数字化时代的到来，网络多媒体的普及，外来文化信息的入侵，人们在享受着时尚文化和都市文化的同时，人们的思维方式和价值观念发生了重大变化，这些都大大地动摇了传统文化的生存土壤，导致传统文化生存的空间遭到极大破坏。

土家族地区的傩文化保护传承不仅在于传统文化表现形式，而更在于其赖以生存的文化空间，且依托人本身而存在。传承人是文化传承的主体，是以形象、技艺和声音为表现手段，并以口传心授、口耳相传作为文化链接而得以延续，是"活"的文化重要部分，同时也是传统文化中最脆弱的部分。如何避免"人亡歌息""人去艺绝"的文化传承危机，也正是当前土家族地区傩文化保护与传承面临复杂的形势和艰巨压力的原因。纵观当前傩文化在保护与传承方面面临的困境，主要存在以下问题。

（一）对傩文化的"静态"保护不能全面展现文化信息，需要"活态"传承来延续土家族地区的傩文化

从当前傩文化保存现状来看，对傩文化的保护主要以"静态"保护为主，采取的是传统的文字记载、绘图、摄影摄像等技术手段保存了大批珍贵的资源。但是，非物质文化遗产最大的特点是依托人本身而存在，以声音、形象和记忆为表现手段，以身、口、耳相传得以延续，因此，更需要进行"活态"的数字化保护。而如何将数字信息技术引入傩文化的保护传承与开发中，传播与共享傩文化资源，虚拟再现傩文化的空间信息，从目前的研究现状来看，这方面略显薄弱。

（二）传统技术保护手段已无法满足现实的需求，需要一种新的技术手段来展现傩文化生存空间形态

早在20世纪70年代人们就开始利用摄影摄像技术来记录文化遗迹信息，但这些资料容易老化失真，难以长久保存。如果需要获得高精度高逼真的数字化文化遗产信息，就必须采用数字化信息技术，把文字资料、音乐唱腔、面具脸谱、表演影像、传承谱系等转化成数字信息，生成虚拟现实的场景空间，以打破时间与空间的限制，做到最大限度地展现傩文化的动态空间形态。

（三）土家族地区傩文化整体处于濒危态势，需要新的技术手段来修复保存、记录传播

面对土家族傩文化正在消失和保护难度加大的事实，迫切需要利用数字化保护技术，通过图像处理与虚拟现实等数字复原和再现技术，将傩文化的相关文字、图片、声音、视频及三维数据等信息进行数字化修复存储、复原再现，提供数字化转换、组织、管理，以实现对傩文化的完整保护与传播传承。

因此，鉴于傩文化自身的特殊性，鉴于傩文化日渐式微的现实，对土家族地区傩文化采取"静态"保护与"活态"传承的数字化保护方式，构建一个以数字信息技术为基础，综合型数字化虚拟保护与传承利用的非物质文化遗产保护框架，是大有必要的。

二 研究意义

土家族地区傩文化是土家族长期生活经验的积累，融合了多种文化基因，具有鲜明的民族性和地域性，是一种典型的民俗事象，具有活态性、生态型、传承性、变异性等特殊性质。我国一直把保护和传承本国的非物质文化遗产作为一项重要的任务给予极大的关注和支持，而傩文化作为中国远古文化的一部分，很早就得到了重视，人们最初采用的是口述记录、摄影摄像等传统的技术手段来记录和保存，然而，照片和录像带都会受环境的影响而受潮老化、色彩失真，文本资料也难以被长期保存。在数字化时代，采用这种传统的傩文化保护技术手段，已无法满足当前对傩文化保护与传承的现实需要。而且，随着数字化时代的到来，数字化技术已日渐成熟，虚拟现实技术、数据捕捉技术、多媒体与网络信息技术迅速发展。利用数字化技术的采集、储存、处理、展示、传播等技术手段，将土家族地区傩文化进行转换、再现、复原成为共享、可再生的数字文化形态，以新的视觉加以解读，新的方式加以保存，新的需求加以开发和利用，必将为土家族地区傩文化的保护与传承提供更为广阔的空间，主要表现在以下三个方面。

第一，利用数字化技术手段对土家族地区傩文化进行保护与传承。利用数字化的采集、修复、存储的技术手段，利用现代数字化影像技术进行记录和传播，以"活态传承"为主要保护手段，把傩文化的静态保存与动态保护相结合，构建土家族地区傩文化保护与传承的一种全新的方式和路径，具有较强的现实意义。

第二，利用数字化技术手段对土家族地区傩文化进行传播与共享。通过建立基于网络的土家族地区傩文化遗产的数字化资源库，以活态文化的方式展示傩文化，实现非物质文化资源信息的整合及最大限度地传播与共享，具有较强的实用价值。

第三，为非物质文化遗产的保护和传承提供理论技术支持。对土家族地区傩文化的数字化保护技术研究和开发，将为中国非物质文化遗产的保存以及对学术研究与产业化等诸多方面的实现提供技术上的可能性。

第二节 课题的界定

一 课题的界定

傩文化是中华民族文化的重要组成部分，主要分布在长江、黄河流域和西南地区，而西南地区的傩文化最为丰富，民间傩戏分布最广、种类较多，其中以土家族地区为西南傩文化的代表，这一地区是目前保存傩文化最丰富、最完整的地区，因此，本书选取与湘、鄂、渝、黔接壤的土家族地区的傩文化作为研究对象，重点选取贵州铜仁土家族地区、湖南湘西土家族地区和湖北恩施土家族地区作为本书研究的考察地，进行田野调研，对当前西南地区傩文化遗存现状做了摸底调查和搜集整理。在此基础上，提出对土家族地区傩文化的数字化保护与传承的理论框架和技术实践。

这里需要指出的是，土家族地区指的是地域概念，并非特指民族区域。由于湘、鄂、渝、黔接壤的土家族聚居地是中原汉文化与荆楚巫文化、巴蜀文化以及西南少数民族文化的多重交织积沉带，在这一地区流布的傩文化深受多种文化的影响，形成了目前纷繁复杂的傩文化形态。曹毅先生认为："傩戏不用土家语演唱,显然不属于土家族古老的巫文化系统,而是多种文化基因与土家族巫文化融合的结晶。"① 这也说明土家族地区的傩文化受汉文化的影响最多,又带有本民族特有的特征和鲜明的地域特色。因此,对土家族地区流传的傩文化如何进行数字化保护与传承展开研究,而非单纯所指的由土家族人民演绎而流传的傩文化事象。

同时,鉴于傩文化在土家族地区遗存状况,有必要对巫文化和傩文化加以区别。傩文化属于巫文化系统,是巫文化中的一个特殊子系统。巫文化是上古时期人类在繁衍生息,推进社会发展中,创造的一种适应自然,改造自然的原始文化,融汇了天文地理、人文数理、医卜星相、五行八卦、祭礼娱乐的总和,② 是华夏民族多元文化的重要组成部分,包含各种祈祷、卜筮、星占等为人祈福消灾,并兼用药物治病等,是一种民间巫祀民俗活动,载体要宽泛得多。而傩文化是以傩祭、傩仪、傩戏傩舞、傩艺傩技为基本载体的一种典型民俗事象,是包含在巫文化系统中的巫傩文化。土家族地区的傩文化指的是在土家族地区留存并广为流布的傩祭、傩仪、傩戏、傩艺、傩技等民间民俗事象的总和,包含了口头曲艺、仪式表演、民俗活动、传统技艺等傩文化形态。

因此,本书利用数字化信息技术手段,对土家族地区傩文化包含的口头曲艺、仪式表演、民俗活动、传统技艺等,采用人工智能、虚拟现实、多媒体、宽带网络与数据库等先进信息技术,对文字、图像、声音、视频及三维数据信息进行保存、组织、存储与查询检索。对土家族地区傩文化的"静态保护"与"活态传承"的数字化信息技术展开研究,旨在构建以数字信息技术为基础的土家族地区傩文化综合数据研究平台,为傩文化的保护传承、开发利用提供服务。

---

① 曹毅:《土家族傩文化浅论》,《民族论坛》1995 年第 1 期,第 83—88 页。
② 严玉:《巫文化艺术的美学内涵》,硕士学位论文,重庆大学,2007 年,第 10 页。

二 研究的目标

土家族地区傩文化的保护传承不仅在于传统文化的表现形态，而更赖于其存在的文化空间，尤其重要的是传承主体——人。傩文化是依托人而存在，其中人是文化传承的主体，因为，傩文化的传承是依靠声音、形象和技艺为表现手段，以口耳相传和口传身授为文化链接得以延续流传下来。所以，傩文化中"活"的最重要部分就是人，而恰恰人又是传承中最脆弱的部分，生老病死的自然规律是谁都不可避免的。于是，如何避免"人亡歌息""人去艺绝"的文化传承危机，便成为当前土家族地区傩文化保护与传承所面临的复杂形势和艰巨压力的重要原因。因此，本书拟从以下方面进行探讨。

首先，当前对傩文化采用传统的"静态"保护，已不能全面展现文化信息。需要"活态传承"保护技术手段来延续土家族地区的傩文化。通过对土家族地区傩文化的保护与传承研究，获得一套面向傩文化遗产的数字化挖掘、保护、传播和开发利用的研究理论，为非物质文化遗产的保护和传承提供理论依据。

其次，从数字化保护技术的应用现状来看，主要有数字化采集和存储，虚拟现实呈现等技术手段。对傩文化采取"静态保护"和"活态传承"相结合的数字信息技术，为非物质文化遗产的保护与传承提供"静态保护"和"活态传承"相结合的数字化保护方式。

最后，构建以数字信息技术为基础的综合型数字化虚拟傩文化遗产保护、展示系统，希望能促进非物质文化遗产的数字化保护技术日臻完善，加速非物质文化遗产的传播、共享和利用。

综上所述，鉴于傩文化自身的特殊性，面对傩文化日渐式微的现实，本书主要对土家族地区傩文化采取"静态保护"与"活态传承"相结合的数字化保护方式，试图建立一个以数字信息技术为基础，综合型的数字化虚拟保护传承与开发利用的理论框架。

第三节　数字化保护技术的相关领域及相关术语

本节简要介绍傩文化保护中涉及的数字化信息技术的相关领域及相关术语。傩文化的数字化保护主要包含二维信息和三维信息两个方面。从数字化保护技术的应用现状来看，主要是数字化记录存储、数字虚拟现实再现、数字文化空间重建三个方面。

一　数字化保护技术的相关领域
（一）傩文化的数字信息获取方面

数字化信息的采集获取是傩文化的数字化保护的核心和基础，只有获得了傩文化的数据信息，才能够进一步进行数字化处理存储、虚拟现实、模拟再现等数字信息技术的应用。数字化信息的获取主要是二维信息和三维信息两个方面，二维信息的获取主要是对图形图案、文字信息等资料的数字化采集和存储，三维信息的获取主要是对口述音频、影像视频的记录。

傩文化包含了口头曲艺、仪式表演、民俗活动、传统技艺等，主要是祭祀活动的实物道具（面具脸谱、书籍文字、傩具傩器、道具服饰等）和祭祀表演的仪式空间（祭祀活动、傩歌傩舞、民间演艺等）的文化信息。那么，针对祭祀活动和仪式空间两方面，开展二维信息和三维信息的数字技术获取，不仅有利于傩文化遗产的保存、整理、检索和共享，而且还有助于后续对傩文化的开发和利用，为进一步地展示和传播提供很好的信息支持。

对于二维的傩文化信息，如文字记载、图形图像等二维信息，主要采用高像素的相机、高精度二维扫描仪进行获取，生成二维数字图像，再利用数字图像技术进行分析和处理，修复复原，转换成数据信息进行保存和展示共享。

对于三维的傩文化信息，如实物道具的三维扫描、祭祀活动信息的影音记录、歌舞技艺的视频采集等，利用现代数字设备获取三维信息，再进行三维建模、虚拟再现、后期编辑处理等技术手段，实现傩文化的虚拟现实和人机交互，完整地展示出傩文化的信息空间。

随着信息技术和互联网技术的快速发展，云计算和大数据信息时代的到来，特别是数字化设备技术的提高，对非物质文化遗产信息的获取会更加高效快捷，也会更加完整和保真。

（二）傩文化的数字化信息技术应用方面

数字化信息技术的应用是傩文化的数字化保护手段和途径。利用数字化信息技术对傩文化的数字信息进行处理，可以实现在傩文化与受众之间搭建一个信息的桥梁，用户可以通过网络信息技术对傩文化的祭祀活动、傩歌傩舞、民间演艺等文化信息进行漫游和体验，以便获取需要的信息，更有效地展示和传播傩文化。从数字化保护技术的应用现状来看，主要分为以下几类：

1. 数字化采集记录和存储技术的应用

根据傩文化的信息类型，可以分为"传承人、傩文化实物（剧本、道具、服饰、面具等）、表演仪式（傩仪、傩俗、傩歌傩舞、傩戏、傩艺等）、民间传说等。对传承人的数字信息采集，可以运用数字化动作编排技术与声音驱动技术、Cubase SX 与 Nuendo 电脑音乐制作软件、Premiere 影像与声音合成软件等数字技术，将传承人的生活状况、传承现状、口述材料采集处理，完整地展现传承人的传承空间；对傩文化实物的数字化应用技术，可以运用 3ds max 等对实物进行三维模型虚拟复原，运用 Photoshop 等图像处理软件对图形图像进行修复还原，从而实现对傩文化道具实物的完整性保护与传承；对表演仪式运用数字摄影、摄像、DV 记录进行影像采集后，再通过数字化非线性编辑技术对音频视频进行后期编辑处理；对傩文化中的民间故事、传说典故，运用数字化故事编排与讲述技术（Virtual Storyteller）进行数字信息记录和处理。

2. 数字化虚拟再现技术的应用

采用数字化复原和再现技术，对傩文化仪式空间进行恢复和虚拟再现，对部分濒临消失的傩文化形态进行原貌复原；采用数字信息技术，把文字资料、音乐唱腔、面具脸谱、表演影像、传承谱系等编辑处理转化成数字化数据格式,生成虚拟场景,展现傩文化存在的文化空间,打破时间与空间的限制,最大限度地展现傩文化的动态空间形态,从而实现土家族傩文化的完整性保护与传承。

3. 数字化展示和传播技术的应用

通过互联网、多媒体和数据库等技术,建立基于网络信息的傩文化数字化资源展示平台,实现傩文化资源信息的整合和最大限度的展示、传播与共享。

二 数字化保护技术的相关术语

在傩文化的数字化保护技术中涉及的相关术语,比如数据采集、虚拟现实、人机交互等,为了便于理解和掌握,有必要作一个简要介绍。

数据采集,又称数据获取。数据采集(Data Acquisition)就是将要获取的信息通过传感器转换为信号,并经过信号调理、采样、量化、编码和传输等步骤,最后送到计算机系统中进行处理、分析、存储和显示。[①]

数据采集是获取信息的重要途径,把与傩文化相关的文字、图片、声音、视频及三维数据等信息,通过数据采集技术转换为信号,再通过数字化技术进行处理,提供数字化保存、组织、存储,以实现对傩文化的完整保护与传播传承。

虚拟现实,虚拟现实是利用电脑模拟产生一个三维空间的虚拟世界,提供使用者关于视觉、听觉、触觉等感官的模拟,让使用者如同身临其境一般,可以及时、没有限制地观察三度空间内的事物。[②]

对傩文化的祭祀活动和仪式空间,利用虚拟现实技术,结合网

---

① 周林、殷侠:《数据采集与分析技术》,西安电子科技大学出版社 2005 年版,第 2 页。

② 郭巍:《虚拟现实技术特性及应用前景》,《信息与电脑·理论版》2010 年第 5 期,第 29 页。

络交互技术，模拟一个三维空间，给受众提供视觉、听觉、触觉等感官模拟现实，使观众如同身临其境。对濒临消亡的傩文化仪式活动可以利用数字虚拟现实技术进行虚拟再现，修复还原，全面、生动、逼真地展示和再现祭祀活动和仪式空间。

人机交互，就是通过输入、输出设备，以有效的方式实现人与计算机的实时互动。"人机交互技术通常包括计算机通过输出或显示设备给人提供大量信息及提示，以及人通过输入设备向计算机输入有关信息、问题回答等。"①

人机交互技术在傩文化中的具体应用，就是把傩文化相关的图形图像、动作视频、语言音乐、文字等信息，通过多媒体人机交互软件技术，在虚拟现实系统中，生成一个逼真的视觉、听觉、触觉以及嗅觉等的感官世界，使受众与生成的虚拟现实进行交互互动，使观众参与其中，给受众以更加逼真的体验。

第四节 研究综述

一 国外非物质文化遗产的保护研究现状

在信息化、全球化的时代背景下，非物质文化遗产正逐渐失去传承与发展的土壤。对非物质文化遗产的数字化保护、传承、开发、利用，是世界各国在数字信息时代背景下，对非物质文化遗产保护与传承的重要发展趋势。国外对非物质文化遗产的数字化保护研究，主要在数字化馆藏、数字化保护技术和数字化共享机制方面，并形成初步的理论体系。

在数字化馆藏方面，数字化博物馆是非物质文化遗产数字化保护的重要途径。最早出现于 20 世纪 90 年代，美国国会图书馆推动"American Memory"计划，对图书馆的文献、手稿、照片、录音、影片等典藏品进行数字化，是美国历史和创造性的数字记录，并作

---

① 董士海、王衡：《人机交互》，北京大学出版社 2004 年版，第 1 页。

为教育和终身学习的资源为公众服务。① 法国国家数字图书馆 Gallica 世界是可以通过互联网访问的最大数字图书馆之一,为读者提供 7 万部电子图书、8 万幅图片以及几十小时的声像资源,Gallica 致力于成为一个遗产图书馆和百科全书式的图书馆。② 日本更是亚洲历史文化遗产保护的先行者,近年来,如本国立国会图书馆也积极将馆藏非物质文化遗产资源数字化,形成了相关的非物质文化遗产数据库。③ 由意大利图书遗产与文化机构专业委员会发起的"因特网文化遗产项目(Internet Culturale),旨在建立一个为公众提供获取意大利文化遗产资源的在线文化遗产资源服务系统"④。国外数字化博物馆及数据库的建设,既丰富了非物质文化遗产的服务内容,又形成了内容丰富、形式多样的非物质文化遗产数字化资源。

在数字化保护技术方面,就是将数字化信息技术应用于民族民间非物质文化遗产的抢救和保护,借助数字摄影摄像、三维数字信息获取、虚拟再现、网络多媒体等技术,构建以计算机网络信息为基础的综合型数字化平台,以实现对非物质文化遗产的保护传承、开发利用。意大利佛罗伦萨大学马西米里亚诺·皮耶阿奇尼(Massimiliano Pieraccini)等通过不同数字化技术进行应用测试后认为:三维技术在文化遗产保护领域得到了充分的发展和广泛的应用。⑤ 程阳等人探讨了虚拟现实技术(virtual reality)被用来重建、模拟著名历史文化活动,并通过文本文字的扫描、建构与修复,以推动非物质文化遗产的保护、传播的主要途径,并认为这种数字化保护

---

① The Library of Congress. Mission and History(American Memory form the Library of Congress)[EB/OL]. [2014-07-29]. http://memory.loc.gov/ammem/about/index.html.

② 简:《Gallica——法国国家图书馆的数字图书馆》,《国外社会科学》2006 年第 2 期,第 113 页。

③ 谭必勇、张莹:《中外非物质文化遗产数字化保护研究》,《图书与情报》2011 年第 4 期,第 7—11 页。

④ 同上。

⑤ Massimiliano Pieraccini, Gabriele Guidi, Carlo Atzeni, "3D digitizing of cultural heritage", *Journal of Cultural Heritage*, 2001, 2 (1), pp. 63—70.

技术更能促进广大公众更加积极深入地参与、体验非物质文化遗产保护。① 日本学者 Kensuke HISATOMI 等探讨了基于图切割（Graph Cuts）的三维重建技术在非物质文化遗产保护中的应用。② 日本奥兹大学对日本奥兹地区的活态文化遗产狮子舞的数字化保护工程，③ 也为傩文化的数字化保护与传承提供了可行性参考。

在数字化共享机制方面，一是跨行业、跨部门的非物质遗产资源数字化共享机制。例如，英国的 www.tate.org.uk/（泰特在线网）是由泰特英国美术馆、泰特现代美术馆、泰特利物浦美术馆和泰特生艾富思美术馆联合创办，展示英国传统古典音乐、现代音乐及利物浦地方音乐的在线数据库，为人们研究、了解、欣赏英国音乐提供了集成化资源获取路径。成立于 2004 年的加拿大国家图书档案馆（Library and Archives Canada，LAC）在非物质文化遗产建设的共享主要体现为建立了不少的非物质文化遗产数据库④。二是区域联盟非物质文化遗产的数字化保护协同战略。欧盟先后制订"文化 2000 计划"（Culture 2000 Programme）、"2007—2013 年文化计划"［CULTURE PROGRAMME（2007—2013）］，致力于推动欧盟范围内文化资源的协同、共享与沟通。作为一个欧洲地区文化遗产资源（包括非物质文化遗产）的数字典藏库，ECHO 目前已经拥有包括人类学、考古学、中国知识、佛教、历史地图、生命科学、巴尔干民俗文化、人口统计、铜板印刷、楔形文字等在内的 70 种收藏，而且来自世界各地 20 个国家的 170 多个机构正积极参与这一数据库的建设，从而为大众和科研人员提供能够自由获取的欧洲

---

① Cheng Yang, Shouqian Sun, Caiqiang Xu, "Recovery of Cultural Activity for Digital Safeguarding of Intangible Cultural Heritage", Proceeding of the 6th World Congress on Intelligent Control and Automation. Dalian: June 21 – 23, 2006, pp. 10337 – 10341.

② Kensuke HISATOMI, etc, "Method of 3D Reconstruction Using Graph Cuts, and ts Application to Preserving Intangible Cultural Heritage", 2009 IEEE 12th International Conference on Computer Vision Workshops. TBD: Sep 27 – Oct 4, 2009, pp. 923—930.

③ 谈国新、钟正：《民族文化资源数字化与产业化开发》，华中师范大学出版社 2012 年版，第 11 页。

④ 谭必勇、张莹：《中外非物质文化遗产数字化保护研究》，《图书与情报》2011 年第 4 期，第 7—11 页。

文化遗产，并鼓励用户的共同参与和分享。①

二 国内傩文化的数字化保护研究现状

伴随着数字信息技术的发展，国内对非物质文化遗产的数字化保护也越来越受到广泛的关注，政府和学界也越来越重视非物质文化遗产的数字化保护技术的利用。2005年，国务院办公厅发布《国务院办公厅关于加强我国非物质文化遗产保护工作的意见》（国办发〔2005〕18号），明确提出"要运用文字、录音、录像、数字化多媒体等各种方式，对非物质文化遗产进行真实、系统和全面的记录，建立档案和数据库"②。自此，我国的非物质文化遗产的数字化保护工作在文化部的推动下，得到了建立和完善。2006年6月开通了"中国非物质文化遗产网·中国非物质文化遗产数字博物馆"（http://www.ihchina.cn/main.jsp），利用数字化技术和网络平台，展现和传播丰富深厚的非物质文化遗产资源，充分调动和利用社会公众参与，提供和完善非物质文化遗产保护的信息，为中国非物质文化遗产的数字化采集、组织、传播、展示提供广阔的平台。

政府和学术界已越来越重视非物质文化遗产的数字化技术的保护应用，并取得了瞩目的成就，比如，浙江大学CAD&CG国家重点实验室就敦煌艺术的数字化保护技术取得了一系列的成就，在保护方面，信息技术的应用将为永久性的无损敦煌石窟及其壁画和彩塑信息提供新的手段，计算机模拟仿真技术将为敦煌石窟的保护和修复提供有效的辅助工作环境，通过人工智能与图形处理技术集成可探讨古老的笔画衰退演变的过程以及重现原貌；研究方面，虚拟重建与图像检索技术综合应用将为敦煌石窟艺术研究创造在洞窟现场无法提供的方便条件，研究者可通过检索，快捷、清晰地找到相

---

① *European Cultural Heritage Online* (*ECHO*)，2014年7月29日（http://echo.mpiwg-berlin.mpg.de/home）。

② 国务院办公厅：《国务院办公厅关于加强我国非物质文化遗产保护工作的意见》，2014年7月30日（http://www.gov.cn/gongbao/content/2005/content_63227.htm）。

关图像；弘扬方面，运用虚拟漫游技术开发的虚拟敦煌石窟将为游客欣赏敦煌艺术提供在洞窟现场难以看到的实景，还可以应用人工智能和图像处理技术创作敦煌风格的艺术作品和旅游纪念品等等，[①]在对敦煌石窟的信息获取、敦煌艺术的虚拟鉴赏、壁画艺术的虚拟修复模拟演变，以及计算机辅助设计创作方面取得了系列成果。

在数字化保护工程方面还有北京大学故宫数字化，浙江大学虚拟故宫漫游，南京大学三峡文化遗产数字化展览工程，为我国通过信息技术对濒危文化遗产的保护、传承与再创造提供了有益的方法与经验。在非物质文化遗产的数字化保护项目，有浙江大学的"民间表演艺术的数字化抢救保护与开发的关键技术研究""楚文化编钟乐舞数字化技术研究"等，[②]为我国对非物质遗产数字化保护技术方面提供有益的探索，非物质文化数字关键技术的研发，将为民间文化遗产的数字化保护和传播提供技术上的可能。

随着数字化信息技术在非物质文化遗产保护中的应用，涉及非物质文化遗产的数字化建设方面形成了一批有影响的论著，例如，周明全主编的《文化遗产的数字化保护研究》（北京师范大学出版社2006年版），是讨论了数字博物馆模型研究及应用开发、数字博物馆的知识管理、论数字博物馆的展示语言等相关问题[③]；王耀希著的《民族文化遗产数字化》（人民出版社2009年版），涉及如何将文化、信息以及相关产业的先进理念、实用技术"集成"应用于民族文化资源保护、传承与开发实践，旨在推动我国民族文化遗产数字化保护的科学化、规范化、产业化[④]；鲁东明、潘云鹤主编的《文化遗产的数字化保护：技术与应用（英文版）》（浙江大学出版社2009年版），围绕文化遗存保护研究展览等工作的实际需要，以

---

① 潘云鹤、樊锦诗：《敦煌 真实与虚拟 中英文本》，浙江大学出版社2003年版，第8页。
② 彭冬梅、潘鲁生、孙守迁：《数字化保护——非物质文化遗产保护的新手段》，《美术研究》2006年第1期，第47—48页。
③ 周明全主编：《文化遗产的数字化保护研究》，第三届中华文化遗产数字化及保护国际研讨会论文集，北京师范大学出版社2006年版。
④ 王耀希：《民族文化遗产数字化》，人民出版社2009年版。

提高工作效率、改进工作效果、突出时空限制为目标,分析讨论关键的数字化保护与开发技术,以及面向文化遗产保护与开发需要的辅助系统或工具。① 杨红主编的《非物质文化遗产数字化研究》(社会科学文献出版社 2014 年版),是第一次系统梳理当前国内外非物质文化遗产数字化实践的指导性著作。针对当前我国非物质文化遗产数字化的核心问题,该书提出了非物质文化遗产数字资源的核心元数据元素集方案,建立了非物质文化遗产项目分类编码体系,对非物质文化遗产数字化保护及数据库建设标准体系进行了基础性研究,首次提出非物质文化遗产项目类属的"双层四分法",基本解决了现有分类与数据管理需求之间的主要矛盾。这些相关的研究成果,对于推动非物质文化遗产数字化研究起到了积极作用。②

就非物质文化遗产傩文化的保护与传承方面,已有诸多专家学者对傩文化的发展和传承做了相关的理论研究。如曲六乙、顾朴光、邓光华、庹修明、薛若琳等学者,从戏剧学、民俗学、人类学、宗教学、民族学、文艺学等多角度,以傩及傩戏的源流及沿革为主题,结合田野考察对傩文化的形成原因、传承路线及社会功能、文化价值、传承保护等方面进行了相关的研究,形成一批有影响力的论著。比如,曲六乙的《傩戏、少数民族戏剧及其它》、顾朴光的《中国面具史》、邓光华的《傩与艺术宗教》、高伦的《地戏简史》、沈福馨的《安顺地戏》、庹修明的《傩戏、傩文化》以及胡建国的《巫傩与巫术》、柯琳的《傩文化刍论》等研究成果,在国内外的学术界和艺术界都产生了广泛的反响。此外,对傩文化进行影像记录,最具代表性的图册有薛若琳主编的《中国巫傩面具》,王恒富、皇甫重庆等主编的《贵州面具艺术》,顾朴光、潘朝霖、庹修明、孔燕君编著的《中国巫文化、傩戏面具艺术》,沈福馨编著的《安顺地戏面具》,庹修明、姜尚礼编著的《中国傩

---

① 鲁东明、潘云鹤:《文化遗产的数字化保护技术与应用》,浙江大学出版社 2009 年版。
② 杨红:《非物质文化遗产数字化研究》,社会科学文献出版社 2014 年版。

戏、傩文化》等,对傩文化图谱进行详细的记录,为研究傩文化提供了宝贵的图像资料。

对非物质文化遗产傩文化的馆藏保护方面,有地处湘、黔、渝三省市交界地区铜仁的贵州傩文化博物馆,是国内唯一的以收藏、展览和研究傩文化为一体的专题博物馆,馆内设有傩坛室、傩案画室、傩面具室、傩法器、道具室,展出藏品1000余件,文字资料2000多万字,音像资料40余盒,图片3000多幅,展示了我国现有丰富的傩文化遗产资源,为傩文化的研究和保护提供了交流平台。

三 存在的问题及发展趋势

在文化经济全球化和现代化的背景下,非物质文化遗产受到了空前的冲击,正慢慢失去赖以产生、存在的土壤和社会环境,面临着严重的生存危机,特别是年轻人外出务工后很快地接受外来生活方式与娱乐方式,甚至盲目崇拜外来文化,尤其是西洋文化,轻视本民族、本地区的文化,导致一些非物质文化遗产的传承出现了断脉,许多珍贵的非物质文化遗产都处于濒危状态。非物质文化遗产最大的特点是不脱离民族特殊的生活方式、民族个性、民族审美习惯的"活"的显现。它总是依托于人本身而存在,以声音、形象、记忆为表现手段,并以身、口、耳相传得以延续,是"活"的文化及其传统中最脆弱的部分。[①] 因此,对于非物质文化遗产的保护和传承来说,人或传承者就显得尤为重要。如果民间艺人日益减少,传承人面临后继无人,那么,非物质文化遗产的传承就会断脉,甚至断绝乃至消失。

但从现有的研究现状来看,多数专家学者是从学理上对土家族地区的傩文化展开研究,具体操作性不强,理论联系实践不到位,仅仅是采用传统保护手段进行馆藏展示保护,而缺乏相关的数字化信息技术保护手段。对傩文化保护与传承方面的研究还存在严重不

---

① 张仲谋:《非物质文化遗产传承研究》,文化艺术出版社2010年版,第120页。

足,主要存在如下问题。

第一,重"静态保护"而轻"活态传承"。傩文化是人们长期生活经验的积累,包含了祭祀表演仪式、民间习俗活动等多种文化形态。散存于民间乡野,流传于闾巷草野,具有活态性、生态型、传承性和变异性等特殊性质。因此,对傩文化的保护与传承应构建全方位、立体化、互动性的"活态"文化传承空间。

第二,重"物质"形态保存而轻"非物质"形态的保护研究。傩文化存在是无形的、即时的、行为的、口头的特殊文化形态,需要采用数字化等现代科技手段来真实、系统、全面的记载,以避免"人亡歌息""人去艺绝"的文化传承危机。

第三,重"传统技术"而轻"数字化智能技术"的文化保护手段。傩文化包含口头曲艺、仪式表演、民俗活动、传统技艺等,传统馆藏式的保护手段已无法满足现实的要求,因此,需要利用现代数字化影像技术进行记录和传播,建立完整的数据库,从而达到抢救、传承与发展之目的。

因此,面对我国丰富的傩文化遗产正在迅速消失和保护难度进一步增大的事实,迫切需要找到一种新的方法来解决保护中出现的技术问题。由于傩文化包含了口头曲艺、仪式表演、民俗活动、传统技艺等,是一种特殊文化形态,传统保护手段已无法满足现实的要求。通过研究与实践,我们发现数字化智能信息技术可以在傩文化遗产的保护中发挥很好的作用。

从技术层面上看,可以利用数字化技术对傩文化信息进行采集、储存、处理、展示、传播等数字化技术手段,将傩文化遗产转换、再现、复原成为共享、可再生的数字信息形态,以新的视觉加以解读,新的方式加以保存,新的需求加以开发利用,[①] 构建以数字信息技术为基础的综合型数字化虚拟土家族傩文化遗产保护、展示系统,为土家族地区的傩文化保护与传承提供更为广阔的空间。

从理论层面上看,将会获得一套面向傩文化遗产的数字化挖

---

① 王耀希:《民族文化遗产数字化》,人民出版社 2009 年第 5 期,第 8 页。

掘、保护、传播和开发利用的研究理论，为非物质民间文化的保护和传承提供理论依据。

从内容层面上看，对土家族地区傩文化采取"静态"保护和"活态"传承的数字化保护方式，从而实现对土家族地区傩文化的活态保护与可持续传承，推动非物质文化遗产的保护传承得到有序和健康的发展。

第五节　研究内容及方法

一　研究内容

本书的研究内容主要是利用数字化信息技术手段，对土家族地区傩文化中流传的民间故事、祭祀表演仪式、民间习俗活动、文物遗存等进行虚拟现实、还原再现、动态展示，把傩文化的静态保存与动态保护相结合，建立基于数字网络的土家族地区傩文化遗产的数字化资源库，实现非物质文化遗产资源信息的整合及最大限度的传播与共享，构建土家族地区傩文化保护与传承的一种全新方式和路径，为非物质文化遗产的保护与传承提供理论技术支持。其主要章节安排如下：

第一章，绪论，主要介绍课题的研究背景、意义及课题的界定，并对数字化保护技术的相关领域及相关术语做了简单的阐释，分析非物质文化遗产的数字化保护传承的国内外研究现状、存在的问题及发展的趋势，以及研究的内容和研究方法。

第二章，土家族地区傩文化的遗存现状调查，选取具有代表性的土家族地区铜仁、湘西及湖北恩施，对傩的传承人的生存状况、傩的祭祀仪式（傩戏傩舞、习俗活动、民间技艺）、傩的遗存古迹道具实物等进行调查，了解土家族地区傩文化遗存状况和传承现状。

第三章，土家族地区傩文化的数字化保护传承理论，从傩文化信息属性的保护视角，结合空间信息理论，建立以数字信息技术为基础，综合型数字化虚拟保护传承与开发利用的框架。以此提出傩文化的数字化保护传承的路径和方式。

第四章，土家族地区傩文化的数字化保护技术综述，探讨如何利用数字化技术对傩文化涉及的文字、图形图像、声音、视频进行数字化获取和存储；如何利用数字化复原和再现技术对被遭到破坏的傩文化实物道具进行修复和还原；如何利用数字化虚拟现实技术对傩文化进行故事编排和讲述、动画演示、多媒体交互进行展示和传播。

第五章，土家族地区傩文化的数字化保护与应用，探讨如何利用数字化保护技术对土家族地区傩文化开展数字化保护。主要通过对土家族地区傩文化传承人、仪式活动和表演空间、实物载体和各种民间传说故事的数字化保护，利用信息空间保护理论和数字化信息技术手段构建一个数字化的文化生态空间环境，对傩文化进行全方位、多维度的数字化展示和保护，传承和发扬。

第六章，土家族地区傩文化的数字化传承与实现，根据傩文化的数字化传承原则，探讨在大数据背景下傩文化传承存在的问题及应用现状，以此提出对土家族地区傩文化进行数字资源管理、智能交互展示、资源查询，以及用户访问行为和个性化服务体验的设计思路。

第七章，土家族地区傩文化数字虚拟博物馆设计构建，主要介绍了傩文化数字虚拟博物馆设计的相关理论，探索构建土家族地区傩文化数字虚拟博物馆的基本框架，分析傩文化数字虚拟博物馆在资源开放共享、交互体验所具有的优势，是对傩文化遗产实现活态保护和长效传承的重要途径。

第八章，土家族地区傩文化的数字化传播与利用，主要介绍了傩文化传播的属性，傩文化的数字化传播方式，传播策略及传播的模式，以及傩文化数字化的开发利用及数据共享与知识产权的问题。

第九章，土家族地区傩文化的数字化保护与传承对策研究，分析数字化保护传承的背景以及存在的问题，提出傩文化的数字化保护传承的发展路径、发展模式，并就傩文化资源开发进行 SWOT 分析，以此提出傩文化数字化产业的发展对策。

二 研究方法

本书涉及社会学、民族学、计算机信息科学、传播学、艺术学等多学科，尽可能地采用多学科交叉模式的研究方法。所谓"方法"就是为了达到一定的目的而必须遵循的原则和行为，而"研究方法"是从事研究的计划、策略、手段、工具、步骤以及过程的综合，是研究的思维方式、行为方式以及程序和准则的集合。[①] 就本书来讲，研究方法就是针对研究对象（土家族地区傩文化），运用现代科技手段，把定性研究与定量研究相结合，理论研究与实证研究相结合，分别采用了田野调查法、文献调查法、比较分析法、实证研究法、跨学科研究法等研究方法，融合人类学、社会学、计算机信息科学、传播学、艺术学等相关学科的前沿理论和方法，采用多学科交叉的模式来分析问题和解决问题，力求获得相对科学、客观的结论。

田野调查法：本书研究选择具有代表性的铜仁土家族地区、湘西土家族地区、恩施土家族地区作为研究考察点，通过观察、访谈、录音摄像记录，对傩文化传承人的生存状况、传承方式、表演仪式、习俗活动、民间技艺、遗存古迹等进行搜集和整理，了解傩文化的遗存状况，分析傩文化保护传承的特点，探索规律，为傩文化的数字化保护传承提供研究依据。

在开展田野调查之前，先熟悉考察点的情况，收集有关的文献资料和地方民族志资料，撰写详细的调查计划和行程安排，并设计好调查表格和撰写访谈提纲，考察结束后撰写调查研究报告，并作为本书的附件资料整理成册。

文献调查法：本书研究需要收集大量的关于非物质文化遗产的保护传承以及数字化信息技术应用等相关文献资料，对傩文化的历

---

① 陈向明：《质的研究方法与社会科学研究》，教育科学出版社2000年版，第5页。

史发源、遗存现状和发展趋势进行梳理和分析，归纳出数字化信息技术在傩文化保护传承方面的技术方法和手段，从而全面、正确地解决对傩文化进行数字化保护与传承的关键问题。

比较分析法：本书针对非物质文化遗产的传统馆藏式保护和数字博物馆的数字化保护问题进行比较分析，分析文化遗产传统保护手段和文化遗产数字化保护手段的区别和联系，结合传播学、情报与档案学、计算机信息科学、符号学等相关学科对该问题的研究成果，对该问题研究的内涵及外延用不同的学科进行了分析比较，力求兼收并蓄相关学科成熟的理论知识和方法手段，融入土家族地区傩文化的数字化信息保护传承的整体研究过程中。

实证研究法：实证研究的目的在于通过对傩文化数字化保护传承研究，揭示非物质文化遗产的数字化保护传承的一般规律及内在逻辑。针对傩文化的表演祭祀仪式、民间习俗活动、流传故事等，利用数字技术手段对其包含的图像、文字、声音、视频等进行转换处理，构建以数字信息技术为基础的非物质文化遗产保护传承的模型。从理论层面，对非物质文化遗产的数字化信息保护提供数字化技术应用的理论根据。从内容层面，为非物质文化遗产的数字化保护提供翔实的技术条件和具体应用。从技术层面，构建以数字信息技术为基础的非物质文化遗产保护传承的数字平台。

跨学科研究法：本书涉及多个学科相关理论，在研究中既采用人文社会科学的论证研究理念，又进行数字信息科学相关技术的模型设计和数据转换。在研究方法上，就需要打破学科划分形成的学术研究壁垒，以开放的学术视野进行学术研究，将采取跨学科、交叉研究的多学科研究方法综合应用分析研究。

第二章

土家族地区傩文化的遗存现状调查

傩文化是我国古代农耕社会的一种原始信仰,是古代农民为了祭祀农神,祈求神灵庇护的一种原始意识形态,是古代先民为了征服自然,获得生衍繁息的精神载体,它是借助原始宗教信仰来帮助实现自我生存欲望而创造出来的巫傩文化。"傩"由远古时代敬奉神灵护卫还愿祭祀酬谢的方式,到如今形成的傩文化,此间经历了三千多年的发展,形成了包括原始自然宗教、人为宗教、民俗、仪式、音乐、舞蹈、戏剧、面具和民间文学等诸因素的庞大文化体系。[①]"傩"成为中国传统文化的一个重要组成部分,在千百年来的历史演进历程中,形成了中国灿烂辉煌的巫傩文化。长期以来,这种巫傩之风渗入民风民俗之中,以民间传统文化形态存留广大乡野,尤其在土家族地区盛行不衰。

土家族地区地处武陵山脉的大山深处,是以武陵山脉为中心线,与湘、鄂、渝、黔交界形成的一个独特的地理区域。据历史记载,长期居住在武陵地区繁衍生息并以捕鱼、打猎、砍树作为经济来源的巴人,因长时间受中原汉文化、西南少数民族文化、楚文化和巴蜀文化的熏陶和影响,自古以来崇尚巫风。因又临近中原腹地,这里山高林密、峰峦叠嶂,生活在这里的人们同山同水、同风同俗,由于经济文化长期处于落后阶段,历来就不被外界所知晓,

---

① 曲六乙、钱茀:《东方傩文化概论》,山西教育出版社2006年版,第5页。

但是,却为傩文化的原生形态和自然发展提供了适宜的生长环境,成为中国迄今为止保存傩文化最多元、最完好的地区。因此,以土家族地区的傩文化作为研究对象,就极具代表性。

对湘、鄂、渝、黔接壤的土家族地区留存的傩祭、傩戏、傩舞、傩艺等民间民俗事象的遗存现状进行调查,重点选取具有代表性的贵州铜仁土家族地区、湖南湘西土家族地区和湖北恩施土家族地区作为田野考察点,对这一地区傩文化传承人的生存状况、祭祀仪式、傩器道具等进行调查搜集、整理分析,对土家族地区傩文化遗存状况和传承现状所面临的诸多问题进行梳理,为土家族地区傩文化的数字化保护与传承提供可靠的第一手素材。

第一节 铜仁土家族地区傩文化遗存现状调查

一 遗存现状调查

铜仁土家族地区地理位置、自然环境及民族文化的大融合为傩文化的生存和发展带来了重要的生存土壤和外部环境。这里的土家族人民创造了原始神秘和极富特色的傩堂戏文化,傩堂戏极为盛行。

铜仁土家族地区坐落在湘、鄂、渝、黔的接壤地带,位于武陵山区腹地,有乌江、锦江纵贯全境,以山地为主的地貌,洼地、丘陵较多,河谷、山涧气候呈垂直分布,素有"一山有四季,十里不同天"的典型气候特征。此地冬无严寒、夏无酷暑,雨量充足,气候宜人,土地肥沃,森林茂密。据记载,铜仁地区历来就属于多民族聚居地,由于地理位置、风俗习惯、民族精神和文化构成等要素,在漫长的历史长河中,这里的人们信仰神灵,崇拜鬼灵,把祭祀神灵作为主要仪式活动,巫仪活动始终在人们的日常仪式礼仪中普及盛行。铜仁土家族地区属于典型的封闭社会,生活在这里的人们以宗族或家庭作为单位进行经济或社会活动,其抵御风险的能力比较脆弱,每逢生老病死,生男育女,天灾人祸等常见自然事件,都会严重地影响到家庭生活。正是这种对生活的盲从性和个人命运的不可控性，使傩愿戏找到了生存的土壤和环境。当前，具有宗教祭祀色彩的傩堂戏至今仍遍布铜仁土家族的各村寨，目前活动在全地区尚有480余个傩戏班子，每个傩戏班子有10余人，这里的傩堂戏被相对较为完好地保留下来。傩堂戏班子都是一些情趣相投的村民自发组成，多则20余人，少则6、7人。傩堂戏的传承方式主要靠口传面授，家传与师传相结合，土老师①一般都有较好的表演才能和惊人的记忆力，他们有的虽然一字不识，却能背诵许多剧目和全部戏文，声望很高，往往成为坛主。铜仁傩堂戏在黔东有广泛而深厚的群众基础，尤其在贵州省沿河、德江、思南、江口、印江、石阡、松桃等县市流传，成为普遍文化现象。②

（一）传承人生存状况调查

1. 生存环境

铜仁傩堂戏的传承人大多是从小生活在大山中的土家汉子。这里交通闭塞，村寨多数都位于半坡和山腰，村寨之间相隔较远，通往各村寨的道路崎岖不平，坡陡险峻，道路还会因雨季导致山体滑坡现象，进一个寨子需要经历几小时，甚至步行才能到达，所以这边的交通工具多数就是摩托车。处在这样的地理环境中，多数村民住的还是木质结构的穿斗房，受打工热潮的影响，村里很多年轻人都外出打工，赚钱回来后盖起了砖混结构的土洋房。土洋房和传统木房子形成了铜仁境内多数村寨的整体容貌。因此，在这样的封闭环境中，傩堂戏传承人随傩戏在这里土生土长，这种环境状态也给傩文化传承带来了较为安全和封闭的空间。

2. 戏班情况

傩堂戏传承人的家庭结构与普通家庭一样，都是家族人口较多。多数傩戏从业者的年龄都在40—60岁，受传统观念和传代意识的影响，大都子女较多，家庭一般都是5—7口人，受计划生育

---

① 傩堂戏每一坛都有掌坛师，当地称掌坛师为土老师。
② 何立高：《黔东土家族傩堂戏文化特色研究（上）》，《铜仁学院学报》2007年第6期，第43—44页。

的影响，子女中年龄稍长的多数是女孩，男孩在家庭子女中普遍都最小。课题组在铜仁沿河县樵家镇大木村调研一堂祝寿傩堂戏，参与还愿仪式的傩师有6人，都是男性，分别是王登干（沿河县樵家镇猫阡村凉水井组）、杨秀齐（沿河县甘溪乡春芹村班竹园）、杨爱飞（樵家镇瓦厂村生基坪组）、廖显山（甘溪乡茶园村十组）、杨伯文（樵家镇瓦厂村雪岗组）、杨秀海（甘溪乡老宅村木林口四组）。他们于2005年成立戏班子，至今已有10余年。傩戏班子年龄结构情况是：60岁以上的傩师有2人，50岁以内的有1人，40岁以内的有1人，30岁阶段的有2人。在文化程度方面，3人具有初中文化程度，3人有小学文化程度。通过交谈了解，这几位傩师的家庭结构都属于传统的家庭结构，上有老下有小，家庭人口都有5—6口人，子女都有2—3个。

3. 经济来源

铜仁是处于地势较高，河流较少，农业设施较差的干旱农作物作业区。主要生活经济来源于农耕作物玉米、黄豆等，经济作物为烤烟、油菜、茶叶、猪、山羊、油桐、核桃，务农的基本年收入在1万—2万元。

通过调研，这几位傩师除了务农收入以外，因为会唱傩堂戏，每年靠周边村寨唱傩堂戏可以赚取一些收入，贴补家用。傩戏艺人杨秀海告诉笔者，在沿河的各乡镇傩堂戏平均每个月都有5—6堂，为老人祝寿居多，一堂傩堂戏花费在5000—6000元，加上办酒席要花上1万元钱。一堂傩堂戏进出需要5天，每人每天按照150元算，他们每人基本上一堂傩戏下来大约能拿到1000多块钱。如果遇到小孩过关，又称"打太宝""潼关"，费用一般为5000—6000元（进出4天按5天算），根据父母意愿如果再加上过刀关，钱又增加2000—3000元，所以一堂"潼关"傩戏要5000—8000元。按照平均一年25堂傩戏来算，沿河傩戏班子每年的总体收入为15万—20万元，每人每年的收入在2万—3万元。从事傩戏的收入占到家庭总收入的40%—50%。据傩戏艺人介绍，唱傩戏为他们的生活带来了诸多变化，他描述说："拥有傩戏手艺的年轻人经常走乡串寨，与他人接触的机会就较多，一般会傩戏技艺的年轻人都容易找到喜欢的姑娘。"由此可见，傩堂戏在沿河、松桃农村一带的需求情况以及傩堂戏带给传承人生活的变化。

4. 传承现状

铜仁土家族地区傩坛的傩戏班子规模不大，属于巫道合一的宗教组织，既从事民间逐疫驱邪的巫术仪式，又信奉道教，从事法事，其傩师或掌坛师均须受过道教授职。各傩坛成员在七八人到十人不等，戏班依照法事本领之高低、入坛时间长短以及外界的影响，通过"度职"升为"掌坛师"，各傩坛都按照入职等级分为掌坛师、引见师、过法师、接法师、传牌师、保具师、封牌师等职位，传承谱系则利用法名、道号来区分辈分，以辨别门派与师友高低等。这里傩坛的每个傩师都有法名，法名中带一个"法"字，即所谓"巫不离法"。譬如，笔者调研的沿河谯家镇傩坛戏班，傩师法名依次为：王登干，法名道高；杨秀齐，法名杨法弘；杨爱飞，法名杨法兴；廖显山，法名廖法清；杨伯文，法名杨法乾；杨秀海，法名杨法坤。

5. 传承方式

但凡活态的民间民俗、仪式活动等都是以口耳相传、口传身授为主要传承方式，通过家传与师传相结合得以传承。家传方式主要学艺者从小受家庭的影响和熏陶，通过祖辈或父辈口传心授进行传习。师传方式则主要是通过拜师学艺得以传习。但也有例外，譬如，接受访谈的傩法师杨秀海告诉笔者，他从小体弱多病，父母恐他难抚养，就将他送去找一个傩法师学习傩，祈求得到傩神灵的庇护以便健康成长。

一般来说，拜师学艺是傩堂戏得以传承的主要传承方式。据口述人介绍，拜师是弟子进入傩坛门槛的仪式，拜师时要给师傅拿酒、肉和礼物。通常是自己家酿制玉米酒一斤，如果家里有鸡或者鸭也要带上一只，由父亲带着孩子去师傅家，晚上在师傅家吃顿饭，傩法师会跟徒弟及家长交代一些注意事项和学习过程，吃完饭就代表着拜师仪式结束，师傅根据所学者的神情言语表现来决定要不要收徒。如果被收下作徒弟，饭后父亲就一个人回去，徒弟就要在师傅家跟随师傅学习三年；如果有办法事的也要跟随师傅前往学习，在这三年很少回家探望。三年学成以后回到自己的家乡也要有三年的实践学习阶段，会参与做一些傩法事，其间有不懂不明白的要再去询问师傅。"通常要拜师才传法，而'绝法'不传一般弟子。"① 土老师传法给徒弟时，徒弟必须许下宏誓大愿，学到了"绝法"一定不要祸害民众。土老师通常拥有不错的演出本领和令人惊讶的记忆力，在沿河县中界乡76岁的土家族坛师王天佑，虽然没学过字，但能背诵许多剧目的全部戏文。铜仁沿河土家族傩戏产生的年代，因无史料记载，无法作出准确判断，然而根据土家族掌坛师王天佑保存的"司坛图"（本坛历代师祖）推测，已传承三十四代，每代以二十年推算，至少在六七百年前傩戏在沿河土家族地区就很盛行。②

（二）傩戏仪式、习俗活动调查

1. 傩戏仪式

傩是一种逐除或逐疫的仪式，傩即仪，仪即傩，有傩必仪，亦祭亦仪。所以古人一般称之为"傩礼""傩仪"。③ 傩仪式是法师在傩祭过程中进行的有秩序的表演形式。土家族傩戏演出通常被分成三个过程：开坛、开洞和闭坛。开坛和闭坛是对酬神、送神所办的仪式，以示对祖先、神灵和先师的祈求和忠诚。开坛要设置"香案"（见图2-1），挂上"三清图"和"司坛图"，"三清"是上清、太清、玉清，也就是元始天尊、灵宝天尊、道德天尊；"司坛图"是祭祀本坛历代师祖，以求演出顺利。④ 开洞后主要是演正戏，一般由掌坛师主持，演出的戏目围绕"桃园三洞"大同小异。

---

① 庹修明：《贵州德江土家族地区傩堂戏》，《中央民族学院学报》1989年第3期，第88页。
② 喻帮林：《贵州省沿河土家族傩戏概述》，《民族艺术》1995年第6期，第105—120页。
③ 曲六乙、钱茀：《东方傩文化概论》，山西教育出版社2006年版，第22页。
④ 庹修明：《贵州德江土家族地区傩堂戏》，《中央民族学院学报》1989年第3期，第87页。

图 2-1　铜仁沿河县谯家镇大木村王姓家傩坛

资料来源：课题组拍摄。

调研发现，铜仁地区土家族傩法事活动多根据主人意愿来定，常见的多为冲大傩和冲小傩。冲大傩种类多，比如老人祝寿、老人过世等。冲小傩多为"打替身""清宅""愿坛""冲喜傩"等。无论哪种形式的傩仪式都有着神圣的表演过程，一般分为正仪、副仪、特用仪。正仪有以下程序，分别是：开坛札灶、申文立楼、搭桥领牲、判挂回熟、祭兵赞灯、赎魂劝茅、送船钩愿、送圣和安福神。副仪有六个程序，分别是：禳（rang）关；和梅山；上刀杆；清宅；发阴丧；俱保状。特用仪有七个程序，分别是：傩法师抛牌；度职；酬东岳；开天门；庆坛；谢土；酬扬戏科仪。整个表演过程，从主人发愿、请愿开始，到傩法师们对仪式道具准备、服装、妆容再到仪式过程中的说唱形式与内容都具有威仪特征。法师做法事时，头戴法帽，身穿法衣，肩披牌带，时而吹起牛角，敲响竹挂，时而摇动司刀，敲响令牌；同时还穿插手挽"诀法"，脚画"字讳"，走"禹步"，口念"咒语"，通过一系列神秘动作，把人们引入阴森恐怖的鬼神世界，极具煽惑性。

课题组根据铜仁地区沿河县甘溪乡老宅村木林口四组土老师杨秀海的口述（见图2－2），记录并介绍了"延生傩堂戏"的仪式表演过程，时间主要为三天：第一天《上冲》，第二天《下还》，第三天《送神》，主要表演仪式内容如下①。

第一天：《上冲》，一、开坛请圣；二、发鼓投文；三、收邪立楼；四、銮盤上熟；五、造茅倒䞞（qiang）；六、造船收昧；七、持符打火；八、告宿歇坛。

第二天：《下还》，一、投华山表；二、厨中净灶；三、招牲纳命；四、大架神桥；五、开光点像；六、花红表礼；七、祭洞开洞；八、銮盤会熟；九、艮（ken）星拜斗；十、游愿择愿。

第三天：《送神》，一、勾销良愿；二、延生祝寿；三、送圣回鸾。

杨秀海还讲述每堂法事又可分诸多程序，比如，第一天的《上冲》，第一堂法事"开坛请圣"，包含的程序就有请师、发锣、三清、献讳、献法、穿法衣、请三元法主、解秽、焚香、踩九州、观师、迎神下马、问家宅挂、下装等。开坛请圣的仪式是为邀请天上的神灵来傩堂享用祭品和做证人，了却愿信，保事主，消灾解难，出入平安。

---

① 资料来源：贵州省沿河县甘溪乡老宅村木林口（居住地名字）四组。提供者杨秀海，初中文化，拜师学艺三十四年。

第二章 土家族地区傩文化的遗存现状调查

图 2-2 访谈沿河谯家镇傩坛班成员

资料来源：课题组拍摄。

铜仁地区的傩戏班子大都承担着本乡或者本村傩仪、傩祭的请愿需求。其傩祭仪式的表演形式与要求都是根据师承口述得以保留下来，没有完整统一的文本记载形式，有文化背景的傩法师可能会对部分傩仪式手抄记录得以保留，但其表演程式、内容形式、唱腔唱词等也会因地域与表演者的不同而大同小异。

2. 习俗活动

人的一生，从生到死，从幼到老都离不开仪式。民族的各种群体活动及民俗活动也离不开仪式。因此，傩仪式伴随着土家族的习俗活动不断的延续与发展，成为土家族祈福纳祥，消灾减难、调和阴阳、庶物时育、人寿年丰等愿望的载体。铜仁地区土家族傩文化的发展是时间与空间的累积与沉淀，同时还受生活习惯和宗教信仰的影响。他们敬畏祖宗、崇拜神灵，日常生活中的诸多事情都来源于对神灵的信奉。另外，土家族具有万物神灵的神灵崇拜和原始宗教的鬼神信仰，以及五花八门的宗教活动形式，他们的民间文化与宗教祭祀紧密相连，许多习俗生活通过宗教活动所表现，如老人祝寿、小孩过关、生老病死等一些生活习俗在仪式中得以体现。从习俗活动来看，铜仁土家族根据生活民俗需求来进行一些傩事活动，满足土家人在日常生活中的一些愿望寄托。

铜仁地区的土家族与其他民族融汇而成多神崇拜。土家族除了信奉原始宗教外，还具有浓厚的道教色彩，而且佛教也对土家人的原始宗教进行渗透、融合，使得土家人从原始宗教的灵魂观念转变为轮回的思想。譬如印江土家人，他们建房、安葬皆会请人看风水，而且大多数人还信仰佛教，吃斋念佛。① 另外，铜仁地区土家族人在生活习俗中保留了自己独特的原始宗教文化特色，"比如土家人在祭祀习俗中忌吃坟上的葱和祭祀所用的饭、菜、肉，认为吃了后记性不好。又如印江县的永义乡，如果民间遇有结婚几年不生小孩者，他们便会去永义街给紫薇树烧香、燃纸，其目的就是许生，希望能得子"②。

总之，铜仁地区土家族的一些节日风俗、礼俗、婚俗、丧俗等跟生活息息相关的习俗活动都离不开人们对傩的寄托和请愿，傩仪式成为沟通人与神灵所搭建的重要桥梁。

（三）遗存古籍、道具实物调查

1. 遗存古籍

课题组根据铜仁沿河当地的傩法师提供的相关文书古籍进行调查发现，这些傩仪式相关的文书古籍大都是手工誊录抄写为主，年代在七八十年不等，也有少部分是木板印刷后手工装订本。一般傩戏班子的掌坛师都有相关傩仪式的文本书籍，以满足不同傩事需求。从收集的文本古籍来看，有《传科演教三师疏》《祭太保》《谢土疏》《通天关》《护送关》《放生活套牒》《三圣疏》《华山疏》《抽魂贴》。记载了傩法师在不同傩仪式和不同程序中所吟唱的对应的内容。另外还在傩仪式中普遍使用《挂经》《符章》《手

---

① 熊元彬：《浅述铜仁地区土家族宗教文化》，《中国社会科学院研究生院学报》201 年第6期，第144页。

② 同上。

诀》（配图），这些文书都有傩法师通过手绘图稿、配文解说作为傩法师与神灵沟通的一种直观方式。但部分图文符号只有傩法师才能读懂，从而增加了傩仪式中的神秘性。

但通过调研发现，遗存的大量书籍文本都随着时间的推移、加之气候潮湿、保存环境和保护方法的不当，造成了许多有价值的原始文书书稿被破坏，导致文书缺角、缺页、内容残缺等问题。

2. 道具实物

在傩仪式过程中所使用的道具通常被称为傩器，在整个傩仪式中有沟通神灵、与神仙对话的作用。主要包括傩神案、傩神、傩坛、傩法器、傩面具及傩服饰。

傩神案是傩法师用纸绘画、裱褙、装镶后挂在墙壁上的傩神，又称案子。傩神案又包括总尊案、二帅案、三官案、三师案、外坛案、桥案等。

傩神是在傩法事中供奉于总尊案下面的法坛正中。主要为傩公、傩母神像，还有翻坛、小山、太子、地傩、祖师棍等。

傩坛是举行傩祭活动的场所之总称，由方桌、傩神案、法器、香烛、供品组成。傩坛包括"八宝坛"（又称"总圣台"或"桃源洞"）、"七洲五庙坛""祖师坛""虚空大坛""值坛土地坛""地傩坛""水酒师坛""香炉师坛""锣鼓师坛""灶王坛"等等。其中，用来置放傩公、傩婆雕像的祭台，称为"桃源洞"，居于傩堂中央，称为"正坛"或"上坛"，八仙桌下设置"下坛"，或称"地坛"，是用来安置五猖兵马的坛台。

一般冲小傩傩坛相对要简单，放置一个总尊案就可以。冲大傩则需要布置全坛，全坛分为正坛、师坛、三官坛、地傩坛、外坛。不论酬还什么类型的傩愿，傩祭师都先要扎坛布景。

傩法器主要由神牌、神鞭、神旗、司刀、牛角、竹卦、宝剑、令牌、铜印、文书、符牒、铰子组成。在沿河县甘溪流传的法器口诀为：

关于桌子搁上一令牌，神从虚空下凡来；头上戴的三清帽①，头不闷来眼不昏；身披龙凤登坛衣，参拜上下左右神；龙王赐吾牌一面（牌：指挂在肩上），内有三卷鬼名经；又有马鞭三十六，节节上有根生；鞠公赐吾刀一把，斩动天下鬼神惊；一把曹简手中存，邪神邪鬼永离门；手中拿起文王卦，一扇阳来一扇阴；虽然卦头无四两，落地之时值千斤；手提一根龙拐棍，弟子拿来防本身；取出犀牛一只角，角声迎请满堂神。②

傩面具在铜仁地区土家族傩仪式中，是傩法师扮演角色的化身。傩面具的形象有慈祥、威严、勇猛、狰狞、丑陋、滑稽等夸张形象。在表演中营造神秘感，引起人们对神灵的敬仰和崇拜，对恶鬼的恐惧和憎恨。有"戴上面具是神，摘下面具是人"的说法。傩面具所代表的人物有很多，通常有圣公、圣母、开山大将、包爷、先锋、将军爷、山王、山神土地、桥梁土地、引兵土地、茶头土地、唐二、钟馗、太师、秦童、判官、二圣、杨七郎、土地、甘生八郎、老太婆、金婆、傩家戏女、梅香、小鬼、魔、和尚、傩公、老曹判子、钩愿仙官等傩面具（见图2-3）。

二 遗存现状分析

（一）存在问题

1. 傩法师老龄化与断层现象

传承人普遍老龄化是目前民间文化传承与保护所遇到的最大瓶颈，傩文化面临的问题亦然如此。就铜仁土家族地区傩戏班子来说，老傩法师过世以后，所掌握的一些绝技和傩仪在徒弟身上没能完整的展现，这是因为傩戏的传承主要靠口口相授和口传身授，多数年轻人不愿意主动从事傩事，老傩法师迫于失传的担忧勉强传授给后人，由于后人在学艺过程不尽心、被动接受，导致许多精彩的

---

① 三清，指太清、上清、玉清。
② 资料来源：贵州省沿河县甘溪乡老宅村木林口（居住地名字）四组。提供者杨秀海，初中文化，拜师学艺三十四年。

图 2-3　沿河谯家镇傩班的傩面具

资料来源：课题组拍摄。

技艺未能完整地传承，失去了许多精华细节。老龄化和断层现象也比较突出，从铜仁地区的傩戏班子来看，多数年龄都在 50—60 岁，甚至还有 70 岁的老傩法师，30 岁左右的年轻傩法师相对较少。这种傩戏传承人年龄较大，导致接班人断层，成为傩文化面临的传承危机之一。

2. 傩戏技艺较全面的人才逐渐变少

一个技艺精湛的傩戏法师一定是全面发展的"傩人"，不仅能够掌握全场傩事的进程和细节，还要具备能唱、能写、能画等基本能力。课题组在沿河县甘溪乡大木村调研发现，傩戏班子的杨秀海法师就是一位掌握傩戏技艺全面、能力比较强的人，在祝寿还愿的傩堂戏中他能写一手好字，在傩坛装饰上也发挥了能写、能画的能力，在傩戏中更是具有能唱、能演的本领。但是，在傩班子里具有全面能力的傩法师并不多，大多数傩法师没进过学堂，不识字，既不会写又不会画，仅仅凭记忆耍把式和打唱，这也给傩戏的传承和发扬带来严重的问题。

3. 受外来文化的影响，对"傩"认同感缺失

由于我国发展速度越来越快，导致经济和文化产生了重大的变革，贵州近30年迎来了打工热潮，许多偏远地区的年轻人离开家乡，到沿海发达城市务工，也给民间傩戏技艺的传承造成了极大的内伤，虽然暂时还看不到伤害，长久就会显现出传承的弊端。这是因为年轻人多选择外出打工，接受外界文化影响和现代媒介的传播后，价值观也随之改变，特别是随着生活的差距和文化的差异使他们存在对家乡傩戏的偏见，认为父辈流传的傩技傩仪、乡土文化是"老土""落后"与"陈旧"，因而对本族文化产生盲目自卑，失去民族文化自信，这也是加快傩文化的传承逐渐走向衰落的原因之一。这与20世纪80年代中期的乡村文化繁荣已不能同日而语。据大木村傩戏班子的傩法师讲述，他们的孩子都没有选择跟他们学这门技艺，而都选择在外打工生活，其中年纪稍长的两位傩法师流露出隐隐的担忧，他们也不知道这傩的技艺还能做多久。

（二）原因分析

傩文化保护与传承中存在的诸多问题，究其原因，关键依然是随着经济的快速发展和小康社会的推进，人们对精神文化的需求与日俱增，使人们的思想产生了巨大的转变。同时，随着科学技术的快速发展，影响了人类原始的沟通形式和生活习惯，他们不在拥有简单、乏味的日常生活，最终导致了这种土生土长的民间传统文化日渐式微。但就铜仁土家族地区来说，傩文化的消退主要还是以下原因。

第一，社会的变革和生活的压力迫使当地的年轻人走出大山，到发达城市打工就业，因受外来文化的影响对傩文化的认知被渐渐冲淡，也不再需要冲傩来酬神了愿保平安，这样傩仪式就逐渐地失去最初的功能和存在的土壤。

第二，社会经济的快速发展，让乡村的生活节奏也随之加快，很多家庭在请愿做傩仪时也开始缩短时间，不再要求最初的那些烦琐程式，加之傩师班子也要应和愿主家的要求，久而久之，造成了傩文化的离散和流变，逐渐失去傩本来的面目。

第三，一种民俗习惯的留存要跟当地人们的文化认同与文化自觉联系起来；否则，将会逐渐淡出生活之中。随着科学技术的发展和医疗水平的提高，各个乡村都有卫生站和医疗诊所，傩已经失去了最初祈求神灵庇护，保佑人畜平安，祛病延年的需求，这也是导致傩文化逐渐消失的原因。

（三）保护价值

1. 具有重要的学术研究价值

铜仁的傩文化是一脉相承的民间民俗技艺，主要是傩堂戏与傩技组成，具有"戏剧活化石"之称。据不完全统计，铜仁土家族地区留存的傩戏全部过程演示需要2个月之久，记录成文约800万字。因此，在宗教、历史、文学、艺术、音乐、教育、民俗等多种社会学科的研究上有巨大的影响力，在最近几年已经引起了我国社会各界专家的广泛关注，且对其展开了相关的研究。

2. 弘扬民间传统文化的价值

从国家非物质文化遗产的保护和抢救范围来看，傩文化的传承和弘扬也有着非常重要的意义，这对土家族地区优秀的民间传统文化的弘扬和保护也是意义非凡。换言之，土家族地区的傩文化是当地人们驱邪避难、追求吉祥安康的精神寄托，承载人们对美好生活的向往和热切期盼，是千百年来劳动人民集体智慧的结晶，是土家族人民生活状态的真实写照；傩文化从不同角度体现土家人的生活、心理、情感和意识状态，优秀的民间传统文化日渐成为民族凝聚力和创造力的源泉。因此，对土家族地区傩文化的保护具有重大的理论意义和实践价值。

3. 傩文化艺术再创造的价值

近年来，有关傩文化的研究成果层出不穷，而且在艺术界、设计界，更多的设计师在艺术创作过程中开始利用傩文化作为创作题材,并逐渐崭露头角。有设计师根据傩面具的角色与桌面纸牌游戏结合起来,创作了《傩面杀》纸牌游戏,这样的融入方式不仅能够将傩文化在青年一代中传承,更是一种对傩文化这种民间文化的崭新认识。同时,在贵州近几年的文化创意产品设计大赛中,诸多有关傩文化的设计类作品分别以不同的形式内容、表现技巧,衍生出傩的创意产品,并逐渐出现在人们的视野中。

第二节 湘西土家族地区傩文化遗存现状调查

一 遗存现状调查

湘西土家族地区位于鄂、渝、湘、黔交界之地,是以土家族和苗族为主的少数民族聚居之地,在这里生活的土家族生性粗犷、豪放、热烈,好饮酒。湘西在远古时代就有人类活动,古有"蛮地"之称,属"三苗"范围,商代属楚"鬼方"地域。① 从地理位置来看,湘西地处武陵山深处,四面群山环抱,山峦叠嶂,溪峒相连,崎岖险峻,山高水险,交通十分闭塞,因此与外人较少接触,即便同族之间,因所住不同村寨,言语、习俗都各相异。在这样险恶的自然环境和封闭的社会环境里,导致湘西先民万物有灵的自然崇拜和原始宗教的孕育,为巫术的盛行提供了土壤,各种巫傩祭祀、敬神活动应运而生。

湘西土家族地区历来巫傩之风盛行,有关舞傩行巫的文献记载多不胜数。昔有楚人屈原被放逐于此,曾经过沅陵、辰溪和溆浦,并通过所见的巫傩祭祀、巫蛊傩术,编撰了广为人知的《楚辞·九哥》。至明清时期,当中原各地巫傩之术日渐衰落时,湘西地区巫风反而更盛,傩仪与地方戏剧融合,产生了辰河高腔这样富有乡土特色的唱腔,傩事与戏剧结合,逐渐被人们所喜闻乐见,原本盛行的傩事活动也更加频繁。如今在湘西的各个村寨,依然广泛流传祭跳香、过鬼节、收魂、跳大神、做道场、贡土地等民间习俗和巫

---

① 田特平:《湘西民间艺术概论》,湖南师范大学出版社2013年版,第9页。

术,各种傩技如滚刺床、上刀梯、下火海、踩火犁、吃火木炭等技艺同样广布流传于此间。湖南新晃侗族自治县的傩戏"咚咚推"是巫傩文化的早期产物,被专家一致认定为"中国戏剧的活化石";怀化沅陵县是著名的巫傩之乡,现存傩殿1200多个;而有300多年历史、富有宗教色彩的沅陵"辰州傩戏"也已被列入第一批国家非物质文化遗产名录。①

(一) 传承人生存状况调查

1. 生存环境

湘西土家族地区处于崇山峻岭之间,地域较为偏僻,自然环境恶劣,交通闭塞,发展相对滞后。土家人有"望到屋,走到哭"的口头禅,房屋都位于大山深处,远远望见,却要翻过几座山,爬过几道坡,才能到达这户人家。这些位于岩溶干旱区、高寒山区和边远山区的村寨相对较为贫困,乡民们的收入渠道也非常单一,往往按照传统的耕种、打猎、伐木等方式维持生计。随着社会的发展,尤其是20世纪80年代的改革开放,打工热潮的兴起,外出务工人员逐年增多,大量富余劳动力和青壮年都外出务工,家庭的收入基本上是外出务工赚取,据笔者调查,个别村寨外出务工人员占全村人员的65%以上,留守在家的大都是老人和儿童。随着外出务工人员的增多,无疑就会减少傩戏傩仪等民俗活动,傩艺人仅靠傩事生存就愈加困难,不得不另寻出路或外出打工。时至今日,湘西沅陵县共百余名傩祭师,而可以出场演出的仅40人左右,且大多数已是年逾古稀的老人,对于表演部分难度较高的技艺时,他们已是独木难支、力不从心。据曾婷调研了解,"50年代初期,沅陵县百分之六十的乡镇都存在行傩队伍,如今仅剩七甲坪及周边乡镇还有行傩艺人及傩戏班子,湘西辰州傩戏的影响范围明显大不如前,其生存环境也受到挑战,不容乐观"②。这为湘西民间傩祭傩仪的传

---

① 中国民族宗教网:《湘西怀化赏巫傩:咚咚推的传奇故事》,2012年6月6日,(http://www.mzb.com.cn/html/Home/report/308759-1.htm)。

② 曾婷:《辰州傩戏的传承研究》,硕士学位论文,中南民族大学,2012年,第32页。

承埋下了危机。

2. 戏班情况

在湘西土家族地区的戏班大都在 10 人左右，掌坛师依然是傩愿仪式的核心主持者，负责戏班人员的召集和傩法事的组织表演，其余人员按照分工各司其职；除了傩法事进行表演的法师以外，其他人员还要负责打唱，有打鼓的、敲锣、打钵、吹唢呐等；戏班子里需要能写毛笔字的人员，用来对傩坛布置的文字书写和傩事仪式里的各种文书的抄写，也就是说，戏班子的搭配要有能写、能唱、能演，还要会操作乐器进行打唱。一般会傩事的艺人在当地都属于多才多艺、见多识广的能人，除了从事傩事以外，还能承担一些民间法事，比如开财门、安神位，清宅除煞等道家法术。目前，在湘西从事傩事的戏班子人员年龄普遍偏大，少有年轻人参与。据刘兴禄在湘西沅陵县筲箕湾镇调研贵溪傩班人员情况①，贵溪傩班由七个手艺人组成：瞿宏成，男，75 岁，写得一手好字，能打唱；张世众，男，74 岁，会打唱；唐守业，男，73 岁，会表演和打唱；瞿宏家，男，65 岁，木工，会民间道术，还会打唱；蔡朝旺，男，62 岁，掌坛师，表演、打唱、组织法事；唐世贵，男，45 岁，曾经在辰溪县剧团工作，喜欢吹唢呐，写得一手好字；蔡拨伟，男，27 岁，蔡朝旺之子，帮工打唱，蔡朝旺有将傩法传承给儿子的愿望，因此使其耳濡目染后再传授傩法。从整个傩戏班来看，成员多为六七十岁的男性，多数成员文化程度都不高，但整个戏班分工明确，有做法事、表演、打唱还有写画等，各司其职，搭配合理。

3. 经济来源

湘西的土家族村寨大都处在高寒、边远地区，傩事也主要在这些村寨流传。由于自然环境恶劣，基础设施过时，产业体系单一，以务农种植为主，农民获取收入的途径主要还是靠外出务工赚取，而从事傩事傩戏表演的又多数是务农人员，其家庭经济的主要收入

---

① 参见刘兴禄《愿傩回归——当代湘西用坪瓦乡人还傩愿重建研究》，博士学位论文，中央民族大学，2010 年，第 129—130 页。

来源仍然靠耕种田地，种植农作物，饲养牲畜，而从事傩事所得收入非常之低。据沅陵县用坪乡傩法事传承人唐守业介绍："干傩事还傩愿还比不上干点儿手工活，做小手艺有时一次还能赚取一两百元，而做一场还愿傩事两天工钱才算一百元，铺坛礼金算平均分到5元。一些小的还愿仪式，就算慷慨的也才给20元，一晚上算下来不到一百元钱，这个手艺没有什么搞头，我们还不如新裟（民间道士）他们还找钱些，他们每人每次都能分到两三百元。"① 由于收入少，大多数年轻人都不愿意学，认为不能养家，还不如外出打工收入高。年老的艺人由于上了年纪的原因，留守在家，出于从事了多年的傩戏傩事活动，花了很多的时间和精力，对这门手艺已有了很深的感情，自始至终都在苦苦支撑着。后继乏人成为民间傩文化传承所面临主要问题，其中经济的压力是造成傩文化难以为继的主要原因。

4. 传承现状

湘西的辰州傩戏（又称土家傩、傩愿戏或傩堂戏），作为土家族地区流传最广、遗存最为完整的傩祭仪式，是土家族人将"冲傩还愿"的习俗和歌舞相融合的一种祭祀性仪式戏剧，尤其在沅陵县七甲坪镇的傩戏最为盛行。湘西沅陵辰州的傩戏与铜仁德江傩堂戏相同，都被列为国家非物质文化遗产保护名录。现遗存在沅陵县七甲坪镇的辰州傩戏被划分成"上河教"与"河南教"两大教派，其中上河教42坛、河南教19坛。两大教派以流经沅陵的沅水河之分，反映了历史上辰州傩戏曾经发源并流布的区域。据记载，上河教傩坛祖师胡发秀于清代初期建坛于沅陵县七甲坪镇的远溪峪，距今520余年。主要传人有胡发春、胡发真、胡法兴、张法兵、张显道、张应红、张法仙。后分别分为张宅雷坛、全宅雷坛、法靖坛门。民国19年（1930）传至张道真（张大阶），该坛擅长演《孟姜女》《七仙女》《洗裙》《董儿放羊》傩戏，这些傩堂戏剧目，对

---

① 参见刘兴禄《愿傩回归——当代湘西用坪瓦乡人还傩愿重建研究》，博士学位论文，中央民族大学，2010年，第157页。

后来花鼓戏的形成产生了重大的影响。河南教傩坛创立人田法显，于清代中期在沅陵县蚕忙建坛，下传全法明、邓法显、邓法成、邓显林、全应强。民国14年（1925）传至邓宗妙（法名邓金堂）。艺人李福国、聂满娥及两个女儿、一个女婿组成的辰州傩戏演出团，深受群众欢迎。① 两大教派的傩法坛虽然各有千秋，但是都包含了傩仪、傩戏、傩技，并融合在整个傩祭当中，既有还愿法事又有娱人傩戏，从娱神到娱人，形成娱人娱神的双重特征。

辰州傩文化的坚守者金承乾就一直致力于湘西土家傩的研究，搜集了丰富的辰州傩文化资料，为湘西的土家傩研究提供了丰富的民间文化资源。因为长期和傩法师接触，与当地的傩艺人有着深厚的感情，往往一有愿信傩事，都要邀请他到场，因此，收集了大量的民间流传的傩戏唱本、文字、影像、图片等资料，并将口口相传的唱词进行文本记录保留下来，为湘西辰州傩戏申报为国家非物质文化遗产保护名录做了大量切实有效的工作。

5. 传承方式

目前，在湘西土家族地区傩戏的主要传承方式有：家族传承、地缘传承和师徒传承等形式。家族传承又称亲缘传承，家族传承仍然是主要的传承方式，因为其作为家传的技艺，都希望通过家庭成员代代继承下来。据用坪傩坛的唐法师介绍，他十二三岁就开始随爷爷学傩做法事，他现在家庭成员有19人，也准备将手艺传给他三儿子唐承华。当地人也比较认可唐法师，这是因为他的手艺是祖传，从小就接受傩法事的熏陶，有书籍和法器道具，对傩愿有自己的独特理解，因此，深得本地人的信任。但家族传承也受一些规则的约束，比如传内不传外，传男不传女，除非传承人没后代或后代确实不愿意学，这无形中钳制着民间傩文化的传承，是造成传承危机的原因之一。而地缘传承，主要是在传承人生活的特定地域进行传承，由于所处同一地域，受民间各种因素相互影响而参与到傩戏

---

① 湖南省文化厅编：《湖南省非物质文化遗产名录（二）》，湖南人民出版社2009年版，第732页。

仪式中，习得傩法的传承。比如贵溪傩班的七位成员都是用坪乡九龙山人，由于要组建一个坛班，就需要能写会唱还能表演的人，出于共同爱好组建在一起进行法事表演，相互传习相互影响，在同一地域上进行流传。师徒传承又称业缘传承，主要拜师学艺，学习傩法，通过度法仪式获得掌坛师资格。比如，贵溪傩班的蔡朝旺掌坛师，拜师于同坪九龙山村临近的辰溪县傩法师张法兴，通过度法仪式达到掌坛师所具备的条件，属于跨族学艺的师徒相传。

湘西土家族地区傩戏传承与其他民间宗教仪式一样，都需经过一个重要的仪式，即度法仪式，唯有通过度法取得掌坛资格，才能组织傩戏法事。度法仪式也分大传度和小传度，小传度仪式相对简单，据蔡法师介绍，他就是吃下师傅嚼过的一块豆腐，通过象征性简单传度仪式获得法名，取得掌坛师资格①。大传度通常都要做两天一夜的法事，要筑法坛，程序较为烦琐。

总之，湘西土家族地区传承人的生存状况依然不容乐观。傩愿傩仪的传承因"文化大革命"及破四旧之风曾一度断裂，直到20世纪80年代才兴起，作为一种民间仪式的记忆留存被唤醒。目前，80岁以上的老龄人还有依稀的记忆，而60岁以下的人甚至都没看到过关于傩愿仪式的表演，因此，傩仪傩戏仍然靠这些上了年纪的老人们在努力地传承。但是，随着社会的变革和文化的丰富，精神生活的多样化，导致青年一代都不愿从事曾经被视为封建迷信的民间仪式活动。从外部环境来说，随着城乡一体化进程的加快推进，文化生活日益丰富，人们的审美逐渐发生改变，更乐意接受新鲜事物，这样，存在于民间乡野的傩戏仪式的生存土壤受到破坏，其生存环境受到挑战，导致传承人的生存环境也面临困境。

（二）傩戏仪式、傩技表演、民间习俗调查

1. 傩戏仪式

湘西土家族地区的傩戏与其他地区的傩一样，都是为了迎接傩

---

① 参见刘兴禄《愿傩回归——当代湘西用坪瓦乡人还傩愿重建研究》，博士学位论文，中央民族大学，2010年，第162—163页。

神，消灾免难，酬神还愿的祭祀表演活动。在湘西土家族地区流行的主要是还傩愿，又称傩堂戏或傩坛戏。据熊晓辉在《湘西土家族傩戏略考》一文中谈道，"湘西土家族地区，傩戏一般有二十四正戏，即二十四戏神，每次傩仪结束时，巫师要用香火在黄裱纸上烧二十四个洞，以表示奠祭二十四戏神，民间有谚语：'傩神菩萨不识字，只要二十四个圈圈满'"①。二十四戏神中，勾销了愿两位戏神最为重要，因凡是傩愿戏都有一个勾销了愿仪式，只有经过了"勾销了愿"仪式，傩愿才算圆满。

傩堂戏分为全堂戏（24戏）和半堂戏（12戏），举行仪式的时间有一天一夜、两天二夜，甚至长达七天的也有，这往往根据愿主家的要求和经济实力而决定。"还傩愿"仪式由掌坛师主持，通常在主家堂屋的正中央设傩堂，将傩公傩母雕像供奉于神坛，坛的后方悬挂5张彩绘神像，前方则是用竹条与彩色的纸拼装成五彩门楼，称为"桃源洞"，洞中悬绣球，中堂楼吊挂大小条花字，神坛和四周放有羊、猪、鸡、鱼、大米、酒、米粑、豆腐等祭品。一般"还傩愿"分单愿和双愿，如单愿，则猪和羊分别为1只，双愿，则猪羊各为2只，其祭品相同。

傩戏表演和铜仁土家族地区一样，分为三个进程，即开坛、开洞和闭坛。法事是开坛和闭坛的主体，是为了迎请傩神与酬神进行的了愿仪式。正戏的演出主要放在开洞上，洞开后，鬼神就从桃源洞中出现，接着各种装扮的角色依次出场演出，直到傩戏结束，送神闭坛。

仪式开始时，穿着红色法衣的掌坛师，或身披柳巾，红帕包裹头部，分场合使用不同法器，譬如师刀、牛角、马鞭、竹卦等。随着场合的改变，其表演形式也不同，在鼓锣声中边舞边唱。仪式有司命、安土地、铺坛、祭锣鼓、安街、造桥、卦牢、会兵、接驾、求子、劝酒、下马、点兵、讨卦、开洞、扮土地、扮开山、扮先锋、扮八郎、扮师娘、扮铁匠、扮和尚、扮送子、扮算账、扮判

---

① 熊晓辉：《湘西土家族傩戏略考》，《戏曲艺术》2009年第3期，第82页。

官、交往、尝熟、还愿、进镖、下洞、打合同、上马、送神等内容。傩法师表演时,必须脸戴先锋、大小开山神、钟馗、钱童、八郎、和尚、判官等傩面具。仪式完成后,法师将会整理用品和主家酬谢的礼物回家,主人须派人伴送傩法师,每过一村寨,傩法师必吹牛角一阕,意叫阴兵四坛,到家时又吹一回牛角,并念归坛咒。①

2. 傩技表演

傩包含了傩祭、傩戏、傩舞和傩技四个部分,而傩技作为傩文化中的重要构成部分,代表着巫傩法术的绝技神功。在古时,巫傩驱邪祛疾,降妖除害,必施以傩技的威力以驱逐邪恶势力,傩技的威力越大、难度越高,驱邪祛疾的效果就越好,傩技伴随傩而存在。直到现代,傩技逐渐演变为单独具有表演性质的绝活表演。在湘西土家族地区,自古巫风盛行,巫傩文化遗存也较为丰富,巫傩绝技更是保留着神秘的色彩,比如开红山、上刀梯、下火海、抓油锅、棍上定鸡、死鸡复活等巫术绝技仍在盛行,是巫傩祭祀仪式中重要的表演项目。

上刀山,属于傩仪祭祀中"还刀愿"的一种法事。通常在木桩或竹子两边按6的倍数,插入18、36或72把锐利的钢刀作为"刀树",直立于广场中。钢刀犀利,寒光闪闪,傩法师赤脚从刀梯攀爬登上莲台,再拿下肩上的牛角,"呜呜呜"吹响3声,以示仪式的平安圆满,之后法师又从原路踩着刀刃返回地面,这时广场上锣鼓大作,鞭炮齐鸣,以示庆贺。

下火海,又称踏火海或踩铧铁,是湘西巫傩法师驱鬼祛疾的绝法绝技。傩法师用犁头(一种犁田农具),在炭火中烧得通红,然后铺在地上,傩法师烧香化纸,恭请祖师神灵到场保佑,吹响牛角,锣鼓齐鸣,傩法师赤脚,依次从烧红的犁头上踩过。犁头红光闪烁,火星四溅,青烟从傩法师脚底嗤嗤冒出,脚底却安然无事,没有一点儿烧灼的痕迹。

---

① 刘廷新:《湘西傩堂戏的传承与社会属性》,《中南民族大学学报》2006年第1期,第64页。

摸油锅，傩法师先在铁锅里装入四五十斤菜油，大火烧沸后，把一枚铜钱抛入锅内，傩法师高卷双袖，将双手伸入沸油锅中将铜钱捞出，而双手毫发无损。

死鸡还阳，是傩法师对着两只成年的公鸡施法术后，将其放在棍子上，无论你如何惊扰、恐吓，它们都纹丝不动。死鸡复活，就是把鸡杀死后，将其放置于案上，傩法师口中念念有词，用手空中对着死鸡画符挽诀，之后将口中含的水喷在鸡身上，这时鸡立刻复活。

这些使人惊讶、炉火纯青的傩技绝技，给傩文化本身制造了一种神秘的氛围。

3. 民间习俗

湘西土家族地区山势高峻、交错纵横，生活环境相对封闭狭隘，历史上长期与外界相对隔绝。土家族人常年居住在深山峻岭之中，过着刀耕火种的农耕生活，在这封闭的自然环境，对自然表现出了极度的敬畏和崇拜，除鬼神崇拜、傩巫之道之外，"敬天亲物"的自然信仰也形成了独具特色的民俗文化和丰富多彩的习俗活动。

湘西土家族地区仍保留着与生产生活息息相关的农耕仪式，比如，"薅草锣鼓""开秧门""敬五谷神和土地神"等，是祭祀农业神祇，祈求风调雨顺，为保佑土家人来年五谷丰登，有个好收成。还有"祈雨仪式"，主要祭祀雨神，旧时在湘西地区极为普遍，这是因为科学技术不发达，人们将天晴落雨寄予神灵的恩赐，通过祭祀祈求雨神降雨，使庄稼得到雨露的滋养。湘西先民还在长期的生产和生活活动中，逐渐形成一种农事占候习俗，比如"请七姑娘"，在每年的正月十五，请七姑娘来预测当年的农业生产情况。在春节送"春牛图""说春"等习俗，给土家人送去新春祝福。

在日常生活中也仍然保留着丰富多彩的习俗活动。比如，在恋爱婚姻习俗中就有"挑葱会""赶边边场""恋爱草标"，在部分土家族村寨这种以歌舞传情和用草传递信息的自由恋爱方式仍有保留。婚嫁仪式有"哭嫁""拦门""摸米""茅山宴席""抢床"和

"闹新房"等习俗，这些习俗都表现了湘西人民对婚姻的美好祝福和驱邪求福心理。

湘西地区还有丰富多彩的节庆习俗，比如，过年称为"过赶年"，就是提前一天过，故称为"赶年"。正月初一抢"头水"，又称"金银水"，谁挑到头一担水，预示来年庄稼丰收、大吉大利。土家族也有"狂欢节"，即从正月初一到正月十五的"舍巴节"，人们都要在摆手堂前跳摆手舞，载歌载舞，以示祭奠祖先。

湘西土家族的习俗活动丰富多彩，在劳动生产习俗、恋爱婚姻习俗，节庆娱乐习俗中体现对美好生活的向往和精神价值的追求，也体现了湘西人民勤劳善良、勇敢乐观，充满集体主义情感和理想主义热情。他们相信万物有灵，同人一样，因而万物与人都是神的子民，人与自然也就是平等并齐的了，表现了人与自然的和谐之美[1]。

二 遗存现状分析

湘西土家族地区的傩文化也正濒临传承危机的风险，尽管相关管理部门和文化单位大力保护和扶持，但随着社会的发展和文化繁荣，这种土生土长的民间传统文化总会面临一些新的问题。比如，外来文化的冲击、传承后继无人、生存空间狭小、民间特色流失等，给傩文化的传承带来了巨大的考验和新的危机。从这些现状来看，是有其深层次的原因。但是，事物存在总有它的合理性，我们在强调保护的同时，也要与时代同步，既要以传统为依据，还要符合民众的期望，正如段建武所说："非遗关乎传统，也关乎民间。"[2]

（一）存在的问题

1. 傩的传承后继无人，生存空间缩小

通过调查发现，如今在湘西地区傩的传承人以70—80岁的老

---

[1] 参见彭冠智《湘西民俗文化事象考》，《船山学刊》2009年第3期，第45—47页。

[2] 陕西省文化厅，陕西省非物质文化遗产保护中心编：《陕西省非物质文化遗产保护高峰论坛论文集》，三秦出版社2008年版，第352页。

年人居多，部分傩法师已经年老眼花，听力下降，部分难度较高的演出他们已经无法参与，虽然有想把手艺传承下去的强烈愿望，但无奈的是大多数年轻人都不愿主动学，甚至对这些古老的傩仪绝技嗤之以鼻，毫无兴趣。这一方面是因为在"文化大革命"时期被视为封建迷信，认为从事这门手艺会被人看不起，没出息，导致年轻人没有主动学习傩传承傩的动机。另一方面主要是由于经济的原因，收入低，没有外出打工划算，而且学好这门手艺要投入多年的时间和精力，学成后从事傩愿法事在经济收入上不实惠，特别是受常年在外打工的年轻人的影响，接受了外面的文化回来后，收入多了，人也洋气多了，这无形中也会给打算学习这门手艺的年轻人带来压力。因此，老傩法师逐渐老去，年轻人又不愿去传承，由于傩的传承后继无人，傩文化生存的空间越来越小，不得不面临人亡歌息、人去艺绝的传承危机。

2. 民俗主体日益减少，展演空间缩小

当地民众是傩愿戏的传承主体，这种流传千百年的古老文化得以存在，并流传至今，既有丰富的文化内涵，蕴含了广大民众的精神需要，又有随时代要求，赋予新的意义，换句话说，只有在民众当中自然生发和展演，这种传统民俗文化才能得到重建和传承。然而，当下民间傩愿戏的民俗主体日益减少，具体表现为：愿主越来越少，观众也越来越少。

据笔者调查，现在大多数的民众对傩愿解忧解难持怀疑态度，不再相信通过傩愿仪式驱邪驱疾来保平安。一般举行傩仪式都是家有老年人，老年人许下傩愿，年轻子女不愿违抗老人的意愿，才来操办这样一场傩戏。另外，现在年轻人都对传统的傩戏不感兴趣，因为受其他娱乐方式的冲击，大多数年轻人除了看电视、上网外，还有一些参与打麻将和赌博，这无形中也为傩戏失去了部分观众，没有观众，表演就会失去热情。课题组在湘黔渝交界的沿河谯家镇观看了祝寿傩愿戏，傩愿是八十岁的老人许下的，老人膝下有两女，成家后都常年在外打工，趁老人八十寿辰之期替老人操办还傩愿。三天三晚的傩戏，除了白天有少部分人观看外，晚上几乎没人观看，只在寿期那天，四面八方的亲戚朋友都来庆贺，观众稍多一些，但到晚上，请了乡间的乐队进行吹拉弹唱表演，吸引了大部分人，凌晨过后，几乎就没有观众了。据笔者观察，部分人宁愿坐在一起拉家常聊天都不去傩坛观看，多数年轻人甚至去打牌娱乐，除了周围近邻帮忙的少数年轻人外，其他的都未参与到傩坛中。

当地民众对傩愿戏抱着无所谓的态度，一场傩愿戏需要几天时间来完成，部分事主更不愿意麻烦，能省就省，也不再要求傩法师严格按照傩仪式烦琐的程序去完成，能一宿完成就不愿拖到三天三夜。因为承担傩愿戏的事主逐渐减少，傩戏的展演空间就渐渐缩小。尤其是年轻人都举家带口外出打工，外出人员日益增多，无疑就会减少还傩愿的民俗主体人群，这样傩戏的展演空间也会进一步受到冲击和挤压。

3. 对傩文化认识不足，民俗特色流失

各地方政府和管理部门都纷纷开展了非物质文化遗产的保护活动，也曾采取各种方式尝试通过当地特色民俗文化来推动经济发展，特别是前几年将文化与经济结合在一起，借文化来推动经济发展，虽然在推动经济发展方面有一定的效果，且对传承和保护当地民俗文化也有一定影响，但是，在保护和开发民间文化时产生了不理性因素。比如，湘西辰州傩戏进入国家非物质文化遗产名录后，各级政府为了大力宣传推广特色文化发展旅游经济，多次举办了包括民间傩愿戏的传统文化表演，甚至在湘西各地争相地举办旅游文化节中，都少不了傩戏表演项目。然而，地方政府和组织者为了迎合商业的需要，往往会对这种传统民间文化进行非理性的改造，增加一些商业化表演元素。据笔者调查，在湘西举办的各类民间传统文化商演中，组织者会要求傩法师适当减少法事仪式，增加傩戏和傩技的表演，认为这样观众才感兴趣，才能吸引到观众。更有甚者在傩戏表演中增加伴舞乐队，傩法师在前面表演，后面一帮专门训练的舞蹈演员配合傩法师翩翩起舞，这和傩愿戏的初衷背道而驰了，这是一种商业傩戏表演，并非民间传承的傩愿戏。由于失去了地方民俗文化的核心要素，在千傩一面的傩戏表演中，原汁原味的傩祭傩仪活动也难以再现，特有的艺术价值也被逐渐消融，导致土家族地区民间傩文化的民俗特色渐渐流失。

（二）原因分析

湘西土家族地区傩愿戏所存在的传承问题，具体表现为：后继无人；展演空间缩小；民俗特色流失等。其实，这些现象的背后存在更深层次的原因，笔者分析，这既受外因的影响，还有其内因的作用，主要表现在以下方面。

一是受外因的影响。随着时代的变迁和社会的发展及人口的控制，导致家庭结构发生改变，人口老龄化问题困扰着乡村，从前那种三代同堂、四代同堂的大家庭随着人口的减少也纷纷瓦解，一对年轻夫妇背负着上有老下有小的家庭责任，经济负担和家庭责任致使青年一代都不愿从事傩仪活动。受打工潮的影响，年轻人都外出务工，在家的老人和儿童作为留守成员，也不可能在从事傩祭傩仪方面的活动。一言概之，傩文化赖以生存的社会环境和人文环境都相应地发生了变化，导致傩文化传承面临巨大考验和危机。

二是内因的作用。傩愿戏因其能驱邪逐疫、祈福了愿保平安的功能，曾经与当地民众的心理需求不约而同。但随着社会经济、文化的发展，医疗条件的改善，这些传统的精神需求正在逐渐地发生变化，人们不再依靠传统的傩愿来祈求神灵的庇护，解决精神生活中的一切困惑，民众的精神需求正在发生改变，可以依靠别的方式和途径来获得解决。同时，随着民众的文化教育水平逐渐提高，人们的意识结构也在发生变化，对生活中遇到的困扰不再迷信，而是利用现代科技知识进行解释，原始的宗教信仰观念逐渐淡化，对民间的傩愿傩仪活动的神圣性也不再那么看重，更趋于理性，这种依靠民间信仰为支撑的傩愿仪式就渐渐失去展演的空间。因此，傩愿仪式的民俗演绎空间就逐步缩小，既有其外因的影响，还有内因的作用，这是直接导致民间傩文化的濒危并给傩文化的保护与传承带来严重的危机的关键因素所在。

（三）保护价值

1. 具有重要的学术研究价值

湘西土家族地区的傩文化内涵丰富，作为一种民间古老的原始宗教仪式活动，具有重要的学术研究价值，吸引了众多的研究学者。

其一，湘西自古巫风盛行，奉行巫教，崇拜鬼神。朱熹在《楚辞集注》中提道："昔楚南郢之邑，沅湘之间，其俗信鬼而好祀，其祀必使巫觋作乐，歌舞以娱神。"[1] 湘西先民信鬼神、重淫祀，好巫傩，在傩仪傩戏中蕴含万物有灵的原始神灵崇拜观和人性向善的人伦价值观，值得从各个社会学科去开展深入的研究。

其二，湘西傩戏融入了地方特色和民族特色，具有浓郁的原始艺术色彩，有很强的艺术研究价值，傩戏中的法器道具、面具脸谱以及表演形式、唱腔装扮、舞蹈动作等，都值得艺术学、美学、工艺学等学科深入研究。

其三，湘西傩文化里的傩戏技艺，比如咬铧铁、上刀山、下火海、滚刺床等表演，从物理学、化学、生物学等方面开展研究具有重大学术价值。

由于傩具有丰富的文化内涵，包括了农耕渔猎、生产劳作、人生礼仪、鬼神信仰、生殖崇拜等民间文化事象，包含了宗教学、社会学、民俗学、艺术学等多方面的知识。近十多年来，文学艺术界、美术界、戏剧界、音乐舞蹈界等，已经把傩文化，尤其是以湘西一带为代表的沅湘傩文化作为各自的活化石，深入研究，取得了一批批丰硕的科研成果，充分展示出湘西一带傩文化及其内涵的科学研究价值[2]。

2. 具有积极的社会教育价值

湘西地区的傩文化是用傩歌、傩舞、傩戏、傩仪的形式通过傩

---

[1] 贺刚：《湘西史前遗存与中国古史传说》，岳麓书社2013年版，第65页。
[2] 王文明：《湘西傩文化的价值及开发方略》，《船山学刊》2003年第4期，第42页。

法师的表演和传唱,以劝人从善、和睦相处、孝敬父母、尊老爱幼等规范人的行为为表演内容,具有重要的社会教育价值。每场傩戏的表演中,大多用精练的歌词形容傩事的来龙去脉,让人对傩神心存敬畏,教人与人和平共处,处事为善,勤劳致富,或在傩戏中介绍历史人物、神话故事,通过事件的行为,惩恶扬善,劝导人们以历史为鉴,以历史人物为榜样,要心存善念,家庭和睦,尊老爱幼。用傩事活动,规范和约束人的行为,积极教化人类,使其拥有正确的道德观、价值观和人生观,达到教化的目的,实现社会教育价值。

傩文化作为一种信仰体系和知识体系留存在民间,正如张紫晨先生所言:"傩文化包括傩的观念、傩的文化根基、傩舞、傩仪、傩神、傩面、傩坛(堂)、傩器、傩画,以及有关的驱鬼活动、祭祀酬神活动和求子、度关、医疗、娱乐、建房、超度等法事活动。"① 涉及民间生产生活活动中的方方面面,是人们在生产生活活动中的总结和经验。一方面,傩仪活动通过对鬼神信仰和万物崇拜,帮助人们获得精神和心灵的调适和慰藉,获得人生智慧,规范人们的行为,并将这种知识智慧进行传授和普及。另一方面,利用傩事活动以这些经验来指导人们的生产生活活动,作为一种民间流传的知识体系帮助人们完成各种社会活动。

因此,傩文化借助各种傩事活动为民众普世价值,传授知识,主观上是为了祭祀神灵获得精神上的慰藉,客观上实现了社会教育价值。

3. 具有重要的文化旅游价值

湘西土家族地区傩文化是该地区传统民间文化的重要组成部分,是以祭祀为目的,渗透了人们日常生活中的民俗事象,融合了鬼神崇拜的原始宗教信仰,逐渐演变成神秘奇特的民俗文化,吸引着广大民众,尤其是令人惊叹不已的傩技表演,将惊险刺激和神秘

---

① 庹修明:《巫傩文化与仪式戏剧研究——中国傩戏傩文化》,贵州民族出版社2009年版,第135页。

诡异融合在一起,从奇特鬼魅的气氛中领略其中扬善惩恶的傩文化之美,具有重要的文化旅游价值,不仅可以让人从傩文化活动中体验到美与善的快感,还可以从傩文化活动中领略到湘西民族民俗风情。张家界土家风情园已经把傩技中的上刀山下火海搬上舞台,转化为现实的经济价值;张家界的百丈峡大酒店土家风情娱乐中心,已把八宝铜铃舞、刀梯舞、赶尸舞搬上舞台,转化为经济收益;吉首的德夯正全面开发傩鼓傩舞,形成大规模的系列歌舞节目,请游客欣赏苗族傩文化及其奇,已经获得较好的经济收益①。可见,湘西正在大力挖掘和开发傩文化的文化旅游价值,实现傩文化的保护传承和利用。

第三节 恩施土家族地区傩文化遗存现状调查

一 遗存现状调查

恩施土家族地区地处湘、鄂、渝、黔交界的武陵山区,属于古代楚巴文化的起源地之一,在这里诞生了土家文化。数百年来,恩施土家文化和周边的荆楚、巴渝文化互相渗透交融,形成了独具特色的土家族文化,这里被学者誉为是多种文化的"沉积带"、土家文化的"聚宝盆"。生活在此地的土家人随着长期的生产劳动和生衍繁息,形成了灿烂多元的土家文化,尤其是"傩文化"以其独树一帜的风姿,在这片古老神奇的土地上绽放着绚丽的光彩,至今仍完整地保存其原生形态,吸引着人们的视线。尤其是恩施的"还坛神"和"傩愿戏",展示了从傩祭到傩戏的过渡阶段,具有重大的研究价值。恩施三岔乡还坛神、鹤峰傩愿戏于 2008 年被列入第一批国家非物质文化遗产扩展项目名录。

恩施土家族傩文化丰富多彩、内涵深厚,富有浓郁的民族色彩和丰富的民俗内涵。恩施土家族傩文化主要以傩仪、傩舞、傩

---

① 王文明:《湘西傩文化的价值及开发方略》,《船山学刊》2003 年第 4 期,第 42 页。

戏、傩面具等形式存在，以"傩愿戏""还傩愿""还坛神"进行傩仪法事活动，用宗教祭祀行为呈现当地人的精神信仰和对美好生活的祈求。尤其是恩施三岔乡的《还坛神》，至今保留着完整的二十五堂法事，这不仅在湖北绝无仅有，在全国也极为罕见①。《还坛神》祭祀仪式内容丰富，祭祀规模较大、流传地域较广，主要以酬神还愿仪式为主的祭祀法事，正如曹毅所言："还坛神"还处于傩祭向傩戏过渡阶段，戏剧的娱人表演因素刚刚渗入其中，还没有充分发展成熟。②恩施鹤峰的"傩愿戏"发展历史也有数百年之久，它在民间以傩坛为载体，以许愿还愿为依托，以傩祭傩仪为表演方式的傩戏，融合当地戏剧歌舞、民歌对唱等各种地方戏剧元素，在傩祭基础上发展起来的民间戏剧。相比三岔乡的"还坛神"而言，鹤峰的傩愿戏更偏重于"以戏祭神"，是祭祀向戏剧演变的过渡表演形式，可谓戏中有祭，祭中有戏，兼具酬神和娱人的功能，戏剧因素更甚，具有浓郁的乡土气息和民俗风情，深受土家人喜爱。

但是在全球化背景下，恩施土家族地区的傩文化前景不容乐观。随着社会的发展和时代的变迁，受现代文明的冲击，人们生活的方式渐渐发生了改变，傩文化原有的功能和意义慢慢地消解，特别是现在的年轻人对本土文化的缺乏认识，对传统文化的继承兴趣不高，加之年老的艺人相继去世，恩施土家族地区傩文化在不断地萎缩、消亡，正面临后继无人的传承危机。可见，保护和传承恩施土家族地区傩文化也是刻不容缓，迫在眉睫。

（一）传承人生存状况调查

1. 生存环境

恩施地处湖北西南部，东边与荆楚接壤，南边与潇湘交接，西面靠近渝黔，北边与神农架相靠。地形地貌以山地为主，属于云贵

---

① 刘绍敏：《民间祭祀 恩施傩戏》，《湖北画报（湖北旅游）》2007年第6期，第42页。

② 中国人民政治协商会议恩施市委员会文史委，湖北省恩施市三岔乡人民政府合编：《恩施文史资料第15辑·中国民间艺术之乡：三岔》，2005年版，第11页。

高原的延伸部分，山脉纵横，西有巫山，西北有大巴山，西南是武陵山等山脉，地势从西南向东北倾斜。这里常年雨季，空气较湿润，山较高且陡峭，山上常年雾气茫茫，高山和盆地气候差异很大。由于地处偏僻，山高人稀，信息闭塞，与外界交流甚少，经济相对落后，文化较为保守。历史上，生活在此地的土家先民常常处于深重的苦难中而无法解脱，常常祈望得到神灵庇护，期冀获得神灵的帮助，忘却烦恼，逍遥快乐获得心灵和精神的慰藉。然而，面对大自然的神秘力量与不可控因素，他们便开始从虚拟的空间里为这些因素找寻一种超自然的解释，把一切都认为是神灵的作用，认为神灵在冥冥之中控制一切，由此形成了神灵信仰和万物有灵的神灵崇拜。在这样的自然和社会环境中，最初作为驱鬼逐疫、治病消灾、渡嗣求子、祈寿延年的傩祭活动就得以流传下来，并根深蒂固于当地民众的巫傩信仰观念中。当地民众认为傩能满足人们驱逐疫鬼、消灾纳福的愿望，凡遇不顺之事，通过许愿还愿来消灾解难。据笔者调查，在恩施就有盼老人长寿许寿傩愿，一般以满十为期，生日那天就是还傩愿日。也有为了求子许愿、久病不愈许愿、子女考上大学许愿，甚至还有为了家中的牲畜下崽而许愿的。许愿就要还愿，一般就要请掌坛师，由掌坛师组织傩坛8—10人的人员进行还傩愿的表演活动。因此，傩坛的掌坛师在当地较有威望，能替愿主家消灾解难，保佑一家老小平安。

　　据课题组调查，恩施三岔乡地处喀斯特地貌，储水特别困难，水体流失严重，主要以土豆、玉米和烟叶等需水量较少的农作物为主，经济较为困难。在恩施三岔乡可以进行傩戏演出的有40余人，且多在40岁以上，平均年龄70岁左右，一年的傩戏演出大大小小有几十场。据当地傩师介绍，一个傩班需要7—8人，认为"七紧八松"，7个人要紧张些，8个人就够用了，目前大部分60岁以下的傩戏成员都外出打工。三岔乡离县城仅23公里，所以对传统文化的冲击也是最大的。新中国成立前鹤峰傩戏有25个傩坛，从新中国开始到80年代初，鹤峰的傩戏发展达到顶峰，从事傩艺的达100多人，分布在白果、北佳、南北、下坪、桃山、五里、走马、六峰、阳河、中营、马家、锁坪、邬阳等乡镇，但现在仅存清湖和铁炉两个傩戏班，而且清湖傩班成员平均年龄都较高，甚至有两位已达八十高龄，40岁已经算是年轻的了，并且大都外出务工，平时的演出也只有四五个人参与，每年的表演加起来都没超过十场。原铁炉乡掌坛师甘松林去世后，在铁炉乡只有几个人能表演傩戏，现在已经无实质性的演出傩班了①。

2. 戏班情况

恩施土家族的傩戏班子称为"傩坛"，每个傩坛都有坛主（或掌坛师），由坛主负责成员召集、仪式安排等。一般傩坛在7—8人，都是坛主身穿道服主唱，众人帮唱附和，演出时3—5人头戴面具边唱边跳。据当地傩法师介绍，祭祀仪式将按照建坛请神、献牲还愿、拆坛送神三个环节依次进行。在恩施仍在流传的傩坛主要有三岔乡的还坛神傩班、石窖傩愿戏傩班和鹤峰傩愿戏傩班。

恩施三岔乡还坛神傩坛掌坛师是谭学朝（见图2-4），不仅是三岔乡有名的傩艺人，还是恩施市傩戏、傩面具制作工艺最系统、最全面的唯一传承人。他12岁开始学艺，不仅擅长傩戏表演，还会雕刻傩面具。2003年，他被赋予"恩施州第一批民间艺术大师"称号，三岔乡也因此被评为中国民间文化艺术之乡，他的影响力远远超过恩施土家族地区的其他傩艺人。据黄柏权于2005年在三岔乡傩班的调查，当时的掌坛师谭学朝已80岁高龄，不仅精通唱、念、做、打，还对6万多字的唱词烂熟于胸。除了他还有四位核心成员，分别是谭学福、朱秀贵、田欲先、尹秀敖，都已70岁左右的高龄，除了谭学福是谭学朝的哥哥外，其他几位都是谭学朝的徒弟，其中田欲先是大徒弟，当年也是65岁，度职5年之久，加上谭学朝的其他徒弟，整个傩坛共有8人，按照"七紧八松"组建

---

① 参见罗巧玲《土家族傩文化现状解读——以恩施土家族苗族自治州为例》，《湖北民族学院学报》（哲学社会科学版）2011年第4期，第13—17页。

第二章 土家族地区傩文化的遗存现状调查

傩坛。①

图 2-4 傩戏掌坛师谭学朝主持仪式

资料来源：刘桃源摄于 2006 年 1 月。

红土乡石窑村傩戏班的掌坛师是蒋品三，他 13 岁学艺，18 岁就成为恩施、建始、宣恩、鹤峰傩戏班的掌坛师。他在 2007 年和 2009 年分别被授予"恩施州第三批民间艺术大师"和"第三批国家级非物质文化遗产项目代表性传承人"的称号。石窑傩戏班主要有"漆树坪村傩戏团"和"大河沟村傩戏团"两个傩班，傩坛的班主称为"团长"。目前这两个傩班共有 24 个成员，除一些离家务工的成员，每个傩班能表演的仅有 7—8 个人，一年也就表演 100 次左右。②

鹤峰的傩愿戏有"十二戏""二十四戏"和"三十六戏"之

---

① 参见黄柏权、葛政委《从仪式到表演——恩施三岔"还愿"仪式的人类学考察》，《广西民族研究》2005 年第 4 期，第 64—71 页。
② 参见罗巧玲《土家族傩文化现状解读——以恩施土家族苗族自治州为例》，《湖北民族学院学报》（哲学社会科学版）2011 年第 4 期，第 14 页。

说，有一套较为完整的祭祀法事和表演剧目。据吴振琦等在鹤峰对傩愿戏的田野调查中介绍，鹤峰在新中国成立前约有 25 个傩坛，现今仅有两个傩坛，即清湖傩坛和江口傩坛。清湖傩坛开始于 1908 年，第一、二代坛主已无人知晓，第三、四代坛主分别是黎师圣、黄茂庭，黄茂庭仍健在。拜黄茂庭为师的第五代弟子有卢必川、胡金娥、胡金兰、张祖泮、张祖佑、龚宏志、向宏高、朱郭宝等 10 人。江口傩坛启坛于 1890 年，师祖陈法刚、龚法全、王法通，第二代坛主不详，第三代坛主王武斌，第四代坛主甘松林，第五代传人，从师于甘松林，现有铁炉乡境内的甘松林之子甘月义及郑海帮、刘运武、黄维新、刘际达等与铁炉乡接壤的湖南桑植县赤树坪村的甘松林之侄孙甘英华及向才斌、罗玉明、甘新国等。① 从鹤峰的两个傩坛来看，成员的年纪都普遍偏大，加之年轻人都外出打工，乡民们对傩愿戏的兴趣不高，偶尔有一些老年爱好者也只是在春节、清明、端午、中秋、重阳等重要节日才举行傩戏的表演活动。

从恩施土家族地区的傩坛来看，主要面临的问题有：一是成员普遍高龄，平均年龄在 75 岁；二是断层严重，35 岁以下的年轻人几乎没有，容易导致后继无人；三是掌坛师太少，容易导致人去艺绝的传承危机；四是傩坛班子师徒传承多在家族和亲属之间，不便于广为流传。

3. 传承现状

恩施地区土家族的傩戏传承方式，主要还是家族传承和师徒传承。在 20 世纪主要是家族或亲属传承，这种传承方式多属于一对一的父传子或祖传孙。改革开放后，傩文化活动再度兴起，大都属于师徒等方式进行传承。师徒传承可以一个师傅带几个徒弟，可以广招门徒，进行传艺，为傩戏的广为流传提供了条件。比如傩掌坛师蒋品三 13 岁就受父亲蒋汉卿的影响，跟随父辈学艺，他学艺属

---

① 参见吴振琦、崔彬、邱绮《恩施土家族苗族自治州鹤峰县傩愿戏的田野调查》，《民间文化论坛》2011 年第 3 期，第 107—109 页。

于家族传承。在 18 岁出名之后通过度职取得掌坛师资格,开始收徒传艺,一生共收徒 30 余人,在他这一代主要是师徒传承。而谭学朝 12 岁拜傩戏传承人廖明池为师学艺 10 年,他学艺属于师徒相授。为了傩戏得以发展,后继有人,他采取师徒相授的传承方式,不遗余力地招徒传艺,一生传授弟子 50 多人。

据当地傩法师介绍,在恩施傩戏的传承主要依靠"肉口传渡"的方式。通过口耳相传、口传心授的方式来代代相传,此传承方式需要学艺者记忆力好、悟性高,还要能仔细观察,很快默记于心,把所学知识全都记在脑里,藏在心里。学艺者在基本上能掌握全面的技艺后,要举行一个"度职"的出师仪式,由老掌坛师授予"法名",取得度职资格才能掌坛,可以组建傩坛进行傩仪傩戏的演出、授徒。未能度职的学艺者只能搭坛唱戏不能建坛,当地称为"赶坛",只有达到度职所规定的标准后,再通过隆重的度职仪式,老掌坛师授予法名后才能成为掌坛师建坛授徒。

恩施傩戏的传承方式有严格的传承排序谱,按传承排序谱系取法名来"论资排辈",一个傩坛只有掌坛师(坛主)才有法名,一般由老掌坛师给下一代掌坛师度职后授予,排行谱为"道、德、通、玄、静、真、上、守、太、清、乙、元、来、付、本、永、远、放、光、明",以这 20 字辈循环使用。[①] 湖南人曹仁山将傩戏传入黄家经历五代后,又传入蒋家经历了九代。掌坛师蒋品三虽然自小开始学习傩技,但因家中没钱度职,直到长子蒋西成开始学习傩戏,学成度职后,取名"蒋来明"。蒋品三才又以口耳相传等方式收徒,并将大儿子蒋西城和弟子魏青国"度职",成为第八代"掌坛师"。三岔乡傩戏的开山掌坛师姓龙,贵州人,堂口来自龙山的"感应堂",谭学朝是拜师于恩施三岔乡的第 25 代传承人廖明池掌坛师。在三岔乡掌坛师谭学朝保存的传承谱系表中,各代传承人的法名中间都有"法"字,虽说"感应堂"传承了几百年了,

---

① 崔在辉:《"中国戏剧活化石"——恩施傩戏》,《湖北文史》2003 年第 1 期,第 159 页。

但却无法准确推断究竟传承了多少代。

（二）傩戏仪式、傩技表演、民间习俗调查

1. 傩戏仪式

恩施土家族傩戏主要有"还坛神"和"傩愿戏"，"还坛神"主要活动于三岔乡，红土乡石灰窑村和鹤峰的则属于傩愿戏。"还坛神"和"傩愿戏"都有自己古老的祭祀模式。

恩施土家族里的"还坛神"，是一种还愿祭奠仪式，有酬神还愿、求子、消病消灾、保平安等祭奠内容。以祭祀还愿仪式为主，戏剧成分较少，是傩祭到傩戏的过渡阶段，崇拜坛神，原始巫教信仰更浓。还坛神"通常由愿主许愿，许愿不举行仪式，凭嘴说一下就行，称为"张口愿"。还愿的时间一般也是愿主确定，掌坛师接到傩愿后就要邀约傩坛成员按时上路，在路途中如遇过河跨溪，翻山越岭，村头村尾都要吹响牛角，一路牛角声声，都晓得是傩班路过。

"还坛神"的仪式都是在愿主家的堂屋举行，傩班到达后，掌坛师就要组织布置傩坛，傩坛是一个神圣的空间，一点儿不能马虎，堂屋上方挂7副神案，供奉三清四帝、南斗北斗、祖师护坛等35位神仙，堂屋右侧悬挂天宫、水府、傩公、圣母4个神案，堂屋左方有阴曹、地府、赵侯、师坛4个神案，按照"上七下八"垂挂了15幅神案。正坛中放一张八仙桌，设香位，桌上供奉傩公傩母，摆放各种法器①。整个仪式有25坛法事，围绕请神、酬神、送神三个环节举行。"建坛请神"包括开坛、请水、交牲、封净、扎灶、操神、签押7坛法事，建坛请神仪式是为了营造神秘的神灵空间，恭请各路神灵来到堂前；其次为"献牲酒礼"，有放牲、打印、造刀、交刀、戏猪、回熟6个法事，主要是敬献酒礼给所请的神灵；最后便是"还愿送神"，有拆坛、放兵、发圣、出领兵土地、小开山、扎坛、招兵、勾销、开荤敬酒、送神、记簿、打红山、安神等

---

① 参见黄柏权、葛政委《从仪式到表演——恩施三岔"还愿"仪式的人类学考察》，《广西民族研究》2005年第4期，第66—67页。

第二章　土家族地区傩文化的遗存现状调查 ·61·

祭祀还愿的仪式环节（见图2-5）。

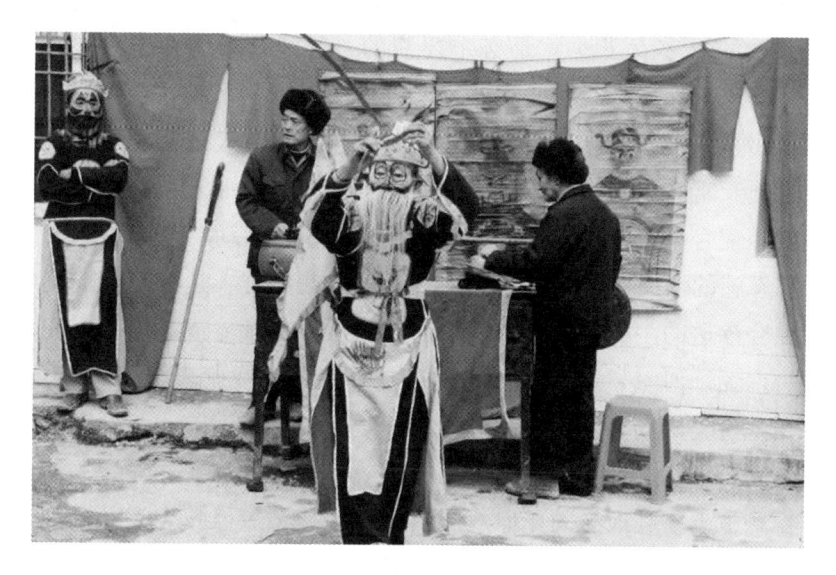

图2-5　恩施傩戏演出现场

资料来源：刘桃源摄于2007年1月。

从"还坛神"仪式来看，其一，祭祀目的明确，即以请神、酬神、送神等仪式环节；其二，重祭祀仪式而轻表演，主要以还愿为主，巫文化浓郁；其三，与傩愿戏相比，使用面具不多，这主要是神灵的角色没有傩愿戏多。因此，从整个仪式来看，祭祀为主，傩戏为辅，属于傩祭到傩戏的过渡阶段。

恩施土家族的"傩愿戏"，是融法事与民间戏剧于一体的祭祀表演仪式，分为大傩愿和小傩愿。大傩愿要唱三天三夜，小傩愿就一夜，通常从晚上开始到第二天清晨就结束。恩施傩愿戏包含多元的表演形式，演出素材五花八门，据说剧目有"二十四戏"和"三十六戏"，分为正戏和插戏，有"正八出"和"外八出"。"正八出"主要为祭祀仪式，有发功曹、迎神、开山、种茶、出土地、祭将、扎寨、勾愿等祭祀环节，属于傩愿戏的酬神活动。"外八出"则有《鲍家庄》《清家庄》《反五关》《打金银》《小说梅》

《王货郎卖货》等具有生动故事情节的地方戏剧。傩愿戏的正戏通常情况下必须表演完毕，而插戏则可不演完，但"外八出"《反五关》中的《姜女下池》是必定要演的，否则就不能算作酬神、还愿、谢傩。除了正戏和插戏外，还可以增加以下小戏和杂耍，比如《跳土地》《庆丰收》《兄妹情》等，这些剧目多表现儿女情长，戏剧性强，富有生活情趣，被老百姓所喜爱。"外八出"和一些杂戏主要是配合祭祀仪式，完成祭神、酬神的仪式活动。

恩施的傩愿戏是以酬神为主，酬神演戏结合，是祭祀与戏剧相互融合渗透的一种傩愿戏。而今也不只限于在堂屋或室内，可在院坝、广场、河滩、田头等空旷地方进行。因其戏剧表演因素更重，多在一些喜庆场合演出，起到娱神又娱人的目的。

2. 傩技表演

恩施土家族地区的傩愿戏演出中往往掺杂着傩技表演，比如上刀梯、下火海、摸油锅、端铧铁等傩技表演。"刀山火海"一词屡屡被我们比作一些凶险且难以企及的场所，视"上刀山、下火海"者为英雄好汉，傩技传承人用"上刀山""下火海"的傩技表演来展示自己的胆识和本领，上通神灵下镇恶鬼，威震邪神恶鬼来保佑愿主家庭平安。据当地艺人介绍，老一辈傩技艺人都有一定的功夫，如传承人蒋品三虽耄耋之年，依然眼睛不花、耳朵不聋、舞刀枪时能泼水不沾衣。老传承人谭学朝也是文武双全，纸扎雕刻，无所不通。

居住在恩施宣恩县沙道沟镇龙潭村的梁立武，是家传傩技的第九代传承人，也是当地唯一的"上刀梯"继承人，现年49岁。从2008年出师之后，便受邀到各地演出，据他介绍，"上刀梯"演出之前，表演者需准备令牌、钢刀、粗绳、竹卦、牛角及木杆等道具。用一根木制的6米或12米的杆子做刀梯的器材，将长45厘米的锋利钢刀18把或36把稳稳地安插在木杆上的孔眼里，刀刃向上，将刀梯用绳子牵拉直立地面。在表演前，先要做法事，拜五方、念咒语，通过敲锣打鼓、吹牛角迎请五方神灵压阵，保"上刀山"仪式顺利进行。①

恩施傩技不仅是一种民间绝活,还是一种驱鬼除疫的巫傩祭祀活动,是傩坛法事的一种独特表演形式,传承得通过严格的拜师和出师程式。因此,恩施傩技一直被披上一层神秘的面纱,与傩祭傩戏一道在民间广为流传。

3. 民间习俗

上古巴文化与土家文化都起源于恩施土家族地区,与中原和南方少数民族文化融合、碰撞,积淀了丰富多彩的民族文化资源,形成了富有特色的土家族文化。恩施的民间民俗风情绚丽多彩,有反映土家族人们精神信仰、价值取向和自然理念的"七姊妹山传说",还有土家人在耕耘时的薅草锣鼓、葬礼时跳的撒尔荷、吉庆时跳的摆手舞、劳动时唱的山歌号子、喜庆时的摆手舞和土家族叙事情歌等,无一不散发着多姿多彩的恩施风情。

土家族人民有"哭对出嫁,笑对生死"的传统习俗,把人的出生、成年、结婚、安葬等称作"红白喜事",凡遇喜事日子都要感谢父母的养育之恩,而逢丧事时却热热闹闹,笑对生死。哭嫁是土家族特有的婚俗,女孩从稍懂事时起,就要学习哭嫁。哭嫁的习俗涉及"哭爹娘""哭叔伯""哭哥嫂""哭姐妹""哭陪客""哭媒人""哭梳头""哭祖宗""哭上轿"的内容,以此感谢父母的抚育之恩、亲人的呵护之恩、兄弟姊妹的手足之情和媒人的乱断终身之恨等。一般是从出嫁日的前一天晚上开始直到出嫁那天上轿为止,是土家族婚礼中必不可少的人生礼仪。土家人在丧事时跳的撒叶儿嗬,又被称作"打丧鼓"和"跳丧",属于土家人丧葬活动的祭祀歌舞。这种集歌、舞、吹、打于一体的民间祭祀活动深得土家人喜爱,民间流传"半夜听到丧鼓响,脚板心里就发痒""人死众人哀,不请自然来"的说法,表明了土家人对生死如四季变化,是顺应自然规律,笑对生死的豁达乐观态度。

---

① 李以国、田代超:《神秘傩技上刀梯》,2017 年 2 月 11 日(http://www.enshi.gov.cn/2013/1114/141589.shtml)。

土家族的长篇叙事情歌一般不在山野田间传唱，主要在红白喜事场合上唱，主要是因为聚集的人多，爱听的人也很多，时间充裕，歌唱者越唱越有情趣，听众越听越津津有味。特别是在丧事中，土家人有个千百年传下来的习俗，那就是丧事场合不能冷清，必须热热闹闹，除了请人打丧鼓（又叫跳撒叶儿嗬）外，还要请唱歌师父唱叙事歌。

恩施土家族地区还有摆手舞、薅草锣鼓等土家歌舞习俗。薅草锣鼓来源于古时人们对农业神的祭祀行为，是土家族在集结几十或是几百人进行集体劳动的薅草季节，请击锣和敲锣的两位歌手面对在田野里劳作的农民，伴着锣鼓声的起起落落而吼唱的土家民歌。传闻是人们为了撵走践踏农作物的野兽，便在田野间击鼓吆喝，后来演变为唱歌打闹。

二 遗存现状分析

在现代化背景下，恩施土家族地区的傩戏也正发生着剧烈的变迁。其一，基于农耕社会生活土壤中自发生长起来的民间民俗文化，在现代社会环境下正逐渐失去根基和土壤，人们也不再需要通过祭祀祈求五谷丰登、人畜平安。其二，受现代文化的冲击，人们的思想观念发生改变，与人们的精神生活相伴的巫傩也在逐渐发生嬗变，对自然万物崇拜和神灵信仰也难以引起共鸣。其三，随着经济的发展和医疗水平的提高，对人一生中要经历的生老病死也不再依靠神灵的庇护和保佑，巫傩就失去了原本的祭祀还愿功能。因此，曾经在人们精神生活中扮演着重要角色的傩仪也因难以适应社会前进的步伐，将不得不面临退出历史舞台的窘境和危机。

（一）存在的问题

1. 传承后继无人，傩戏难以为继

当前，傩戏的老一辈艺人大多年事已高，部分老艺人已经离开跳了一辈子的"傩坛"，比如，获得恩施民间艺术家称号的谭学朝已去世，还有现已97岁高龄获得国家级非物质文化遗产项目代表性传承人称号的蒋品三。能主持傩坛的艺人大多年事已高，老龄化严重，在传承上出现了年龄断层。虽然有部分老艺人带有徒弟，但因学艺需要较长的时间，又是通过口传心授，需要较强的记忆力和较高的悟性，因此，很多后学者在傩戏学习上都会抱有畏难情绪而中途放弃。收入不高也是年轻人不愿学的重要原因，据当地年轻人说："自己都吃不饱，家人都养不活，哪还有什么心情去学傩戏"，多数年轻人都选择外出打工谋生。这些都是造成了傩戏的传承后继无人的重要原因。

2. 受外来文化冲击，观众群体单薄

随着经济、社会的快速发展，与"巫傩"存在的历史条件和背景已大相径庭。新农村建设也在快速推进，交通越来越便利，与外界的联系也越来越开放，特别是大众文化通过电视、网络、手机的渗入，农村娱乐方式也呈现多样化、时尚化，特别是年轻人外出打工，接受到时尚文化，返乡后对这种古老的民间傩戏毫无兴趣，甚至嗤之以鼻。演傩戏的人越来越少，看傩戏的人也在变少，除了部分上了年纪的老年人观看外，大多数年轻人都不再观看傩戏，宁愿去打牌赌博或寻找别的乐趣。傩戏表演是需要在特定时间和特定场合，一般都在婚丧嫁娶、人生礼仪之日才进行表演，祭祀目的也不再重要的情况下，由于可选择的娱乐方式多样化，事主家往往已不再邀请傩坛进行仪式表演。因此，愿主没有了，观众也少了，傩戏表演就没有了条件和基础，导致傩戏存在的空间逐渐消失而消亡。

3. 内容庞杂，程式烦琐的传承局限性

恩施的"还坛神"或"傩愿戏"的程式都比较繁复，在经历了恒久的传承之后，从原始的为祈祷、求子、除病而开展的活动，至今为止，形成 30 多个曲牌，200 多个剧目，[①] 在当地流传有"大傩三十六戏，阳傩二十四戏，阴傩二十四戏"之分，还有"正八出"和"外八出"之说，除了"正戏"有一套完整的祭祀法事外，还有"插戏"（又叫"花戏"）和民间小戏、杂耍等，其表演的时

---

① 郑翠仙:《恩施傩戏艺术文化分析与可持续发展路径研究》,《湖北社会科学》2013 年第 2 期, 第 196 页。

间比较长,如果唱大傩,需要七天七夜,小傩都要三天三夜,现在精简后都需要一天一夜。一是长时间来表演,观众容易产生视觉疲劳,慢慢就失去兴趣;二是学艺比较艰难,需要几年甚至更久跟师学艺,才能初步掌握整套傩仪程式,这往往需要对学艺者的全方面进行考察,除了智力、悟性还需要看品性,最终学艺成功并取得掌坛师资格的继承者就寥寥无几。傩戏自身存在的局限性也是导致传承困境的原因。

(二) 原因分析

1. 缺乏内在动因

缺乏内在的动因是导致傩戏后继无人的主要原因。恩施的傩戏传承人及民间艺术家谭学朝在2006年病逝后,他培养的一批傩文化的继承者和他带的徒弟仍在从事傩事活动的已经为数不多了,多数都把傩事作为一种副业,可有可无,没有全身心投入其中。这一方面是受经济的影响,从事傩事活动没有较好收入,还不如做点儿别的事情钱来得快,"做这个手艺养不活家人"。另一方面是多数年轻人为了生存而离家打工,在家的老人便承担照顾孩子的责任,无法参与傩事活动。这些客观存在的因素是导致傩艺人对傩事的热情不足,和上一代老艺人为民间艺术奉献的精神相比,则远远缺乏内在的动力,即便是参与到一些傩事活动中,也是为了应付而草草了事,可见,缺乏傩文化的认识,不能深刻地感知傩文化的价值所在,是导致傩戏后继无人,无以为继的主要原因。

2. 外来文化的冲击

随着经济的发展和社会的变革,傩文化失去了存在的土壤。随着交通条件的不断改善,不可避免地带来外来文化的冲击,网络多媒体、电视、手机为快速接收外来文化也提供了便利。同时,年轻人多数都经历了外出学习、打工,对傩文化有自己的看法,逐渐失去了敬畏之心,慢慢地不再信仰了。一旦信仰丢失,傩文化赖以存在的群众基础就被动摇,人们就不可能抱着敬畏之心来对待傩文化,傩戏中重要的祭祀仪式就会慢慢失去本来价值,变成可有可无的项目而导致逐渐失传,从民间的祭祀仪式活动逐渐演变为纯粹为了娱人的演出活动。这种演变，无疑对傩文化的完整传承是非常不利的。

3. 缺乏创新

恩施傩戏的祭祀仪式感强，唱词复杂难懂，祭祀仪式形式单一，使恩施傩戏传承基本沿袭上代掌坛师所传，形式和内容上都缺乏创新，且仪式程序千篇一律，导致渐渐失去特有的吸引力。主要表现在：一是傩文化的传承者大多数文化都不高。据课题组调查，在恩施傩坛的核心成员最高的也才初小文化，甚至部分成员没有进过学堂，识字全靠拜师学艺获得，都是以务农和从事傩事演出为职业，他们也不可能对傩戏进行创新和改造。二是由于傩戏的内容庞杂、程序繁复，传授方式又是靠口传心授，对学艺者要求记忆力要好和悟性要高，没有近十年的功夫是不可能出师的，因此，师父是怎样教，徒弟就怎样学，这也是导致创新不够的原因。

(三) 保护价值

1. 具有重要的人文艺术研究价值

傩从最初的古人和神灵沟通的对话仪式活动，经过长期的演变，最终发展为具有浓郁地方特色的艺术与宗教、娱神与娱人相融合的民间戏剧。恩施傩戏从最初的求子、祈福、除病演变成为宗教与艺术相结合的祭祀表演，形成了集民间文学、曲艺、唱腔、歌舞、美术、工艺为一体的综合地方艺术。特别是傩面具，造型大胆夸张、狰狞诡异，具有鲜明的美学特征。傩坛的布置将编扎、印染、书法、剪纸、绘画与建筑等艺术相融为一体；傩戏的表演服饰与造型色彩丰富，工艺精美。傩戏的舞蹈动作也是张弛有度，唱词率真质朴，锣鼓节奏鲜明。因此，恩施傩戏具有较高的人文艺术研究价值，值得民族学、人类学、语言学、宗教学、民俗学、艺术学等学科深入研究。

2. 具有重要的民族文化传承价值

恩施土家族地区的傩文化是恩施土家先民在面对自然、敬畏自然时，祈求得到自然神灵的庇护，获得五谷丰登、人畜平安的祭祀习俗，承载了土家人对人文情怀与和平安详生活的憧憬和精神诉求,展现出土家族的多元文化内容与形式。恩施傩戏从最初的原始宗教信仰转变为娱神娱人的戏剧表演形式,始终不变的是土家人心存的那份精神信仰和心灵诉求,在面对生活困境表现出来的那种豁达、开朗、乐观的精神。因此,传承恩施傩文化就是实现少数民族文化的发展,能为社会和谐带来积极的促进作用,一方面让人们了解土家族人民的文化,实现民族融合;另一方面通过传承和发展恩施傩文化,可以凝聚民族力量,提升土家人民的民族认同感和自豪感。

3. 具有重要的文化品牌价值

恩施傩戏因表演形式丰富多彩、表演功力深厚,被称作"中国戏剧活化石",已被列为国家级非物质文化遗产名录。恩施傩戏由傩祭发展而来,与民间歌舞、戏剧等艺术形式相结合的一种民间艺术形式,被著名文学家、评论家冯牧称为"祖国民族文化的瑰宝"。傩戏剧目繁多,有30多个曲牌和200多个剧目,傩面具的种类繁多,根据神灵形象雕刻造型各异,每场根据表演角色的需要,演员戴上不同的面具,有"戴上面具是神,摘下面具是人"的说法。因此,恩施傩戏是神秘的、精彩的,是充满吸引力的,通过傩文化来展现恩施地方文化特点,创建恩施傩戏的相关文化品牌,为傩文化的传承和发展拓展更为广阔的空间。

第四节 本章小结

本章通过对湘鄂渝黔毗连的土家族地区的傩文化进行调查,重点选取了铜仁土家族地区、湘西土家族地区和恩施土家族地区三个考察点,分别对传承人的生存状况(包括生存环境、戏班情况、经济来源、传承现状、传承方式)、傩祭傩仪和习俗活动(包括仪式、技艺、习俗等)、遗存古籍和实物道具等进行深入细致的调查。通过访谈、拍照、录音、录影、资料扫描等技术手段,对该地区傩文化的传承现状、遗存情况、表演仪式等进行搜集整理。通过调查与资料收集阶段的铺垫,展开对该地区傩文化遗留现状的分析,就其现存在的问题进行剖析，对产生的原因进行分析，以此归纳和总结该地区傩文化保护与传承的价值所在。

尤其要指出的是，在与湘、鄂、黔、渝交接的土家族地区，自古巫风盛行，原始宗教意识浓厚，给傩文化的发展提供了适宜的土壤，为傩文化的生长和繁荣提供了源源不断的滋养。对土家族地区傩文化遗存现状进行全方位的调查、分析、研究，是进一步了解傩文化所处的原生环境和存在的空间，以此进行全面的分析和研究，梳理出傩文化原生形态与原生环境共生共融的关系和规律，以及土家族地区傩文化在数字化时代所面临的保护危机和传承困境，为第三章关于傩文化的"数字"保护和"活态"传承提供全面而扎实的理论依据。

第三章
土家族地区傩文化的数字化保护传承理论

傩文化属于非物质文化遗产，发展到今天已逐渐演变成为一种独特的文化系列，包含了傩祭、傩仪、傩歌、傩舞、傩画、傩具、傩神、傩坛、傩面等文化元素，内容丰富，形式多样。傩文化是以原始文化为基础，鬼神信仰为核心，以阴阳五行学说为哲学先导，以法术、巫术为手段，融入了自然崇拜、图腾崇拜、鬼神崇拜、祖先崇拜等内容的一种文化形态。① 这类文化形态取材于人民群众的日常生活，与人们的生活息息相关，并通过世代相承的方式得以流传。融合了当地民俗活动、礼仪庆典、人生典礼，都是人们在实践里不断创造，在历史进程中不断积累、总结和学习的结果，表现了人们的最初的心理状况和普遍的心理认同。但随着历史的发展和人们生活环境的改变，特别是数字化时代的到来，网络多媒体的普及，以及人们思想观念的转变，傩这种非物质文化形态的生存空间受到了极大的冲击和挤压，其赖以存在的原生环境已悄然发生改变，精神内涵也有了新的变化，因此，迫切需要构建傩文化遗产的数字化保护平台。我们可以根据傩文化的信息属性，利用数字化信息技术来尽可能地保留傩文化的原生形态和本真内涵，这也是目前非物质文化遗产在"活态"保护和传承方面所面临的重要课题。在这个问题上，有专家和学者纷纷提出了不少具有价值的建议，都认

---

① 李土生：《土生说字》（第18卷），中央文献出版社2009年版，第30页。

为傩文化的创造者和传承者其主体都是人,是依托人而存在,通过声音、形象和记忆作为表现方式,通过口耳相传、口传身授的传承方式得以延续的"活态文化",与人的生存和发展紧密相关。只有采取"活态"的保护方式才能更加完整地显示傩文化的信息属性,也只有采取数字化信息技术才能给傩文化的展示、传播与利用提供更为广阔的空间。

在网络信息时代的今天,数字化技术为傩文化的保护与传承、开发与利用提供了诸多的可能。正如黄永林、谈国新两位教授在《中国非物质文化遗产数字化保护与开发研究》一文中谈道,"数字化采集和存储技术为非物质文化遗产完成保护提供了保障,数字化复原和再现技术为非物质文化遗产有效传承提供了支撑,数字化展示与传播技术为非物质文化遗产广发共享提供了平台,虚拟现实技术为非物质文化遗产开发利用提供了空间"[①]。目前,我们为了重新构建傩文化的原生信息环境,可以凭借先进的数字技术和信息手段,去虚拟跨域时空,拓展传承范围,延长传承时间,丰富传承文化内涵。这是依靠传统技术手段远远不能实现的,因此,数字化信息技术在傩文化的保护与传承中起到了极为重要的积极作用。

傩文化的非物质性决定了傩文化的存在是一种信息形式,这些信息从不同的侧面、不同的层次,多维立体地展示了傩文化的丰富内涵,它蕴藏的内容远远大于承载它的物质载体,这种物质载体集中体现为傩文化所在的原生环境。所以,对傩文化的保护主要是基于非物质文化遗产保护的信息视角,利用数字化信息技术构建傩文化所在的原生环境,这种原生环境是利用先进的现代数字技术把原生形式转换(映射)到新环境下的最佳方式,从而完成傩文化在信息环境下的生存方式的变换,达到在拟原生环境中的对傩文化的完整呈现,起到"活态"保护与传承的目的。

---

① 黄永林、谈国新:《中国非物质文化遗产数字化保护与开发研究》,《华中师范大学学报》(人文社会科学版)2012年第2期,第49—51页。

第一节　傩文化的信息特性

傩文化作为非物质文化遗产，在其保护上仍然面临着三大难题，这和彭冬梅、潘鲁生、孙守迁在《信息视角：非物质文化遗产保护的数字化理论》一文中论述的观点类似，一是技术难题，信息如何准确地进行传播；二是语义问题，信息如何确切地传递表达的意思；三是有效性问题，就是接受到的含义如何以希望的方式有效地影响行动。① 要解决以上问题，我们首先就要了解傩文化的信息属性及特征。

傩文化作为一种特定的意识形态，代表了中国古代农耕社会人们的一种原始的信仰，是为了满足广大信仰者的心理需求而创造出来的一种农耕文化，包含了原始宗教信仰、多种民俗活动以及各种生活技艺，是民间的自发创造出来的一种文化形态。在数字信息时代，数字信息技术对人类社会生活全面渗透的同时，对传统文化形态也在进行数字信息技术转换，形成了一种全新的数字文化形态。这种新的文化形态依赖于信息、信息资源、信息技术为支撑进行创造，形成一种信息文化。因此，数字信息技术创造出了物质形态的信息文化、行为方式的信息文化和精神理念的信息文化。

信息是物质数据存在方式和运动状态的表现形式，② 只要事物存在，或在运动状态，就存在信息。信息不仅是客观存在、能够被人感知、被加工整理和转换的，还能传递、重构，以及资源共享等。控制论的创始人诺伯特·维纳（Norbert Wiener）提出："信息这个名称的内容就是我们对外界进行调节并使我们的调节为外界所了解时而与外界交换来的东西"③，在维纳看来，信息就是人们与外界所进行的交流和交换的内容。傩文化作为一种信息形式，是指

---

① 彭冬梅、潘鲁生、孙守迁：《信息视角：非物质文化遗产保护的数字化理论》，《计算机辅助设计与图形学学报》2008 年第 1 期，第 118 页。
② 刘翔：《信息管理与信息系统》，清华大学出版社 2013 年版，第 5 页。
③ 温德成：《制造业质量信息管理》，中国计量出版社 2005 年版，第 8 页。

傩的这种文化形态（包含物质的和精神的两方面）在历史的演变过程中，所呈现或负载的文化内容的反映。傩文化的信息在形式上是离不开傩这一特定的文化事象而存在的，而在本质上却是抽象的，是"信号和符号的含义"①。这里的信号和符号都是信息的载体，是指数据、文本、声音、图像等，含义是这些载体所包含的意义。

因此，从傩文化的信息属性方面，我们可以这样来理解。首先，傩文化可以作为一种信息形式，是客观存在的，信息所反映的内容是对傩文化的客观描述，不是随意想象和臆造，要符合客观实际，不得人为地歪曲，使其失真。其次，傩文化的信息务必要靠某些物质载体来存储，数据、文本、声音、图像等符号都能作为物质载体，不同的是信号要借助不一样的物质载体来表示，譬如，传承人的个人信息可用图、声、文字等载体表示，而其他的表演大多是靠大量的数据和图像等载体方式来显示。但这些载体形式是能够变换的，如，文字、声、图能够都转换为计算机的数据、电信信号，且图、声、文字之间也能够互相变换。再次，一旦傩文化的信息附着在信息载体上，就能通过一定的传播渠道进行传递，人们通过获取傩文化的信息，可以对信息进行归类整理、分析归纳、总结提炼出更有价值的信息。人们通过主观活动获取的信息都会在人们的主观思维中被加工，辨别真伪，得到对自己有用的信息，再通过人们的主观活动去改造客观世界。例如，通过傩文化中传承人的了解，我们可以感受到土家族地区傩文化在经过了不同年代的变化和发展后，从刚开始的以顺应大多数信仰者的心理需求为目的发展到如今的祈福、还愿等宗教活动和顺应人们的好奇心。我们可以通过对这些信息的获取和分析，加以保护利用和传播开发。最后，信息具有可储存性。我们将傩文化信息转换成数据信号后可以进行储存，特别是在网络信息时代，随着科学的发展，可作为信息储存的介质更加丰富和高效，由于云时代的到来，Big date（大数据）也备受人们关注，大数据分析和云计算联系起来，对信息的获取也越来越方

---

① 金新政、李宗荣：《理论信息学》，华中科技大学出版社2014年版，第42页。

便。将傩文化的信息经过适当的编码并进行存储,是傩文化的保护传承和开发利用的基础,只有通过数字信息储存技术,将傩文化的信息储存到合适的介质中,避免随着传承人的离去而逐渐消亡的危机,通过数据转换储存还可成为人类可以共享的宝贵财富。

总而言之,傩文化的信息除了具有一般信息的所有属性以外,还应具有自己特有的一些特征,如原真性、活态性、流变性、多元性、传承性、民族性等特征。

(一) 原真性

这里所提到的原真性,主要是指傩文化的表现形式和表达内容的高度契合,以获得真实有效的信息。关于非物质文化遗产的原真性,早在20世纪60年代就引入文化遗产的保护领域,《威尼斯宪章》提出:"将文化遗产真实地、完整地传下去是我们的责任。"[1] 1994年12月在日本古都奈良通过的《关于原真性的奈良文件》,是一部有关原真性问题的重要国际文献,指出"原真性本身不是遗产的价值,而是对文化遗产价值的理解取决于有关信息来源是否真实有效"[2]。原汁原味是傩文化的原真性集中表现,那就要求表现方式与文化内涵都要具有真实性。傩文化作为非物质文化遗产本身就是动态发展的,很难对其用固定的标准来加以保护,强调傩文化的原真性主要是其表现形式和文化内涵的统一和高度契合。换句话说,傩文化的表现形式必须依赖于具体的人或物来表达和传承,而文化内涵是指这些人或物背后隐藏的与之相关的价值和意义,甚至可以理解为,傩文化的"原真性"并非完整的"原状"真实,而是在动态发展和变迁中的真实"原状"。正是由于傩文化的表现形式的多样化,其文化意义的多变性,具有不可感知、无形、活态和动态发展的特点,这种原真性更多地是取决于对傩文化数据信息来源的真实性,这不但要保证信息采集的真实有效,还要避免信息在

---

[1] 国家文物局法制处:《国际保护文化遗产法律文件选编》,紫禁城出版社1993年版,第162页。

[2] 阮仪三:《文化遗产保护的原真性原则》,《同济大学学报》(社会科学版) 2003年第2期,第5—9页。

传递过程中的失真，从现在的技术及其发展来看，要做到这一点是完全有可能的，特别是数字化信息采集技术的应用，为傩文化的信息"原真"提供了强有力的技术支持。

（二）活态性

傩文化的存在方式与人民群众的生活紧密相连，是通过代代相传的方式保留下来的，因此，傩文化的表现形式必须借助人这一传承主体来实现，强调的是以人为核心的精神、经验、技艺，依靠的是言传身教、口口相传的方式传承，体现为以家族或家庭为中心的传承环境，通过的是家族或师徒关系的直接传授方式，所以，人的存在是傩文化遗产能够"活性"存续的根本条件，而以人为本的非物质文化遗产最主要的特点就是活态流变，傩文化最大的特点也就在于其活态性。

作为民间文化的傩文化，它是文化生态系统发展中重要的一部分，与人民群众的生活环境以及不同时代的精神诉求密切相关。对傩文化的信息采集就要特别注意其活态性，不仅仅要重点考虑"人"和"物"这一核心载体，还要从文化信息的角度思考其文化内涵的变迁、传承及延续的影响。一方面，要重视人在傩文化系列活动中的价值，要考虑作为核心的载体——人的因素，重视人在傩文化活动中动态的、活态的因素，重视其精神的诉求和情感的表达，以及对生活的态度和价值取向。另一方面，土家族地区的傩文化是土家族人民在这片土地上长期发展和创造而凝聚成的具有鲜明特色的民族精神及民族心理，集中展示了土家族地区人们需要遵循的核心价值观和共同信仰。土家族地区傩文化的保护和传承必须依靠这里的人民共同参与和努力，如果离开了人的参与，其传承和发展将无法实现。

（三）流变性

土家族地区的傩文化资源极其丰富，是土家族人在长期的日常劳作活动过程中产生的，融合了地方民俗、生活技艺、精神信仰等文化形态，在不断地发展演变过程中，其表现形式和特征随着时空的改变而不断地发生变化，具备了非物质文化遗产的活态流变性。

传承既可以通过家族相传或师徒相授的方式，也可以是老百姓之间你来我往的自发交流学习的形式，伴随着人的流动，流传到别的地方，融合了当地的气候环境、生活习性、民族习俗，这样就形成有别于其他地方的文化表现形式，呈现出活态流变的性质。

一方面，傩文化的存在与本地区人们的社会文化生活息息相关，不一样的地理环境，不一样的生活习性就会有不一样的傩文化的表达方式，比如，贵州的傩戏还融合了花灯表演形式，在重庆、四川傩戏又受地方川剧的影响。

另一方面，傩文化作为传统的民俗文化，是一定时代的产物，在不同的时代有不同的文化环境，人们的心理诉求也是随时代变化的，因此，其传承就不可能不受时代的影响而产生变异和流变，正如丁广惠在《中国传统礼俗考》中提出："变异是随着传承而产生的伴生现象，有发展就有变异，变异是绝对的，不变是相对的。"①

因此，傩文化在传播过程中，常常需要与当地的人文环境、民族文化相结合，随着时间的推移，我们就很难掌握"源""流"之分了，因此，这就要求我们要学会用发展的眼光来看待傩文化具有的这种流变性，傩是处于不断地发展演变过程中的，不断吸收民间文化土壤的养分而得以滋养，并获得广泛的民间认同。

（四）多元性

所谓多元性，主要是指傩文化存在的形态而言，受不同的地域环境、不同的民族民俗的影响，所呈现出不同的文化形态和表现方式。整体而言，文化都具有多元性，相对于其他文化，傩文化的多元性就具有自己的特殊性。因为傩文化是一种民间原始宗教信仰文化，在日常的生产生活活动中产生发展的。但由于信仰的神灵众多，各地信仰的神灵有所区别。另外，各地的民风民俗也有差别，而造成这种多元的原因有地理环境复杂、神灵信仰众多、民风民俗繁杂，还有人们的信仰追求和精神诉求的差异多变等，因此，体现在不同民族地区、有不同的信仰群体的精神继承和个性发展，从而

---

① 丁广惠：《中国传统礼俗考》，黑龙江教育出版社2012年版，第40页。

呈现出多元的傩文化表现形态。

傩文化的信息通常伴随着当地的人文历史、文化特色和民族习惯而发展存在，对傩文化的保护和传承不能离开特定的文化信息空间，因为不一样的文化信息空间会显现出不一样的文化表现形式。同时，不同人的理解目的、思考角度不同，获取和接受的文化信息也是不同的，这也是造成傩文化信息的多元性的原因。

（五）传承性

文化具有传承性，是继承与发展的关系。傩文化的传承性是傩文化发扬与传播的必要条件，是在时代变化与传承人世代传播的接力中，增加了传承人新的理解和创新，依托社会化的人代代相传来实现傩文化的活态传承。著名社会学家波普诺认为，"从最为一般的意义上讲，文化是代代相传的人们的生活方式"①。时至今日，傩文化从最初的古老祭祀文化发展到如今中国传统文化中融合了多种宗教、民俗、艺术的文化形态，从这一意义来说，没有继承和创新就不会有今天傩文化的繁荣和发展。

傩文化信息的传承性，主要是指傩文化在传承、延续、流传、发展中对傩的载体形式和傩的文化内涵的传承、创新和发展的过程，由于傩文化的传承主要依靠的是语言、文字以及人与人之间的口传身授和交流相传，缺乏稳定的承载和流传的物质实体，因此，稳定性就大大地被削弱。但随着数字信息技术的发展，我们可以利用先进的数字技术对这些信息采集、储存、传播，以保证其活态传承。同时，由于受传承人生老病死的影响，为了能够对傩文化这一非物质文化遗产活态传承下去，就需要对传承人这一媒介尤为重视，不仅要对传承人生存的空间和活动经历做全方位的信息采集，还要对其思想和精神进行全方位的把握。

（六）民族性

傩文化的信息具有民族性，如何有效、准确地传递傩文化隐藏的内涵意蕴，就需要了解其所处的民族习俗和文化差异。

---

① 陈华文：《文化学概论》，上海文艺出版社2001年版，第48页。

人作为文化信息的载体，是在社会群体中相互依存，相互影响的，因其共生关系而延续着文化的生存，脱离了社会群体就无法生存下去。而人所处的社会群体依据民族特色被划分为不一样的地方民族，各民族有各种各样的特色文化和约定俗成的日常活动，每个民族都有着特有的文化传统和精神积淀。即使在同一民族地区，其核心价值观和精神诉求也直接影响和熏陶本民族成员的思维模式和行为理念。而土家族地区的傩文化是来自这一地区的人们在长时间的生活与日常中发展起来的，和当地的人的生活息息相关，从侧面反映了土家族地区劳动人民的生活方式和民众心态，是通过长期的生活积淀，形成了本民族独有的精神家园，反映了土家族地区人民的精神诉求和价值理念。

因此，傩文化的民族性特征，不管是傩文化有形载体的人或物，还是无形的信仰诉求，都离不开民族性这一信息要素。

第二节　信息空间下傩文化保护与传承的思路及方法论

信息是人与外界进行交流及反馈的结果。人类生活在大量的信息中，选择接受对自己可用的信息，同时人每天也在产生海量的信息，成为与外界交流与沟通的内容。信息是传播方式中最基本的要素，有些信息是自然产生的，也可能是人为制造的。但只要是信息，都会蕴含着某种意义和目的，这些信息还可能会引发后续的信息产生或相关行动的动作。不可否认，大量的信息不断在产生，也不断在消失，除非我们加以记录保存、为我所用；否则，不管是人类在有意识还是无意识的行为中产生的这些信息都会随着历史的长河烟消云散。

傩文化作为一种非物质文化，本身就是一种特殊的信息方式，依靠独特的信息组织形式构成的信息体。它的存在方式可能有时脱离了一定物质载体而存在，或者其存在价值已远远大于承载它的物质载体。但是，随着赖以生存的原生环境遭到破坏而逐渐消失或发生改变，这使其原本就缺乏物质基础的傩文化更容易随着环境的改变而失去本来的面目或逐渐泯灭。随着现代科学技术的发展,可以利用现代信息技术在新环境下维持其原生特征,用最好的状态来进行文化保护与传承。

从信息的视角来看,对傩文化的保护需要思考如下问题。

第一,傩文化在新的信息环境下其形式会发生变化,生成新的文化形态以达到与新的信息环境和谐共存。傩文化的原生环境为傩文化提供了存在的土壤,原生环境是一种特殊的载体,承载了傩文化特定的信息。在新的环境下,傩文化的形式发生变化,这种新的环境载体承载的信息是否符合原生环境载体承载的信息,这是我们首要解决的问题。

第二,傩文化部分原生形态不适应新的信息环境,自动消失。新的环境下,部分傩文化的原生形态在新的环境碰撞中落后于时代,已没有存在的价值,被逐渐淘汰而消失。关于已经消失的部分文化形态我们应该如何去看待,是否具有保护的价值。

第三,通过拟建原生环境,与傩文化的原生形态共生共融。采用现代信息技术重构傩文化的原生信息环境(拟原生环境),而不去改变其存在的形态,但如果不改变傩文化在新的信息环境的存在形式,如何保持其原生特征,如何与存在的环境相协调,以及其再生能力,都亟待我们去思考。

一　傩文化保护的思路

根据傩文化保护的信息视角,我们可以得出傩文化与其存在的环境具有密不可分的关系,环境为傩文化存在的土壤,为傩文化的存在和延续提供了必不可少的养分,并孕育了傩祭、傩仪、傩技、傩戏、傩艺、傩舞……包含了口头曲艺、仪式表演、民俗活动、传统技艺等系列民间文化形态。从信息属性的角度来看,傩文化存在的原生环境是一种特殊的载体,承载了傩文化在不同时间和空间的大量信息,但这种原生环境最容易受到时代变化的影响而发生改变,特别是信息技术时代的到来,新的信息环境最容易给傩文化的存在带来破坏。当原生环境发生改变时,就出现了三种可能：

第一种可能：新的现代环境对傩文化的原生形态形成新的冲击，傩的原生形态在新的环境中发生冲突和碰撞，落后于时代的发展而被逐渐淘汰进而消失。还有可能就是随着傩文化的承载物质的人或物的消亡而消失。

第二种可能：利用现代数字信息技术，对傩文化的原生形态进行数字化处理和转换成为新的数字形态，通过改变傩文化的原生形态达到与新环境的和谐，实现与现代环境的共生融合。

第三种可能：重塑傩文化的原生存在环境，利用现代技术构建傩文化存在的原生文化空间，做到傩文化原生形态与现代模拟原生环境之间的和谐共存。①

如图3-1所示为傩文化与其生存环境的关系、面临的问题及可能的解决方案。

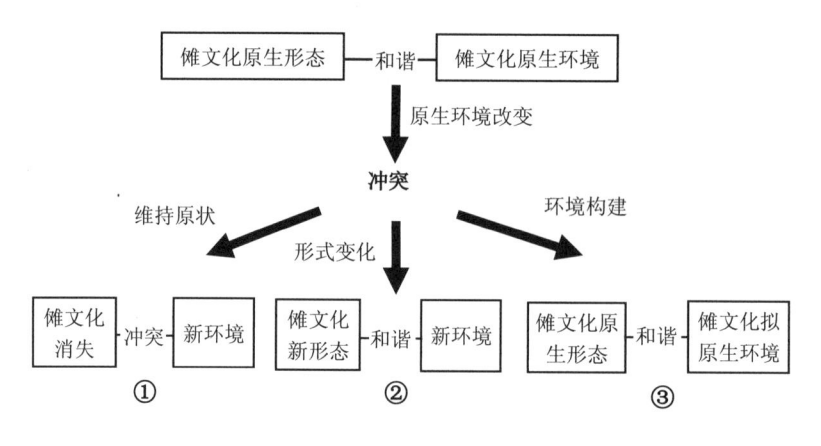

图 3-1 傩文化与生存环境的关系

从图3-1可以看出，当傩文化存在的原生环境发生改变后，傩文化的原生形态就和新的环境产生了冲突，在新的环境下将可能出现三种可能。从傩文化的保护角度来看，就是要避免第一种

---

① 谈国新、孙传明：《信息空间理论下的非物质文化遗产数字化保护与传播》，《西南民族大学学报》2013年第6期，第179—180页。

情况发生，主要针对第二、三种情况，通过现代信息技术，一是对傩的原生形态进行相关的傩文化信息改变，对傩文化不符合当代的状态调整过来，来完成与当代社会空间的融合。二是重构傩文化的原生状态生长空间，实现傩文化的原生状态和拟原生空间的融合。

傩文化作为一种非物质文化遗产，非物质的属性就决定傩文化是特殊的信息形态，这样的信息形态能够对原生环境的载体进行选择，甚至表现得尤为苛刻，特别是表现在民间留存、口耳相传，流传于乡野的民间文化形态，其存在的原生环境更为特殊，同时也是最容易受到冲击和破坏的，处于这样环境的民间文化形态选择的原生环境及其生存能力就非常脆弱，可能在这个地方是一种形态，而到另一个地方就会是另一种形态。因此，从傩文化的数字信息保护来看，一般包含了信息的采集获取、整理储存、传递和再生利用等方面。基于傩文化信息特征和属性，对傩文化采取数字化保护大致内容如下：

第一，对傩文化信息的识别和获取。对傩文化进行数字化信息获取是傩文化数字化保护的核心和基础，只有获得了傩文化的数据信息，才能够进一步进行数字化修复处理、虚拟现实、模拟再现等数字信息技术的应用。

第二，对傩文化采集到的数据进行转换或映射。只有通过分析和处理的数据才能成为信息。针对傩文化的祭祀活动和仪式空间的信息进行数字图像分析采集获取后，再进行数字化信息技术处理，转换成数据信息，这一过程也就是改变傩文化存在形式的过程。在数据信息转换过程中，如何保持其原生特征，如何与信息环境相协调，是我们要关注的重点。

第三，对傩文化数据信息进行存储和传输。存储就是把获取的数据进行加工处理转换为信息，再按照一定的规则记录在相应的载体上。传输则是将这些信息载体按照一定的规则组合成系统有序的信息数据以供检索。利用现代信息技术对傩文化信息进行数字储存，其实质就是数据处理和转换的过程，这个过程因为一定会造成数据的失真、不完整，所以如果要保留所需的傩文化遗产的特征，那么就需要采用现代数字信息技术，来确保数据的保真和完整，以保证其数据的原生特征。

第四，对傩文化的信息进行再现与展示。利用数字化复原和再现技术，对傩文化仪式空间进行恢复和虚拟再现，对部分濒临消失的傩文化形态进行原貌复原。采用数字信息技术，把文字资料、音乐唱腔、面具脸谱、表演影像、传承谱系等编辑转化成数字化格式，生成虚拟场景，以打破时空的限制，最大限度地展现傩文化的动态空间形态，从而实现土家族傩文化完整性的保护与传承。

第五，对傩文化信息的创新和利用。因为互联网、多媒体以及大数据等技术，创建基于网络数据信息的傩文化数字化资源展示平台，实现傩文化资源信息的整合与最大限度的展示、传播与共享。

二 傩文化的数字化保护与传承理论

（一）信息空间（I-Space）理论

当前，对傩文化采取数字化保护，其目的就是保存优秀的民间传统文化遗产。现存的傩文化遗产作为难得的珍贵资料，特别是其承载的历史的、人文的、艺术的信息是不可多得的。然而，目前对傩文化的保护多处于人工记录和简单的数字再现，缺乏深度的数字信息技术手段介入，也缺乏相关的理论支持。同时，随着城镇化建设的推进，新农村建设正如火如荼上演文化搭台、经济唱戏，几千年的优秀民间文化变成了商品经济的附属品，成为推动当地经济发展的载体和工具，导致传承了几千年的民间文化失去其原生形态。因此，需要通过数字化信息技术的保护手段，对傩文化的形态进行合理的数据转换，使其适应新的信息环境，在新的信息环境下仍能够保持其原生形态特征。

为了更好地分析和研究傩文化的数字化保护与传播的形态、数字化的特征和形式、数字化保护的思路和方法，英国学者马克斯·

H. 博伊索特（Max H. Boisot）为我们提供了可供参考的解决思路。他在《信息空间》一书中提出了信息空间（Information Space，或 I-Space）的概念，① 将信息现象的三个基本维度——编码、抽象和扩散放在信息空间框架中进行模型构建，他认为，无论是什么样的信息产品及其价值都可以从三个维度来解释，即编码性、抽象性和扩散性，如图 3-2 所示。编码性指信息数据转换分类的难易程度，抽象性指通过识别数据之间的内在联系而给出现象结构的难易程度，而扩散性指信息指向传播和受众接受的难易程度。从民族文化资源的数字化角度来看，编码程度反映了傩文化的信息在多大程度上被计算机所识别。抽象程度则是对文化信息进行归纳分析总结的一种简化程度，是数字信息化的过程。扩散程度则是指文化信息传播的速度、广度，以及受众接触、了解、接受的程度，是数字化信息网络传播的行为。

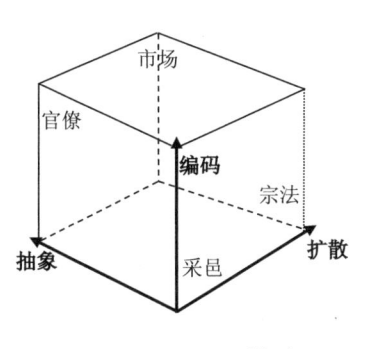

图 3-2　I-Space 模型

信息空间（I-Space）是一个对信息现象描述的框架。位于信息空间中不同区域的信息有不同的特征和含义，分别为采邑区、宗族区、官僚区和市场区（见图 3-2）。采邑区处于信息空间的原点附近，这里的信息是最原始的，是未经处理的，其环境也是个人化的、较难分享的，但该区域却是个人精神世界的产物，也是最富创

---

① ［英］博伊索特（Boisot, M. H.）：《知识资产：在信息经济中赢得竞争优势》，张群群、陈北译，上海人民出版社 2005 年版，第 50—69 页。

意的区域,大部分思想都是从采邑区诞生,然后逐步向其他区域扩散;宗法区处于信息空间的右下方,宗法区内的信息是小范围的扩散,但信息扩散的条件是要有共享的信息环境;官僚区位于信息空间左上方,这里的信息完善了扩散(或称"参加交易")的所有约束,被人为管理,能够成为信息产品作为交易目标;市场区位于信息空间右上方。这里的信息不仅具备扩散的条件,而且可以不受控制地扩散甚至被鼓励扩散,最后,信息将从市场区向下移动参与学习与创造的新一轮循环。①

(二)信息空间框架中的土家族地区傩文化

信息空间的三个维度构成了傩文化数字化信息的三维空间(见图3-3),展现了傩文化的数字化采集、处理、展示、传播的整个过程。

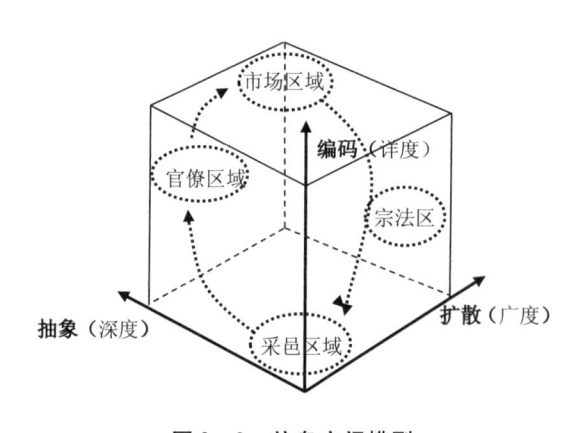

图3-3 信息空间模型

编码维度(详度),通常指的是傩文化的信息被数字信息技术手段所感受和识别的程度。傩文化的数字化编码,主要是针对傩文化有关的文本、图片、声音、图像、视频以及三维影像等数据进行识别和采集,并提取信息来编码,完成数字化呈现的过程。编码的

---

① 谈国新、钟正:《民族文化资源数字化与产业化开发》,华中师范大学出版社2012年版,第65—66页。

程度越高，说明所识别到的信息越全面具体。所以，我们在对傩文化进行数字化采集和提取时，应尽量全面，不仅要提取当前地域、时间、传承人以及图文、影像、唱腔、动作等，还要提取傩文化存在的原生环境信息，采用图形处理、数字复原、虚拟再现等数字信息技术等方式进行编码，对傩文化的信息进行全面、真实的采集和提取。

抽象维度（深度），是对傩文化进行数字编码后整理归类提炼的过程。抽象的程度越高，傩文化呈现信息的共性就越强，越容易被受众理解和接受，其影响程度就越大。例如，采用简单的摄影、视频录像技术来简单记录某一场傩仪表演，对整个傩文化系统的抽象程度较低，受众理解和接受较难，如果没有相关傩文化知识的观众可能就看不懂。但如果采用现代数字信息技术，对傩文化全方位的数字采集和虚拟再现，实现数字化呈现。那么，傩文化的抽象程度越高，信息的共享性越强，就更容易被不同的受众所理解和接受，更能容易实现信息共享，与傩相关的信息扩散的效果就更加明显。

扩散维度（广度），主要衡量傩文化的传播速度和覆盖面积。信息的编码程度越高，抽象程度越强，扩散效果就越明显。傩文化信息的传播途径方式多样，比如有现场表演、场馆展示、网络多媒体传播、数字化网络平台展示等方式。从以上传播途径可以看出，编码程度越高，数字化抽象程度越强，其扩散就越迅速，对公众的影响也就越大。

傩文化信息空间的三个维度构成了四个典型的信息区域，分别为采邑区域、宗法区域、官僚区域、市场区域。为了更好地理解傩文化在信息采集、编码、抽象到传播完整过程，根据信息空间（I-Space）中不同区域的信息呈现不同的特性和含义（见表3-1），把傩文化呈现的信息环境置放到信息空间模型中来观察。

表 3-1　　　　　　　　四个典型区域的不同信息特征

采邑区域	宗法区域	官僚区域	市场区域
傩文化的信息是具体的、未编码的、未扩散的，属于典型的自发式的原生展演形态	傩文化的信息是具体的、未编码的、有限扩散的（向一定的群体而不是所有群体扩散），在一定区域流传展演	傩文化的信息是经过数字技术处理的、抽象的、编码的、未经扩散（其扩散是受到官方的控制），典型的馆藏式保护	傩文化的信息是抽象的、编码的，自由扩散的。数字网络展示交互式平台展示

采邑区域，位于信息空间的原点区域，是傩文化信息显示的原始状态。这种原生环境主要集中在一些封闭的传统村落空间，传承方式过于单一，主要以家族相传和师徒相授的方式传承，传播空间相对狭小，一般都是人们自发组织。但是，属于民众在日常生活中自发产生的民间信仰，因此，这一区域是最富有创意的，存在的环境也是最和谐的。与此同时，该区域是最需要保护的区域，因为传统村落最容易遭受现代文明的冲击，同时随着老艺人的离去，这些口传心授的傩仪、傩戏、傩舞、傩技等最容易面临失传的危机。因此，必须对这一区域的傩文化进行数字化保护，将傩文化存在的信息环境逐步向其他区域推进。

宗法区域，位于信息空间的左下方，该区域存在的傩文化流传较为活跃，通过现场表演展示，有一定的参与者，通过参与者形成信息共享环境。从当前傩文化存在的环境来看，大部分都处于这一环境，逢年过节或农闲季节，通过乡民们相互传习表演，形成在一定区域自由流传的空间，比如，德江的"傩戏之乡"。目前，大部分傩文化都介于采邑区域和宗法区域，越靠近宗法区域，由于有广泛的群众基础，其存在的环境就越乐观。但随着存在的环境发生改变，要么就慢慢地向市场区域发展，要么就渐渐地退回到采邑区域，直至慢慢消失。

官僚区域，位于信息空间的左上方，该区域由于得到专家及相关学者的重视，通过对傩文化的考察，信息采集处理后作为资料，置于图书馆或博物馆进行保存。尤其是那些傩文化中关于技艺的相关记载，普通情况下艺人是不愿向外人泄露的，通常这些比较保守的资料被收集后，常常都会被整理成为核心资料并进行存储，禁止向外透露，传播更是不可能发生的。因此，这一区域的傩文化信息受人为控制，一般不扩散。虽然对傩文化的信息进行了数字技术采集编码和抽象处理，但信息采集和数字化处理的目的仅为了资料保存或供内部研究。

市场区域，位于信息空间的上方，这一区域的傩文化存在的信息是完全自由开放的。处于该区域的傩文化信息采集更为全面深入，数字化程度高，传播速度快，受众面广。由于受众众多，扩散迅速，随着对傩文化的接受和了解，受众就会对傩文化存在的神秘背景怀有好奇心理，又会回到其存在的原生环境中去发现和挖掘隐藏的原生信息，了解其原生形态，如此循环就能够实现傩文化的动态保护和创新利用。

因此，根据信息空间的不同区域呈现的不同典型特征，构建了一个完整的傩文化信息保护传承空间。通过从采邑区域采集提取傩文化的信息，然后再将这些信息进行数字化编码，完成抽象并经过扩散，动态地推向市场区域，从而实现对傩文化进行保护与传承的动态发展过程。

三　傩文化的数字化保护与传承方法

傩文化保护的目的就是传承和延续，其本质是信息的一种有效传播行为。作为一种信息现象，我们可以通过信息理论加以理解和把握，凡是在傩的活动过程中能被感知的各种信息资源，包括隐性的行为经验，通过数字信息采集和转换后，呈现给受众，并进行有效的传播。这一过程包含了数字化的信息采集、数字化呈现到数字化传播等环节。其中数字化采集是技术问题，就是如何保证采集的数据信息能真实反映傩文化存在的原生演绎空间，能否客观地反映傩文化的生存状态；数字化呈现属于语义层面，经过编码和抽象后的傩文化信息，是否完整无误地传达给受众；数字化传播属于语用问题，如何保证受众对傩文化信息的接受能达到预想的效果，从而实现对傩文化的有效传播。

（一）数字化采集

数字化采集多发生在采邑区域，这一区域的傩文化呈现的是一种自然留存状态，即原生形态。包含了傩的实物载体：人物、实物道具、文本书籍、图形图像、声音影像等，以及傩（傩技、傩仪、傩歌、傩舞）存在的地域环境、历史渊源、传承谱系等，这一区域还包含了傩的精神诉求和行为理念，是民众长期生活经验的积累。数字化采集要保证其信息的原汁原味，这种原汁原味就是信息的原真性。这种原真性更多地取决于傩文化数据信息来源的真实性，就是要保证其采集到的信息真实有效，不仅要保持其完整的"原状"的真实还要体现在动态发展和变迁中的真实"原状"。比如，对傩的传承人的信息采集，除了用录音、录像、视频等数字手段全面记录传承人口述资料和现场演唱、动作比画等过程外，还要记录该传承人的个人信息（如姓名、性别、籍贯、出生时间、出生地、家庭具体的住址、从事职业、文化程度等、师承情况、从艺时间、承担的角色，取得的成就等），对其既往的表演传习照片、实体物件、未保存过的文字等相关东西都要重新拍照、复印、扫描等数字技术手段进行采集获取。通常是对涉及传承人的文字资料、图形图像等二维信息主要采用高像素的相机、高精度二维扫描仪进行获取，然后生成二维数字图像，再利用数字图像技术分析和处理，修复复原，转换成数据信息；对传承人使用的道具器物、参与的祭祀活动以及唱腔表演等三维信息利用现代数字设备获取，进行虚拟再现，后期编辑处理等数字技术采集手段，以便完整地展现传承人生存的傩文化信息空间。值得注意的是，除了要忠实地记录传承人的所有信息以外，还要注意传承人在口述时的语气语调，方言土话以及能反映传承人个性特征的信息，以便全面地采集其所处的地域环境和民俗习惯等隐性信息。通过全方位的数字信息采集，尽可能地还原其原生态形式，以保持其信息采集的原生态。

(二) 数字化呈现

傩的数字化呈现主要对采集到的傩的信息资源进行不断的编码和抽象,再通过数字化呈现给受众的过程。随着傩文化信息的编码程度更加详细,抽象程度更加完整,信息就更加全面,呈现给人们就会更便于理解和接受,影响范围就更加广泛,其扩散效果会更加明显。

傩主要依靠口授和面授动作比画的方式进行传承,是艺人们经过长期的生活积累和经验总结,在特定的文化空间的一种表现形式,与群众的生活息息相关,具有典型的非物质性。对傩文化进行数字化呈现,尤其要重视其"隐形"信息,比如,傩的传承方式、传承谱系、流传地域和发展演变等信息。除了对傩文化相关的人物、实物道具、影音文本资料进行数字化呈现外,还要对其分布地域、民俗习惯、历史渊源、传承谱系等进行全方位展示和呈现。通过数字化信息技术对傩的内容与实体进行抽象概括,对涉及的隐形信息资源进行编码处理,全面地展示相关的背景知识和历史沿革,形成对傩的系统完整认识,这样就避免管中窥豹,不得其解,即使只观看了某一场傩戏或某一场傩的祭祀片段,但由其相关的信息描述和背景资料的诠释,能形成完整的信息资源集合体,便于对傩文化的全面认知、交流和创新利用。就像傩戏中,不仅有参与的民众,还有排忧解难的各路神仙,大都是以驱鬼辟邪、保人平安为主要目的,以歌舞戏剧的形式表现出来,演绎了人神互动,酬神娱人的傩活动,包含了参与的人物、道具、文本以及唱腔、动作等具体的信息资料,还蕴含了人们的精神希求,并与之相关的文化背景、历史渊源、传承空间等。只有以某一具体的表演事象,综合考虑分布地域、文化习俗、历史渊源,并将之信息进行编码和抽象,以全面地反映和呈现有关的信息资源,才能有助于人们对傩文化的全面理解和认识。

(三) 数字化传播

数字化的传播主要依托信息空间的扩散维度,信息的编码程度越高,抽象程度越强,其扩散就越迅速,对公众的影响力也就越大。但如何确保其传播信息的有效性，这就涉及以下的三个层面的问题，一是确保接收信息和发送信息的一致性；二是信息是否被人们充分理解；三是人们收到信息后能否达到预期的效果。

由于傩多采用口传心授、实地表演现场观看的方式进行传承和流传，受主观因素及客观条件的影响，无法保证其在传播过程中信息的一致性。但随着现代科学技术的迅速发展，特别是数字化技术的应用，对傩文化的传播和传承都可以通过对信息进行数字编码和抽象，利用网络技术基本能保证其信息传递的一致性。

而对于第二个问题，傩文化通过信息编码和抽象后要保证受众能理解，就需要采取先进的数字技术手段，对傩的文化空间（仪式、技艺、故事传说等）进行虚拟再现，场景还原，以保证信息能按照真实的环境被受众感受和理解。比如，对一坛傩戏的理解，仅仅靠一些图片、文字、影像资料，受众是难以接收和了解的，但如通过现代数字技术场景模拟、虚拟再现整个表演过程，受众就可能更好地领会和接收其信息。当然，在发送信息时还要考虑受众的知识背景，具有相同知识背景就容易被理解。比如，在傩的祭祀活动中，如果对傩的"驱鬼逐疫、辟邪解难"的内涵有所了解，对农耕社会时代原始初民的精神寄托有所掌握，就能把握傩祭祀活动的意义，就不会对狰狞的面具、夸张的动作、神秘的气氛而感到奇怪和恐惧。

第三个问题，属于语用层面，就是如何确保人们在收到信息后能按照预设的目标来进行创新实践，其实质就是解码的过程，主要指傩文化的信息通过编码和抽象后而被受众接收、理解和再现，并试图还原到原生状态，从而进行创作实践。在"解码"过程中，傩文化的信息经过编码和抽象后，原始的信息或多或少会丢失一部分，丢失的信息就需要在解码中被重新构建，在构建时可能对其理解的不同会有所差别，因此，要保证重新构建时的创作实践能够达到预想的效果，就需要明确传播的目的和扩散的目标。目的不同，在"解码"中重建的信息就会被目标左右而受到影响，并直接影响到受众接收的兴趣和实践的动机。

这三个层面的问题是傩文化是否有效传播的关键。第一个层面是技术问题，第二个层面是语义的问题，第三个层面就属于语用问题了。这三个问题是环环相扣、层层推进的，第一个问题是基础，决定了第二个问题的接收和理解，第二个问题又决定了最后一个问题的实现。

第三节 土家族地区傩文化的数字化保护与传承的技术路线

土家族地区傩文化的数字化保护与传承是目前面临亟待解决的现实问题，本书对数字信息技术介入傩文化的保护与传承作一些尝试性的探讨，试图提供一条可行的技术解决路线。

傩文化依托人而存在，人是傩文化得以传承和延续的主体，但人又恰恰是传承中特别脆弱的部分，"人老歌息、人去艺绝"是不得不面对的现实。但随着数字化技术的日渐成熟，虚拟现实技术、数据捕捉技术、多媒体与网络信息技术的迅速发展。利用数字化技术的采集、储存、处理、展示、传播等技术手段，将土家族地区傩文化进行转换、再现、复原成为共享、可再生的数字文化形态，以新的视觉加以解读，新的方式加以保存，新的需求加以开发利用。数字信息化技术的介入可以为土家族傩文化的保护与传承提供技术上的支持，主要表现在傩文化的信息采集及获取和数字化信息技术的应用两方面。

数字化信息的获取是傩文化进行数字化保护的核心和基础。唯有采集到傩文化的数字信息，才能够进一步进行数字化修复处理、虚拟现实、模拟再现等数字信息技术的应用。数字化信息的获取主要包含二维信息和三维信息两个方面，二维信息的获取主要是对图形图片、文字文本等平面资料的数字化采集，三维信息的获取主要是对口述音频、影像视频的记录和采集。

数字化信息技术的应用是傩文化进行数字化保护的有效手段和途径。利用数字化信息技术对傩文化的数字信息进行处理，可以实现在傩文化与受众之间搭建一个信息的桥梁，用户可以通过网络信息技术对傩文化的祭祀活动、傩歌傩舞、民间演艺等文化信息进行漫游和体验，以便获取需要的信息，更好更有效地展示和传播傩文化。

一　傩文化的空间信息分析

傩文化是一种杂糅了多元宗教和多种民俗的文化形态，既包含了口头曲艺、仪式表演、民俗活动、传统技艺等形式，又以傩祭、傩戏、傩舞、傩艺为基本载体的一种民俗事象，具有鲜明的地域性、民族性、独特性和传承性等特点，并在土家族地区广为流传。作为一种民间文化形式，从信息空间来看，目前主要存在于信息空间的如图 3-4 所示区域。

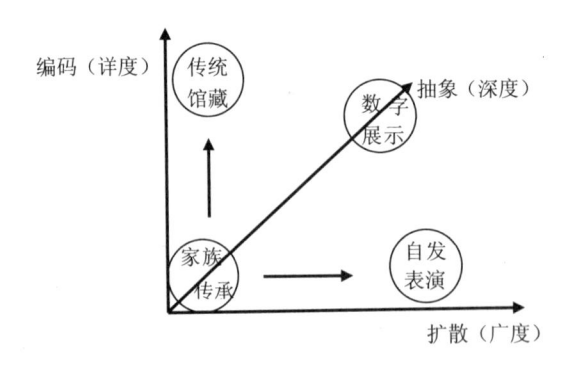

图 3-4　傩文化保护与传承的空间模式

（一）家族传承区域

家族传承区域处于信息空间原点附近的采邑区域。该区域保持着原始的傩的信息，所依托的环境属于较为封闭的原生状态，但恰恰又是最富创意的区域，是傩得以发生和发展的源头。在这一区域傩的信息表现为"静态"的存在，主要依靠傩的传承人自发地授徒或子孙继承，作为家族或师徒传承而得以延续，具有自发式、封闭式的特点。

据笔者在土家族地区走访调查，依靠家族传承或师徒授艺是目前主要的传承方式。由于这一地区地处偏僻地带，交通不便，受封闭环境的制约，加之当地民众文化素质不高，傩就成为乡民的精神寄托，因此傩通过祭祀还愿的形式得以流传下来。严格地讲，这一区域还缺乏有意识传承的思想观念，一直以来，其传承的渠道、场合，普遍局限于家族范畴。笔者在铜仁的沿河土家族地区访谈了部分傩坛的班子成员，多数都是上辈传下辈，辈辈相传，经过了家族数代的传承，仍然保持着口传心授和口耳相传的自然方式。

傩的信息在该区域主要是以人为传承主体，传承手段单一，随着传承人的老去而面临失传的困境。同时该地区傩文化的生存空间狭小，生存环境最容易遭受现代文明的冲击，生存环境易受到破坏。因此，该区域是最需要进行保护的区域。

（二）自发表演区域

自发表演区域处于信息空间扩散维度端的宗法区域。该区域的傩文化的信息交流较为活跃，乡民们根据需求自发地在家族或村落之间传播和表演，乡民们的参与是自发和自由的，因此，在这一区域有广泛的群众基础，有一定的自由流传空间。传承主要依靠村落与村落之间相互传习和交流，在相互学习的基础上加上自己的理解，有一定的创新性，也具有一定的开放度。

通过笔者走访调查，当前大部分傩文化都处于这一区域。傩艺人在村落与村落之间搭起了傩文化的传习桥梁，通过众多戏班的共同协作逐渐地形成了譬如"傩戏之乡"等之类的傩文化传习圈，这些傩文化传习圈之间又相互融合和借鉴，再加上一定的创新之后，在逢年过节或农闲时节，在广大的乡村进行传唱和表演，祭祀还愿的同时还能丰富乡村的文化生活。比如，素有"傩戏之乡"的德江，经历了漫长的土司统治社会，在几千年的发展中融汇了巴楚文化和中原文化，在吸收了巫文化的基础上，与周边地区的交会融合，形成了具有代表性的傩文化。现今保存下来的傩堂戏遗风古朴浓厚，表演仪式森严、肃穆，伴随一些傩技"绝活"的表演，整个过程洋溢着神秘色彩，一直在乌江流域一带传唱，由于有广泛的民众基础，成为民间喜闻乐见的民族民间戏剧而进行流传。

处于这一区域的傩文化信息大多介于采邑区域和宗法区域，越靠近宗法区域，由于有广泛的群众基础，其存在的环境就越乐观。

（三）传统馆藏区域

传统馆藏区域处于信息空间的编码维度端的官僚区域。该区域的傩文化信息大多由政府主导，是专家学者参与的一种馆藏式技术采集和保存区域，主要通过拍照、摄像、采访、记录、实物收藏等方式对傩文化信息进行获取并加工处理，利用展馆进行展示，主要供专家学者观摩研究、对部分民众开放，是集收藏、展示、研究、表演为一体的馆藏式信息保护。这一区域傩的信息已经经过了简单的技术加工和编码，具备信息扩散与传播的条件，但由于这种馆藏式的存在方式给传播造成人为的限制，比如，对民众的开放是受限制的，对部分藏品的开放度也是受控制的，虽然这一区域的傩文化的信息相对丰富，但由于受到诸多控制，并不能得到自由扩散和传播。同时，馆藏式的信息主要还在于对信息的保存，对文化遗产进行保护性展示，因此，民众的参与度和自由度都不高。

笔者在铜仁参观了贵州傩文化博物馆。该馆是迄今为止国内唯一的集征集、收藏、展示和研究为一体的傩文化博物馆，陈列了明清以来的各种关于傩文化的器物，如傩神案画、傩面具、法器道具，以及傩的书法和国内外傩文化研究成果、大量活动图片资料，从不同角度展现了贵州傩文化的原貌。虽然通过馆藏式专题收集展现，采集到的傩的信息量大，内容也比较丰富，但由于受馆藏方式的限制，信息的活跃程度不如铜仁的德江、沿河、印江等地民间的自发表演，群众的接收和参与度也不如民间的自发表演。

（四）数字展示区域

数字展示区域远离信息空间的采邑区域，处于编码、抽象和扩散维度的上端，该区域的数据都是经过了高度的编码和抽象，构成傩的信息资源综合体。这一区域的傩文化信息不仅经过良好的编码和抽象，还具备了信息传播的一切条件，既含有丰富的信息量，又有广大的受众群体,该区域不仅可以通过相互交流、学习了解傩文化的知识,还可以对傩文化进行创新和实践,是傩文化的数字化保护与传承所希望达到的理想状态。

该区域的傩文化信息依赖先进的信息技术手段进行编码和抽象,也就是数字化过程。王耀希在《民族文化遗产数字化》一文中提出:"非物质文化遗产数字化就是采用数字采集、数字储存、数字处理、数字展示、数字传播等技术,将非物质文化遗产进行转换、再现、复原成可共享、可再生的数字形态,并以新的视角加以解读,以新的方式加以保存,以新的需求加以利用。"① 随着现代数字化技术的发展,我们可以利用先进的数字技术手段,对傩文化的信息进行数字化采集,并通过数字技术进行编码,把傩文化相关的信息进行变换成可共享、可再生的数字状态,用数字化形式呈现出来,依托数字信息技术进行有效传播,完成对傩文化的吸收和创造的再生性保护传承,为傩文化的保护与传播提供更为广阔的空间。

二 傩文化的数字化保护与传承

(一)数字化保护传承的目的

随着现代社会科学技术的快速发展,现代数字信息技术被运用到各行各业。同样,给传统文化的保护带来了巨大影响的同时,也为非物质文化遗产的保护和传承迎来了发展的春天。非物质文化遗产的数字化保护,主要借助数字信息技术,通过数字采集获取、数字处理储存、数字展示传播等技术,将非物质文化遗产以最为保真的方式进行保存,再通过虚拟技术真实再现,以直观的方式向人们展示,从某种意义上来说,这已经完全突破了传统意义上的保护方式,为非物质文化遗产的数字化保护和传承带来了非凡的意义。

土家族地区的傩文化是土家族人民在漫长的岁月中创造出来的,是土家族人民弥足珍贵的文化遗产,是与人们的日常活动密切

---

① 王耀希:《民族文化遗产数字化》,人民出版社2009年版,第8页。

相关，包含了民俗活动、人生礼仪、宗教信仰、民间技艺等生活实践相关的活动，人是传承活动中的主体，是通过人作为文化链接得以延续至今。但是，人会随着年岁的增加而逐渐衰老离去，如何避免"人亡歌息""人去艺绝"的文化传承危机，是当前土家族地区傩文化保护与传承面临复杂的形势和艰巨的压力的原因。

当前，对土家族地区傩文化的保护仍限于文字、图片、录音、拍照等传统方式，但这些传统的保存方式容易使文本发生霉变、图片容易褪色、录音容易老化失真等，都影响了傩文化的长期保存和有效利用。而利用数字化信息技术，采用文本扫描、三维立体扫描、数字摄影摄像、动作捕捉等数字技术，对傩文化的信息空间进行全方位的信息采集获取，通过数据库、磁盘阵列、光盘塔、光纤和网络连接以及相关规定、协议，实现对傩文化资源的有效保护。随着数字多媒体技术的发展，非物质文化遗产的保护与展现，并不像物质文化遗产那样受地域范围的限制，可以在虚拟空间中再现真实的历史地理信息，以一种直观的方式向大众展示。[①] 使用数字信息技术，能够完整地显示傩文化所在地区的文化特点，能够展现浓郁的民族特色和地域特征，这对民间传统文化之间的交流和创新很有帮助。

利用数字化收集和存储、虚拟现实呈现等技术手段，对傩文化采取"静态保护"和"活态传承"相结合的数字信息技术，构建以数字信息技术为基础的综合型数字化虚拟傩文化遗产保护、展示系统。建立一个以数字信息技术为基础，综合型数字化虚拟保护传承与开发利用的框架，以此促进非物质文化遗产的数字化保护技术系统网络，加速非物质文化遗产的传播、共享和利用。

（二）数字化保护传承的技术路线

从傩文化的信息空间来看，目前傩文化主要留存于家庭传承区域、自发表演区域和传统馆藏区域，但这三个区域不是独立存在，

---

① 黄怡鹏：《数字化时代广西壮剧艺术的保护与传承》，《广西社会科学》2008年第9期，第25页。

而是相互影响并相互转移的。

家庭传承区域虽然保持着最原始的傩的信息，处于原生形态，靠家族传承或师徒传授而流传，处于封闭的环境中，但随着社会的发展以及交通的便利，人们之间的交流互动越来越频繁，纷纷走出村落，傩艺人在村落与村落之间搭起了傩的传习桥梁，随着傩文化在村落之间相互传播，乡民们根据信仰需求自发地在家族或村落之间自由地传播和表演，傩文化存在的家族传承区域就向自发表演区域移动，越远离家族传承区域就越靠近自发表演区域，民众基础越好，越容易自由流传。由于有了一定的民众基础后，就逐渐形成傩文化传播带而在民间广为流传。可是，虽然在自发表演区域有共同的爱好和共同的需求，但这些民众的文化需求最容易受到外来强势文化的冲击和影响，特别是信息技术的发展和网络时代的到来，对这种传统民间文化的冲击也是最大的，同时，人们受求新求奇的心理因素影响，很容易对新鲜事物感兴趣，因此自发表演区域也是最不稳定的区域。

处于家族传承区域的傩文化信息由于其原生形态，成为专家学者关注的重点。往往由政府主导，专家参与，利用各种技术手段对家族传承区域的傩文化信息进行收集，以便观摩研究。这样，傩文化存在的家族传承区域就向传统馆藏区域移动，越靠近传统馆藏区域，搜集到的傩文化信息就越丰富。从家族传承区域到传统馆藏区域，由于具备技术的参与和官方的重视，这一区域的傩的信息得到了很好的保存。但由于这种馆藏式的保存方式，以及对民众的开放都是受限制的，对部分藏品的开放程度也受到了控制，虽然这一区域的傩文化信息相对丰富，但由于受到诸多控制，并不能得到自由扩散和传播。

通过以上分析，目前傩文化存在的三个区域，家族传承区域是最需要保护的区域，而自发表演区域虽然有一定的受众，但也是最不稳定的区域，最容易受到外来文化的冲击，虽然传统馆藏区域对傩文化的实物载体进行了很好的保护，但对傩的"活性"部分无法保护，同时受到多方面的控制，得不到很好的传播和利用。

因此，我们对傩文化的数字化保护与传承，就是对傩文化目前存在的三个区域的信息进行数字化采集和处理，再进行数字化呈现，进行有效传播和利用，到达数字展示区域的理想状态（如图 3-5 所示）。

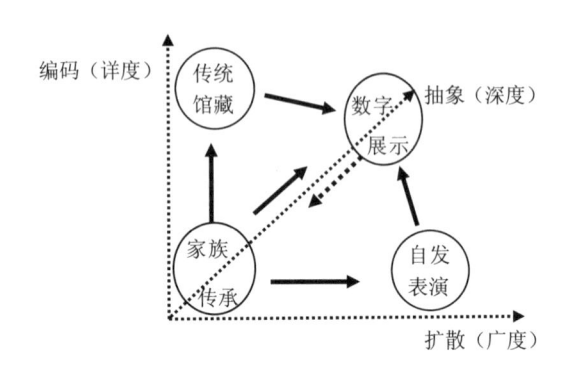

图 3-5　傩文化的数字化保护路线

首先，利用数字化采集和存储技术为傩文化的信息获取提供技术支持。根据傩文化的信息类型，可以分为传承人、傩文化实物（剧本、道具、服饰、面具等）、表演仪式（傩仪、傩俗、傩歌傩舞、傩戏、傩艺等）、民间传说等。对传承人的数字信息采集，可以采用数字化动作编排技术、声音驱动技术、Cubase SX 与 Nuendo 电脑音乐制作软件、Premiere 影像与声音合成软件等数字技术，将传承人的生活状况、传承现状、口述材料采集处理，完整地展现传承人的传承空间；对傩文化实物道具的数字采集，可以运用 3ds max 等进行三维模型虚拟复原，再运用 Photoshop 等图像处理软件对图形图像部分进行修复还原，从而实现傩文化道具实物的完整性保护与传承；对表演仪式运用数字摄影、摄像、DV 记录进行影像采集后，再通过数字化非线性编辑技术对音频、视频进行后期编辑处理；对傩文化中的民间故事、传说典故，运用数字化故事编排与讲述技术（Virtual Storyteller）进行数字信息记录和处理。

其次，利用数字化虚拟再现技术为傩文化的复原和再现提供现

第三章　土家族地区傩文化的数字化保护传承理论

实可能。借助数字化复原和再现技术，对傩文化仪式空间进行恢复和虚拟再现，对部分濒临消失的傩文化形态进行原貌复原。采用数字信息技术，把文字资料、音乐唱腔、面具脸谱、表演影像、传承谱系等编辑转化成数字化格式，生成虚拟场景，打破时空的限制，最大限度地展现傩文化的动态空间形态，从而实现土家族傩文化的完整性保护与传承。

最后，利用数字化展示和传播技术为傩文化的开发利用和共享资源提供技术平台。通过互联网、多媒体和数据库等技术，建立基于网络信息的傩文化数字化资源展示平台，实现傩文化资源信息的整合和最大限度地展示、传播与共享。

综上所述，利用数字化信息技术，对傩文化的数字信息进行处理，在傩文化与受众之间搭建一个信息的桥梁，用户可以通过网络信息技术对傩文化的祭祀活动、傩歌傩舞、民间演艺等文化信息进行漫游和体验，以便获取需要的信息，更有效地展示和传播傩文化。以此，建立一个以数字信息技术为基础，综合型数字化虚拟保护传承与开发利用的框架。

（三）数字化保护传承的方法

随着互联网和云计算存储等技术的迅速发展，大数据时代已经到来。凭借数字信息技术在傩文化遗产的保护、传承和开发利用方面将发挥更大的作用。鉴于土家族地区的傩文化是一种复杂的文化形态，包含了口头曲艺、仪式表演、民俗活动、传统技艺等，以傩祭、傩仪、傩戏、傩舞、傩艺、傩技为基本载体，依托人而存在的文化事象，具有活态性、传承性、多元性等特性，仅靠数字化信息技术的采集和存储技术，难免会忽视了其赖以存在的文化空间特性。比如，对民俗活动、仪式表演、傩艺傩技等数字化采集获取方面如何遵循统一的规范和标准，保证其数字化后的原生性；进行数字化展示时，如何展现傩文化之间盘根错节、错综复杂的知识关系；开展数字化传播时，如何确保信息传递的准确性和有效性，如此等等，都需要我们为土家族地区傩文化的遗产资源进行重新审视、评估，厘清存在的关系，挖掘其潜在的隐藏价值，从知识表达及可视化的角度进行认知,通过知识工程及语法粒度的角度建立傩文化遗产资源的多层次类型分类体系,建立傩文化遗产的数据采集技术标准,构建傩文化遗产保护与传承技术体系的方法和路径,并在对情境建模和行为交互技术、知识可视化技术、动作绑定技术、Web 技术等进行综合分析研究的基础上,建立一套适合土家族地区傩文化遗产的数据记录、保存、保护、传承工作的综合应用技术方案,构建土家族地区傩文化遗产的多媒体交互体系平台。①

1. 建立傩文化资源的数字化分类体系

傩文化是中国传统文化中多元宗教(包括原始自然崇拜和宗教)、多种民俗和多种艺术相融合的文化形态,包括傩仪、傩俗、傩歌、傩舞、傩戏、傩艺等,② 包含了人类学、民族学、民俗学、文艺学等方面的内容。内容丰富,形式多样,既包含多彩多姿的民俗活动、仪式表演、传统技艺等,还包含了大量民间流传的神话传说、民间禁忌等,涉及人物、地域空间、实物道具、文献资料等傩文化展现和传承的实物载体。由于傩文化呈现的形式多样,种类繁多,承载的载体不同,且各具特点,是由许多内在联系的知识与体系组成的资源集合对象,对其数字化就要抓住傩文化信息资源的内在联系,通过对傩文化相关的信息资源点进行抽象概括,将傩文化涉及的各信息资源集合成一个整体来描述,形成对傩文化的完整认识。根据傩文化的原真性、活态性、流变性、多元性、传承性、民族性等特性,再结合傩文化知识的系统性、复杂性和内隐性等特征的基础上,从人类学、民族学、民俗学、文艺学、心理学等多角度分析探索其知识的构成要素,提取其知识特征进行归纳总结,从傩文化的历史渊源、主要特征、表现方法、表现形式、传承谱系、分布地域等相关知识内容及其内涵进行分类,以及对反映这些知识的文献、空间、实物、人物等实体进行划分,建立傩文化遗产信息的

---

① 黄永林、谈国新:《中国非物质文化遗产数字化保护与开发研究》,《华中师范大学学报》(人文社会科学版)2012 年第 2 期,第 49—55 页。

② 仲富兰:《民俗传播学》,上海文化出版社 2007 年版,第 210 页。

多层次类型的分类体系,把与之相关的知识背景和历史演变关系完整展现出来,采取数字化信息技术进行采集、获取完整的信息,这将有助于提高人们对傩文化知识的全面认识和理解,有助于相互交流和创新探索。

2. 创建傩文化资源的数字化采集标准

随着数字技术被用于非物质文化遗产保护开发中,采取多样化的数字技术手段对非物质文化遗产进行完整、全面的数字化,探索出一条非物质文化遗产保护的新方法,成为非物质文化遗产资源保护的有效途径。在傩文化数字化过程中,通过对图片、音频、视频等进行数字化收集、数字化转换、数字化复原和数字化再现,以实现傩文化信息存储、展示、共享、传播和利用。但是,傩文化涉及宗教、文艺、民俗、技艺等多种民间文化形态,每种文化形态都有不同的表现形式,因此,需要建立一个统一的数字化采集标准,确保采集的信息能全面展示存在的文化状态。而目前,在非物质文化遗产的数字化采集方面还未建立统一的标准和规范,这在很大程度上影响了非物质文化遗产保护工作的顺利开展。因此,需要建立一个非物质文化遗产保护的数字化采集标准,根据傩文化的数字资源分类、数字处理、数字加工、数字整理等,制定数字资源标准采集体系,这样才有利于对傩文化全面数字化的科学采集。

对傩文化的数字采集主要是物质资源和非物质资源两方面,物质资源方面针对傩文化涉及的人物、实物道具、图形图像、影音视频、文献资料等;非物质资源方面有傩文化的历史渊源、传承谱系、文化空间等,进行分类制定统一、科学和规范的技术采集标准,并应用分发技术和资源管理对傩文化遗产资源进行统一有效的整合,有利于促进傩文化遗产资源的科学采集、傩文化遗产资源的统一标识、傩文化遗产资源的信息描述、傩文化遗产资源目录服务、傩文化遗产注册服务以及傩文化遗产资源检索和发布等功能的实现。

3. 选择恰当的知识可视化表达模型

由于傩文化属于非物质文化范畴,除了用传统的数字化技术对人物、实物道具、图形图像、影音视频、文本资料进行数字可视化外,更多地还要运用到知识可视化对傩文化的历史渊源、传承谱系、文化空间等进行数字化表达。非物质文化遗产知识可视化表现集中涵盖了知识源层、知识描述层、可视化表达层和知识应用层,知识源就像史书记录文字、乡间文化活动、百姓艺术、傩戏、艺曲、动作表演等;知识描述层解释了文化空间的特性和组成类别;可视化表达层解释了知识相关的特性和组成类别,用合适的状态来表现傩文化,能够帮助不一样客户把傩文化相关的信息传播与创新;知识应用层可以让用户根据自身的文化背景、知识构成等情况选择最适合自己实际情况的知识可视化表达方式来学习、构建文化空间知识等。①

知识可视化是指对原始信息的组织、加工、提炼等过程后形成的知识,利用可视化技术直观展示给用户,以方便用户对知识的理解和利用。② 恰当地选择傩文化的知识可视化的表达模式,能更好地帮助受众正确地重构、记忆和应用这些知识,最终目标都是把抽象变为具体形象,能真实地反映傩文化的有效信息,帮助民众快速地吸收有效信息、增强对傩文化的认知,通过对傩文化知识空间的了解、学习和交流,更加有助于促进傩文化的传播、创新和利用。

4. 构建傩文化数字技术综合运用体系

傩文化是一种依靠口头传承的民间传统文化,是人们在生产生活中的真实体验和经验总结,与人们的生活实践密不可分,其背后隐藏着丰富的文化内涵,仅仅通过对人物、实物道具、图形图像、影音视频、文本资料等进行数字化呈现方式难以将其错综复杂的关系完整表达出来,采用文本、图形、图像、视频、三维动作记录等的数字化表达方式不可能完整地展现其文化空间中各种知识之间错综复杂的联系,比如,通过视频影音的摄录,数字化获取也只能展

---

① 黄永林、谈国新:《中国非物质文化遗产数字化保护与开发研究》,《华中师范大学学报》(人文社会科学版)2012年第2期,第49—55页。

② 魏建香:《学科交叉知识发现及可视化》,南京大学出版社2011年版,第90—91页。

现傩文化的表演形式及内容，但对其演变背景、传承空间、地域特征等文化知识将无法全面地获取。

因此，就需要将多种数字化新技术手段进行综合的运用，根据其内容和文化表现形式，有针对性地采用动画生成技术、虚拟现实技术、渲染技术、特效技术、游戏引擎技术、人机互动技术等数字化技术手段，构建合理的数字化技术综合体系，对傩文化相关的知识背景、传承空间、地域特征等进行综合的全面数字化。

5. 搭建傩文化的网络多媒体交互平台

随着数字新媒体和网络交互技术的出现，为人们实时交流思想和感情，实现相互了解和沟通，实时传递知识和经验提供了诸多的可能。利用数字新媒体和网络交互技术，采用数字资源库模型数据，引入数字高精度虚拟场景模拟构建及数字化交互展示等方法，搭建一个综合性的数字化保护与传播的展示平台，实现在傩文化与受众之间搭建信息桥梁，用户可以通过网络信息技术对傩文化的祭祀活动、傩歌傩舞、民间演艺等文化信息进行漫游和体验，以便获取需要的信息，更有效地展示和传播傩文化。

傩文化包含了口头曲艺、仪式表演、民俗活动、传统技艺等祭祀活动和仪式空间的文化信息，对傩文化的数字化信息获取主要是二维信息和三维信息两个方面。二维信息的获取主要是对图形图案、文字记载等内容，二维信息采用高像素的相机、高精度二维扫描仪进行获取，生成二维数字信息高清图像，再利用数字图像技术进行分析和处理，修复复原，转换成数据信息进行保存和展示共享。三维信息的获取主要是对实物道具的三维扫描，祭祀活动信息的影音记录，歌舞技艺的视频采集等，利用现代数字设备获取三维信息，再进行三维建模，虚拟再现，后期编辑处理等技术手段，实现傩文化的虚拟现实和人机交互，完整地展示出傩文化的信息空间。

通过互联网、多媒体和数据库等技术，建立基于网络信息的傩文化数字二维及三维信息资源展示平台，可以让受众不受时间和空间的限制，能实时地观赏并查阅相关信息，能全方位地了解和实时地交互相关信息,实现傩文化资源信息的整合和最大限度地展示、传播与共享。

第四节　土家族地区傩文化的数字化保护与传承路径及方式

对傩文化进行数字化保护与传承其实质就是采用数字信息技术,对傩文化的信息进行数字采集、储存、处理、展示、传播的过程,并将傩文化遗产资源进行数字技术转换、修复、再现,还原成可共享、可再生的数字形态,以达到再生保护与传承的目的。但事实上,在对傩文化数字化过程中,不可能真实直观地再现傩文化的原样旧貌,对傩文化的数字化信息是以符号为中介的形式进行的,是经过抽象和编码而形成新的符号形态,在数字转换过程中必然具有创造性,会渗入日常的生活经验以及人们对生活的态度。因此,探讨数字化技术对傩文化的保护与传承路径就无法逾越人在数字化过程中的创造作用。由于人是傩文化的承载载体,傩文化的数字化保护与传承必须要发挥主体人的主观能动性,把他们的生活空间和日常的生活现象联系起来进行数字化表达,以此去探讨数字化技术对傩文化的保护与传承的路径和方法,以保证傩文化在数字化过程中与人的共生关系,这将有利于保证傩文化的数字化保护与传承的生命力。

一　保护与传承的路径

(一) 建立傩文化的数字化保护规范和依据

2005 年,国务院办公厅发布《国务院办公厅关于加强我国非物质文化遗产保护工作的意见》(国办发〔2005〕18 号),明确提出"要运用文字、录音、录像、数字化多媒体等各种方式,对非物质文化遗产进行真实、系统和全面的记录，建立档案和数据库"①。从此以后，中国的非物质文化遗产的数字化保护工作在文化部的推动下，得到了建立和完善。2006 年 6 月，开通了中国非物质文化遗产网·中国非物质文化遗产数字博物馆（http：//www.ihchina.cn/main.jsp），利用数字化技术和网络多媒体平台，对我国丰富的非物质文化遗产资源进行展示和传播，充分调动和利用社会公众参与，提供和完善非物质文化遗产保护的信息，为中国非物质文化遗产的数字化采集、组织、传播、展示搭建一个广阔的平台。随后，2011 年制定并通过了《非物质文化遗产法》，将非物质文化遗产保护工作提升到法律层面，为健全科学有效的非物质文化遗产保护体系奠定了基础。但这些非物质文化遗产的数字化保护规范和依据依然未得到应有的重视，未形成一套统一的非物质文化遗产数字化的保护规范和依据，虽然提出了一些数字化保护的要求和范例，比如，使用文字记录、录音、录像等多种数字化保护方式，对非物质文化遗产进行真实、系统、全面的记录，建立资源档案和数据库，但具体如何操作、如何实践等都缺乏一些规范性的指导。因此，需要建立一套傩文化的数字化保护规范和依据，指导和规范傩文化数字化采集、储存、处理、展示与传播的一系列可操作性的标准，为全国各地傩文化遗产的数字化保护与传承提供可参照、可操作性的标准，从而实现对傩文化的数字化保护传承与再利用。

（二）构建傩文化的数字资源信息库

2010 年文化部正式提出将"非物质文化遗产数字化保护工程"纳入"十二五"规划，此工程是一项非物质文化遗产与信息技术相结合的文化信息化创新工程，工程建设目标就是要明确构建统一规范的非物质文化遗产数字化保护标准体系，建立一个类别齐全、内

---

① 国务院办公厅：《国务院办公厅关于加强我国非物质文化遗产保护工作的意见》，2014 年 7 月 30 日（http：//www.gov.cn/gongbao/content/2005/content_63227.htm）。

容丰富的中国非物质文化遗产资源数据库群。① 建设傩文化的数字资源信息库是保护与传承中国非物质文化遗产的需要。傩作为一种古老的文化现象，融合了多种民俗和艺术的文化形态，是我国传统文化中不可缺少的重要组成部分。傩文化资源和其他文化资源相比，具有独特的地域性、民族性和时代性。因此，通过政府主导和社会广泛参与，建立较为完备的傩文化遗产的数字化资源信息库，把不同的历史时期、不同的地域、不同民族的傩文化的碎片化信息聚合在一起，实现数字化、可视化建模，进行多层次、多方位的立体重构和生动再现，既方便查询，又促进文化传播，更利于傩文化的保护与传承。

（三）搭建傩文化数字资源的网络展示平台

随着数字多媒体交互技术的发展和互联网的日益普及，数字化网络展示平台给傩文化的展示和传播带来了更广阔的空间。采用动画生成技术、特效技术、渲染技术、虚拟现实技术、人机交互技术等数字技术，利用数字网络、IPTV、无线通信等数字传播手段，通过数字电视、电脑、手机等数字终端，通过人机互动等技术手段对傩文化资源进行挖掘、处理、存储和展示传播与共享。目前数字资源的静态展示、动画展示、多媒体展示、三维展示等多种展示方式都可以通过互联网平台为公众进行跨地区、跨国界、跨领域的信息交流和文化传播，增加公众的认同感与参与性。② 运用数字技术对傩文化演变历程的重建、对傩文化存在空间的重现，有助于将傩文化的生存土壤、存在的空间以及隐藏在背后的文化整体全方位地进行保护和再现，使人们跨地区、跨领域的信息交流和文化传播成为一种可能。目前，数字博物馆成为非物质文化遗产的数字化展示和传播的方式越来越受到重视，其活态的展示方式有助于将非物质文化遗产的文化土壤、活动空间及相关的文化环境进行存储、处理与

---

① 丁岩：《吹响非遗数字化保护工作的时代号角》，《中国文化报》2013年12月11日第03版。
② 覃溥：《守望家园——广西民族博物馆与广西民族生态博物馆"1+10工程"建设文集》，广西民族出版社2009年版，第180页。

再现，可以通过网络终端向受众提供资源检索、虚拟漫游、交互共享，让人置身其中，亲身感受体验。这种突破时空限制、动态、交互的展示形式，为傩文化的数字资源展示与传播提供了良好的渠道和方式。

因此，搭建傩文化数字资源的网络展示平台，实现数字化、可视化建模、进行立体重构和生动再现，将傩文化不同历史时期、不同地域不同民族的文化进行全方位的展示，充分运用文字、图像、音频、视频、可交互三维动画虚拟现实等媒体进行综合整合，真实完整地记录并再现傩文化的内涵。

二 保护与传承的方式

目前傩文化的传承保护主要有两种方式：一是家族相传和师徒相授的自发保护传承的方式。即靠傩的传承人自发授徒或子孙继承，依靠家族或师徒传承而得以延续。二是整体文化生态环境的保护与传承方式。依靠乡民自发地在家族或村落之间自由地传播和表演，形成傩文化的传习区域，由政府引导广大民众参与的傩文化生态环境保护与传承。三是馆藏的保护与传承方式，即由政府主导，专家学者参与的一种馆藏式保护与传承。四是数字化网络的保护与传承方式，依赖先进的数字信息技术手段，将傩文化的信息进行数字化采集、编码，变换成可共享、可再生的数字形态，依托数字信息技术进行有效传播，实现对傩文化的吸收和创造的再生性保护与传承。这几种保护传承方式都有其存在的合理性，都不失为当下一种积极的、有意义的尝试。

（一）家族相传和师徒相授的自发保护与传承方式

家族相传和师徒相授的自发保护与传承方式主要发生在经济不发达、交通落后、信息闭塞的山区。处于该地区的乡民普遍文化程度不高，对傩这一原始宗教信仰具有很强的依赖性，对日常生活遇到的各种问题都寄托在通过酬傩还愿、祈求傩神显灵，保佑平安。因此，傩艺人在乡民眼中具有较高的社会地位并受到尊重，作为傩的传承人，由于得到人们的认可，是傩得以传承延续的根本动力。通过子承父业或拜师学艺的传承方式,他们习得从事傩的专业知识和专业技能。由于他们一直生活在本地,完全熟谙当地的人情世故和信仰习俗,被人们奉为能提供"解难"和"通神达圣"的中介角色,成为支撑民间乡野文化及原始宗教信仰的一支不可小觑的力量。

家族相传和师徒相授的传承方式主要靠口传心授和口耳相传,这种自然的传承方式最能接地气,能反映当地民众的精神需求和内心世界,由于扎根于乡土民间,是傩文化得以创造和发展的源泉,是至今仍保留存在的一种原生态保护传承方式。

(二) 整体文化生态环境的保护与传承方式

虽然依靠家族相传和师徒相授的自发保护与传承方式可以获得丰富的原始资源,但这种保护方式是以人为传承的主体,传承的手段单一,随着传承人的老去而将面临失传的困境。同时,在现代文明的影响和冲击下,这种文化的生存环境受到破坏,并且大多处于濒危状态,一旦流失消亡,就有可能永远无法恢复或再生。鉴此,对傩文化采取整体文化生态环境的保护与传承方式不失为当下一种积极和有意义的尝试。由政府出面,广泛动员社会力量参与,除了个人传承的力量外,还依靠民众群体的力量,即群体传承。正如全国人大教科文卫文化室的朱兵著文说:"应当积极拓宽传承方式,传承人的概念不仅仅是指个人,除了个人传承外,还有单位(团体)传承,从国外经验来看,对非物质文化遗产的传播发扬过程来说,单位或团体在传承过程中所占的比例很高,影响度和可持续都相对于私人继承要高,所以优先考虑把它看作传承人制度里的很核心的成员来认可与加大推广度。"[①] 傩文化是普通老百姓在日积月累的生活里总结出来的,是经过社会群体在漫长的历史演变中传播和传承,并经过民众的不断参与和创造,通过世代相传,不断扬弃、嬗变而形成的。因此,除了对传承人进行保护和管理,全面建立传承人档案,掌握传承人的相关信息、知识和技能外,还要重视

---

① 郑巨欣:《民俗艺术研究》,中国美术学院出版社2008年版,第104页。

民众的作用，提供必要的支持，搭建传授的平台，创造传习的空间，比如，通过民间祭祀、节庆仪式等活动作为传承空间，在民众中广为传播，使民众习得、民众传承，变为集体的潜意识行为而进行传承。

（三）馆藏式保护与传承方式

馆藏式保护曾经是民族民间文化遗产保护的重要手段之一。实践证明，民间博物馆在保护民族文化遗产，弘扬民族传统文化，促进民族经济发展方面有着不可替代的作用。《博物馆管理办法》认为博物馆的功能就是搜集收藏、保护保存、开展研究、展现人类文化活动和改造自然环境的见证物。根据博物馆所具有的功能，对傩文化资源采取馆藏式的保护，对散落在民间的傩文化资源进行搜集，通过拍照、摄像、采访、记录、实物收藏等方式对傩文化信息进行获取并加工处理加以保存，供专家学者观摩研究，对公众开放，进行传播和展览。这种集收藏、展示、研究、表演为一体的馆藏式保护对傩文化的传承和延续具有很重要的作用。贵州傩文化博物馆是迄今为止国内唯一的集征集、收藏、展出和研究为一体的傩文化专题博物馆，陈列了部分明清时期以来的各种傩法道具、傩神面具、文字资料，以及国内外在傩文化领域的研究成果和傩文化活动的图片，从不同角度展现了贵州傩文化的原貌。

傩文化包含了有形资源和无形资源，有形资源包括各个历史时期形成的道具、脸谱、法器、书籍及各类祭祀表演的活动采集到的图片、图像等实物资源，无形资源包括历史渊源、传承谱系以及传承人的生存状况、文化背景，民众的心理诉求等。目前，馆藏式的保护对有形资源的收藏、保存、传播和展览起到很重要的作用，但对那些"看不见""摸不着"的知识、经验、技能与技术很难展示。这种只能固态保存而无法活态传承的馆藏式保护方式已经远远不能适应当代社会环境下对傩文化活态传承的现实要求。中国艺术研究院研究员苑莉就曾说："我们一定要清醒地意识到这种博物馆式保护，只能作为传承非物质文化遗产的重要补充，但不应成为我国非物质文化遗产保护工作最主要模式,更不是唯一模式。"① 使用馆藏式的保护方式来保护傩文化非物质遗产是一种很必要的手段,但不是最重要的手段,也不是唯一的方法。

毋庸讳言,当今傩文化存在的生态环境逐渐萎缩,原生态文化环境遭到破坏,而傩文化的存在是与人们生活的文化生态空间,诸如价值取向、生活方式、宗教信仰和精神追求分不开的。因此,对傩文化存在的原生态文化环境的保护至关重要,俗话说:"活鱼要在水中看",静态保护只会让非物质文化遗产变成一堆僵硬的东西,正所谓"问渠那得清如许?为有源头活水来",只有当非物质文化遗产的保护呈现一种"活态",在现代文明的现代性与非物质文化遗产的历史性之间导向一种动态的平衡,"病树"才会勃发出一个新的春天。② 因此,对傩文化资源采取静态保护与活态保护相结合不失为当下解决傩文化保护与传承一种有益的尝试。

(四) 数字化网络的保护与传承方式

家族传承和师徒相授的保护传承方式能对傩文化的"活态"部分进行很好的保存和延续,但其生存空间易受现代文明冲击而遭到破坏,也会因为传承人老去而失传,由于传承仅限于家族或村落,因而家族传承是目前抢救保护的重点。馆藏式的保护注重静态保护,远远不能满足傩文化活态传承、动态保护的要求。因此,数字化网络的保护与传承方式是当前最为有效的手段。

随着数字多媒体交互技术的发展和互联网的普及,我们可以利用先进的数字技术手段,对傩文化的信息进行数字化采集,通过数字编码,将傩文化相关的信息变换为可共享、可再生的数字状态,依托数字信息技术进行有效传播,实现对傩文化的吸收和再创造的再生性保护传承。这种保护与传承方式不仅可以使受众通过数字交互技术来交流学习,还能够对傩文化资源进行创新发展加以利用,

---

① 苑莉:《博物馆不应成为"非遗"保护唯一模式》,《中国社会科学报》2012年9月5日第6版。

② 徐磊:《褪色的诗意——非物质文化遗产视阈下的牛郎织女研究》,山东大学出版社2013年版,第184页。

这不仅能使傩文化的保护与传承达到理想状态，还能给傩文化的创新发展创造更大的空间。

除了以上几种保护与传承的方式以外，还有文化旅游开发式的保护与传承方式，学校教育式的保护与传承方式等，鉴于不是本书讨论的重点，在此忽略。

第五节　本章小结

本章通过对傩文化信息属性的探讨，由其非物质性决定了傩文化的存在是一种信息形式，这种信息除了具有一般信息的所有特征以外，还具有原真性、活态性、流变性、多元性、传承性、民族性等特征。再从保护的信息视角去探索傩文化数字化保护的思路，分析傩文化在原生环境改变后出现的三种可能，第一种可能不适应新环境而消失，第二种可能是改变形态适应新的环境得到延续，第三种就是重塑原生环境以达到和谐共生，从傩文化的保护角度来看，就是要避免第一种情况发生。针对第二、三种情况，通过利用现代信息技术，一是对傩的原生形态进行数据转换，信息处理，改变其原有不合时宜的形式，以达到和现代社会环境的和谐。二是重塑傩文化的原生环境，达到傩的原生形态与拟原生环境的和谐。在此基础上，利用信息空间的理论和方法，探讨傩文化数字化保护与传承的方法。

结合空间信息理论，提出了傩文化的数字化保护传承技术路线，构建傩文化的数字化保护传承模式，就是利用数字化信息技术，对傩文化的数字信息进行处理，实现在傩文化与受众之间搭建一个信息的桥梁，用户可以通过网络信息技术对傩文化的祭祀活动、傩歌傩舞、民间演艺等文化信息进行漫游和体验，以便获取需要的信息，更有效地展示和传播傩文化，建立一个以数字信息技术为基础，综合型数字化虚拟保护传承与开发利用的框架。在此基础上，提出了傩文化的数字化保护传承的路径和方式。

第四章

土家族地区傩文化的数字化保护技术综述

傩文化作为土家族地区的重要文化遗产，在傩文化的历史遗留和传承研究方面具有不可替代的意义。在如今的科技化时代，数字化技术被广泛应用于各个领域，且在文化遗产的保护和传承方面起着举足轻重的作用。民族文化遗产在传承的过程中会因为一些无法避免的因素遭受一定程度的破坏甚至失传，如何借助数字化技术对傩文化相关产业进行数字化的处理，即数字化修复、数字化还原以及数字化再现，是对其进行有效保护和传承的主要实施手段，通过这些技术手段推进傩文化的数字化保护进程，构建一个非物质文化遗产的信息采集、修复还原、存储再现交互展示、传播共享的数字化"活态"保护框架，是本章重点探讨的内容。

我们已经知道傩文化是一种非物质文化遗产，那么我们需要更深层次地了解非物质文化遗产的主要内容，这样才能更好地运用数字化保护技术对傩文化进行数字化保护。2003 年 10 月，在联合国教科文组织第 32 届大会上通过的《保护非物质文化遗产公约》不仅正式启用了"非物质文化遗产"这一术语，还对这一概念做了具体界定：指各群体、团体，有时为个人视为其文化遗产的各种实践、表演、表现形式、知识和技能及有关的工具、实物、工艺品和文化场所。[①] 由此可知，非物质文化遗产具有无形性和稍纵即逝的

---

① 白慧颖：《知识经济与视觉文化视野下的非物质文化遗产保护与开发》，北京理工大学出版社 2012 年版，第 1 页。

特点，因此，在非物质文化遗产的保护中，要抓住它的这些特性，对其进行数字化处理，并转化为数据信息进行数字化保存，这是对非物质文化遗产进行保护的里程碑式的突破。数字化处理大致过程就是以各种形式的信息数据（如文字、图像、声音、视频等）对文化遗产进行有效的保护和永久性的保存。

傩文化特有的传承性、口头性以及可塑性使得它流传至今，不但被列为第一批国家级非物质文化遗产名录，还被各大领域誉为"中国古文化活化石"的称号。目前，傩文化主要存在边远落后的农村地区，传统的傩文化的传承主要靠"师传徒承"的形式，这种传承方式容易随着老艺人的生老病死而断层，并逐渐流失或消亡，遗留下来的手抄稿、经书古籍也会随着时间的久远和保存条件的有限而褪色发霉或被虫蛀鼠害。这些落后的资料保存方式都会使傩文化的信息保存逐渐丢失，影响了傩文化的长久有效保存。因此，对傩文化进行保护不仅是非常必要的，而且还非常紧迫。在信息化飞速发展的今天，针对傩文化的特点利用现代先进的计算机技术、网络多媒体技术对傩文化这种非物质文化进行保护是一种非常好的选择。随着数字信息技术的发展，如何运用数字化保护技术对傩文化实施长久有效的保护，是当前亟待解决的现实问题。

第一节 数字化技术概述

一 记录和储存技术

数字技术的采集与整理是信息记录和存储技术的主要内容，通过该技术可把整理后的数据信息进行有序存放和管理。信息采集的定义具有三个层面的含义，一是将信息采集整理后，按照一定的约定和格式，把信息记录和存储在对应的信息载体上，比如 U 盘、硬盘、光学媒体、磁光媒体等。二是依照相应信息内容的分类、特点以及约定俗成的准则融合成一个带有结构和序列且能被用户查阅的集合体。三是通过现代计算机技术与数字化技术的方法来改善信息的存储效果及对数据的利用率。

在对傩文化的传统保护手段中，主要是选择纸质化书籍、摄影、录像对傩文化涉及的文字、图像、音频、视频等资料加以保护。随着时间的久远，书籍会受潮发霉或被虫蛀鼠害，录音带会产生失真现象，录像带也会产生老化、不清晰，甚至色彩蜕变等问题，这些落后的资料保存方式都会使傩文化的信息保存逐渐丢失而濒临消失，不仅影响了傩文化的长期保存和利用，还会造成傩文化的消亡和流失。随着科学技术的发展，我们采用数字化保护技术就可以有效地对非物质文化遗产傩文化进行信息采集和存储，能够有效地长久保存这种珍贵的非物质文化遗产。

对傩文化的信息资源进行获取主要运用到数字化记录和存储技术，从文字资料、图形图像、音频视频、表演面具等方面进行数字化获取。

1. 傩文化中的文字资料

文字资料的记录和存储，最常用的文字编辑工具有 Word，对于手工记录傩文化材料和录音材料可以通过人工编辑的方式直接录入 Word 文档中；部分已存在的傩文化纸质资料，可以采用高清相机将其转化为电子图像资料后，使用自动文字识别软件识别提取图像中的文字，采集到电子文本资料。

2. 傩文化中的图形图像

图形图像的数字化记录和存储主要有 5 种途径：采用 Photoshop、Coldraw、illustrator 等图形图像软件来进行图像处理；使用我们随身携带的智能手机、数码相机等设备拍摄获取；采用扫描仪扫描图形图像获取；利用相关软件或设备捕捉图像进行获取，或者利用数字化仪器来输入获取图形图像。

3. 傩文化中的声音资料

声音资料的记录和存储主要采用录音机、MP3、手机、录音笔等录音设备进行采集。

4. 傩文化中的视频资料

视频资料的记录和存储主要使用数码摄像机来进行设置。

5. 傩文化中的表演面具

对于一些表演面具的记录和存储可以采用三维扫描仪或者全景多角度拍照，将最接近真实的数据进行录入，达到尽量不失真的目的。

因为本书是以数字化平台为基础开展研究的，因此在前期的调查与搜集资料中，大多采用了高清设备进行数字化采集获取，比如采用数码录音笔、高清数码相机、高清数码摄像机等。在选择存储方式上也尽量选用无损的记录格式，这样尽可能地方便后面的数据存储和转换。

二 复原和修复技术

傩文化的复原和修复主要是对涉及的文字、图片、声音以及视频进行数字化修复和复原。傩文化资源的复原和修复可以采用 Photoshop、3ds max 和虚拟现实等数字技术来实现。

在傩文化资料的复原与修复上，可采用 Photoshop 完成图像剪裁、图形校正、修补、色彩校正、图片大小和格式设置等修改。Photoshop 另一方面的运用体现在对 3ds max 等建模软件渲染输出的效果处理上，使渲染生成的图像更具有真实性和艺术性。

1. 图片剪裁与拼接

在获取到傩文化的图像资料后，为了使图像的表现形式更好，需将不必要的部分剪切或对重要部分进行拼接，可通过 Photoshop 软件来进行图像剪切或拼接处理。

2. 图形色彩校正与修补

对于收集到的傩文化图片资料，可能会因为拍摄时间比较久远，拍摄距离、方位、光线以及周围环境等因素造成所获取的图片发生变形、错位、曝光等，为使图片的还原效果更佳，可使用 Photoshop 软件对有缺陷的图片进行修正完善。

3. 图片大小和格式的调整

由于网络传输格式和传输速度的要求，需要对傩文化图片的存储格式和文件大小进行调整。一般情况下，我们以图片的应用范围对图片的格式要求进行分类，通常情况下图片的格式为 JPEG，但镂空纹理图片一般适用于 PNG 格式。为了尽量保证图片的清晰度和真实性，以及图片传输时的速度要求，图片的大小一般设置为 512 像素至 1024 素这个范围。

  3ds max 支持多种建模方式，用户可根据所需对几何体、多边形和曲面模型进行处理。在傩文化的复原与修复中，可以采用 3ds max 建模方式对傩文化中涉及的道具、脸谱等进行建模虚拟还原。3ds max 中的"可编辑多边形"功能下的顶点、边、边界、多边形和元素等次级功能，可将道具主体做多边形建模处理，以便打印出更完善的道具主体，对于某些部分则可以采用二维基本形的样条线建模与复合对象建模方法。用 3ds max 建模之后得到了道具、脸谱等物体的造型后，还需要对道具、脸谱等物体贴材质和打灯光，得到更真实和更艺术的效果。

  为了更好地还原建模对象的真实性和艺术性，尤其是一些关键物体，可以采用计算机合成技术来对模型贴材质，这种技术在近景物体上表现得尤为突出，它可以加强物体视觉与触觉的真实性，而一些很难被人工制造的材质和纹理也是利用计算机软件合成的纹理贴图。特别是由于物体因年代久远、撞击、风化等原因产生的表面纹理特性以及色彩变化等，这些因素在进行材质贴图时是应该重点考虑的。最后在 3ds max 中渲染输出的图片可能还不能达到真实还原的效果，这就需要要渲染输出的图片导入 Photoshop，在色彩、质感、肌理、灯光、色调等方面进行调整，更加真实地还原道具、脸谱等物体的真实面貌。

三　展示与传播技术

  傩文化的数字化展示与传播技术可以采用数字博物馆的形式来进行展示与传播。数字博物馆是集数字摄影技术、多媒体集成技术、VR 技术于一体的数字化平台，可通过互联网在该平台共享傩文化相关资源。傩文化包含了傩戏、傩仪、傩祭、傩具、傩画、傩神等代表性傩文化系列，通过数字博物馆的形式，可以把这一文化系列以视频、图片、文字描述、音频等形式展示在观众面前,这样就突破了时间、空间的限制,最大限度地实现了文化遗产的传播、利用和共享。对于观众来说,可以不用走出家门,不用考虑天气因素,不用考虑周末、黄金周的拥挤,只要有互联网络,通过电脑、移动电视、智能手机等新媒体就能随心所欲地在数字博物馆上浏览傩文化资源。大数据技术的不断发展和数据设备的不断完善,完全能够实现海量数据的储存。海量数据存储的实现也使得傩文化资源的展示和共享的技术得到保障,这样就能够极大地满足广大用户的需求。在信息化的今天,采用数字博物馆的形式进行傩文化资源的展示和传播是一种非常适合大众传播的方式,本部分将在第六章进行详细介绍,在此不再赘述。

在傩文化的展示与传播过程中,可以通过微博、微信公众号、朋友圈、移动广告等形式将傩文化资源(傩文化的知识和营养)输送给广大新媒体用户,从而潜移默化地让广大新媒体用户成为傩文化的传承者和传播者。

四 数字化版权保护技术

数字版权保护技术(Digital Rights Management,DRM),亦称"信息权利管理"(Information Rights Management,IRM)和"数字内容权利保护"。在数字媒体使用的有效期内,数字版权保护技术为其提供一个版权保护平台,以更好地维护互联网秩序,保护数字媒体用户的相关权利。简言之,即以一定的计算方法实现对数字内容的保护。[①] 随着互联网的发展,电子音频视频等节目开始在网络上传播开来,为了强调数字媒体版权的重要性,制止盗用版权的违法行为发生,数字版权保护技术便被提出。在使用数字版权保护技术的基础上,各类用户下载资源后使用数字媒体需要得到管理员授权。DRM 数字版权技术在傩文化中的保护流程,如图 4-1 所示。

[①] 吴曦:《信息安全辞典》,上海世纪出版股份有限公司,上海辞书出版社 2013 年版,第 227—228 页。

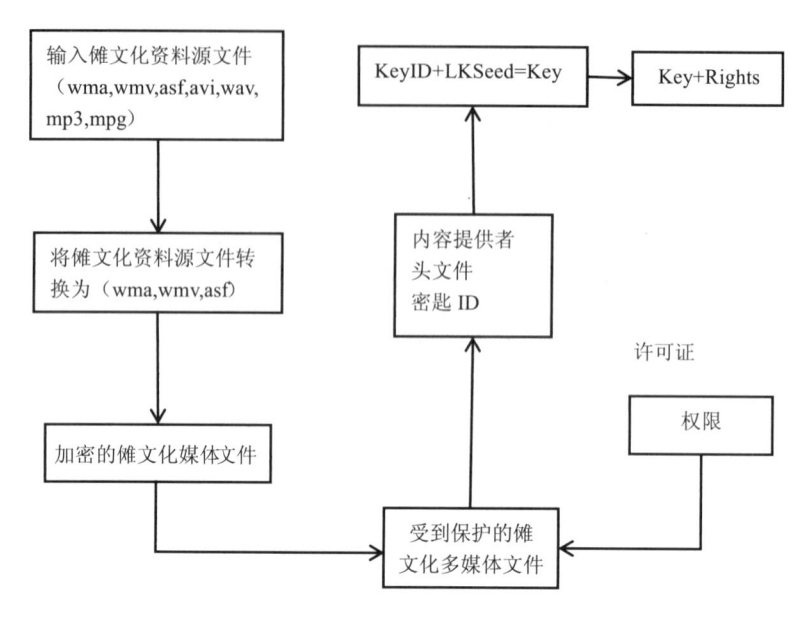

图 4-1 DRM 数字版权技术在傩文化中的保护流程图

数字版权保护技术的六个功能如下：

（1）对数字媒体的合法性进行鉴别，防止非法数字媒体进行注册并进入网络流通领域。

（2）为了更好地保证数据网络传输的安全性，对原始数字媒体进行打包加密的操作。

（3）对数字媒体的付费情况、存储情况进行管理。这里管理的信息包括数字媒体本身，也包括数字水印、指纹信息、打包文件、密钥和许可证等数据信息。

（4）为了防止使用者的操作不合法，我们可以随时追踪监控使用者的操作。

（5）为了确定用户的合法性，对用户主机的软硬件环境进行检测。

（6）鉴定使用者身份的合法性，授权给合法的使用者，并给予相应数字媒体的读写权利。

傩文化资源一旦进行了数字化形式的转换，建立数字资源库，就需要对其进行数字化保护。现代数字技术带来便利的同时，也要避免随之而来的在数据库使用中权利容易遭到侵害的问题。利用数字版权保护技术对傩文化的数字资源进行保护是当前傩文化资源法律保护的一项重要任务。

第二节　傩文化的数字化采集记录和存储

一　文字记录和处理技术

文字记录和处理技术主要工作对象为土家族傩文化相关纸质资料，如傩仪、傩戏、傩祭、傩画、傩神、傩坛等用文字记录的资料。文字资料的数字化相对于图形、声音和视频来说，操作要简单得多，成本也少很多。在计算机中，各种语言都可以通过 ASC 码来实现文字的数字化。文字资料的数字化记录方式主要包括手写板写入、键盘键入、录音笔录入以及扫描仪扫描。文字在计算机中所占用的空间较小，保存格式也比较固定，因此文字比其他的数字化形式具有更实际的应用价值。在浏览网页时，大家都有一个普遍的感觉，打开一幅图片或一个视频所花费的时间是打开同样大小篇幅的文件的几十倍甚至几百倍，这充分说明了文字占用的空间小。文字资源的数字化保存格式主要有 doc 和 txt，一台电脑只要装好了系统，一般都安装了办公软件，doc 和 txt 格式的文本是可以非常简单打开的，不像打开其他格式的数字资源那样需要安装特殊软件。

文字资料在傩文化的数字化保护中的优势，还体现在具体说明性和指示性。在一个数字化博物馆中，我们当然更喜欢看图片、视频等多媒体资源，这样更加形象和生动，但是如果只罗列了一堆图片而没有相应的文字说明，对于参观者来说会看得一头雾水。同样，对于视频资源来说，如果只有视频，没有配以相应的文字说明，可能有些部分看起来也会不知所云。

（一）数字化文字的特点

数字化文本具有两种存在形式：位图化文本和矢量化文本。位图化文本是纸质文字通过扫描仪转化而来，也是由若干个方形的像素点密集而成的一种图像格式，当用 Photoshop 等图形图像处理软件打开位图图像并放大或缩小到一定程度时，位图图像会出现失真模糊的情况，位图化文本可以通过文字识别工具将图像转化为文字。位图化文本是通过扫描或拍照的方式得到的文本图片，可以原汁原味地保存原文件，这对于亲笔写下的古籍或书法作品来说，具有非常重要的保存价值，它能够较好地保存文字的字体、行书方式等。但是位图化文本占用内存空间较大，对于一张 BMP 格式的图片占用空间达几兆到几十兆，在一般的网络情况下浏览一张几兆到几十兆的图片还是比较困难的，太大的文件也会给文件的存储带来一定的压力，这样就需要将文件进行压缩或降低图片分辨率。矢量化文本指的是通过键盘和手写板直接录入的文字，这是通常意义上的文字形式，它具有文字所具有的格式，矢量化的文本进行无限放大或缩小时，也不会出现失真模糊的现象。矢量化文字具有一定的文字格式和段落格式，包含文本的字体、大小、字间距、行间距和文字颜色等，现在，许多排版软件功能都十分强大，比如矢量软件 Coreldraw 和 Illustrator。通过对文字格式和段落格式进行调整可以得到美观的文字版面。

（二）文本的数字化采集方法

在进行文字记录时，最常用的文字编辑工具有 Word。在田野调研阶段得到的手工记录材料可以通过人工编辑的方式直接录入 Word 文档中，通过录音方式得到的傩文化的口述材料，也可以通过人工录入的方式进行录入后，作为文本文件进行保存。部分已存在的傩文化纸质资料，可以采用相机将其转化为图像文件后，使用自动文字识别软件识别并提取图像中的文字，可以得到纸质材料的数字资源。一般可以采用文字识别 OCR（Optical Character Recognition）软件进行文字图片识别，转换的大致过程就是用相机或扫描仪将纸质文字转为图像，再由文字识别软件将图像转换为文本文件。常用的文字识别软件有尚书七号 OCR 和 Office2003 上自带的文字识别软件。尚书七号 OCR 功能性强，简单易用，可支持纸质扫描文字的识别,且精确度较高。但在识别通过扫描仪得到的图像时,一般 Office2003 上自带的文字识别软件通常比尚书七号 OCR 准确率高一点,但没有尚书七号 OCR 方便修改,尚书七号 OCR 识别后可以提供原文对照进行修改,就能确保识别得到的文字和原文一致,而 Office2003 上自带的文字识别软件在文字图像识别后直接进入编辑界面,不能与原文件进行比较,这样修改起来不太方便。因此,一般我们都采用尚书七号 OCR 对傩文化拍摄采集的文字图片进行文字识别。

下面通过一个流程图来讲解采用尚书七号 OCR 进行文字自动识别的过程,如图 4-2 所示。

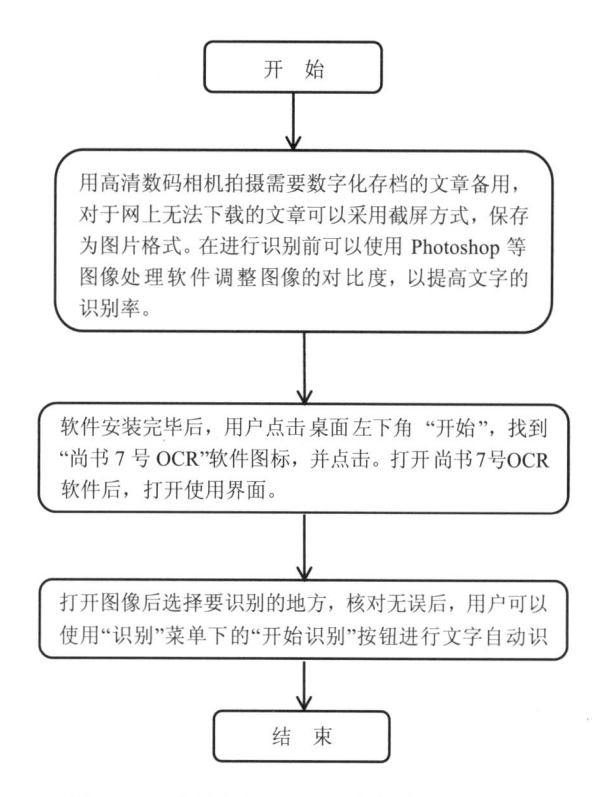

```
                    ┌─────────┐
                    │  开 始  │
                    └────┬────┘
                         ↓
         ┌──────────────────────────────┐
         │ 用高清数码相机拍摄需要数字化 │
         │ 存档的文章备用,对于网上无法 │
         │ 下载的文章可以采用截屏方式, │
         │ 保存为图片格式。在进行识别前 │
         │ 可以使用 Photoshop 等图像处理│
         │ 软件调整图像的对比度,以提高 │
         │ 文字的识别率。               │
         └──────────────┬───────────────┘
                         ↓
         ┌──────────────────────────────┐
         │ 软件安装完毕后,用户点击桌面 │
         │ 左下角"开始",找到"尚书7号  │
         │ OCR"软件图标,并点击。打开尚 │
         │ 书7号OCR软件后,打开使用界面。│
         └──────────────┬───────────────┘
                         ↓
         ┌──────────────────────────────┐
         │ 打开图像后选择要识别的地方, │
         │ 核对无误后,用户可以使用"识  │
         │ 别"菜单下的"开始识别"按钮进 │
         │ 行文字自动识          │
         └──────────────┬───────────────┘
                         ↓
                    ┌─────────┐
                    │  结 束  │
                    └─────────┘
```

图 4-2 尚书七号 OCR 文字自动化识别流程

尚书七号 OCR 文字自动化识别界面的上半部分文字是对下面图片红线框中的文字进行识别的结果，进行文字校正后可以对识别后的文字保存为需要的输出格式，如图 4-3 所示。

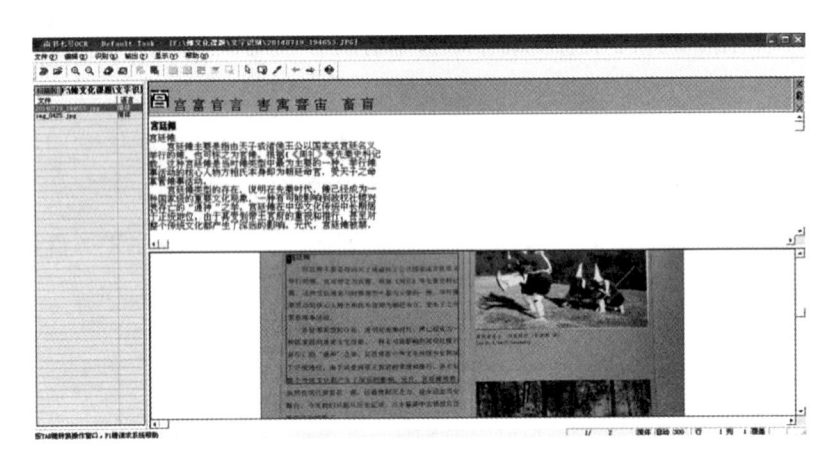

图 4-3　尚书七号 OCR 文字自动化识别界面

二　图形采集和存储技术

傩文化的保护中，很多资源是以图片的形式存在，比如演出相片、傩具图片、傩画、手稿图片等。"一张图像等于一万句话"，图像是性价比非常高的一种数字化资源。图像的采集在几十年前是一件非常困难且昂贵的事，但在信息化的今天，图形图像的采集很方便，途径也很多，可以通过智能手机、数码相机、摄像机、扫描仪等获取图像，也可以在一些素材网站、搜索引擎中通过关键词找寻需要的图片，还可以使用抓图软件在屏幕、动画、视频中抓取到需要的图片。

（一）图像采集的方法

1. 使用数码相机

与传统相机一样，数码相机也可以记录现实场景的画面，而且数码相机的优势是得到的结果直接就是数字化格式的，不需要进行转化。在使用数码相机采集图像的过程中，我们需要考虑项目的预算，来选择合适的拍摄精度、拍摄场地、技艺、设备使用时间等，以便于提高图像采集效率。本书主要记录传承艺人、表演服饰、实物道具、仪式表演等数字化记录采集工作,所以一般小型数码相机已经能够满足图像采集的需要,在光线较好的情况下,效果不比专业相机差,如果预算足够,还可以选择单反相机获取高精图像进行采集。

2. 使用扫描仪

扫描仪是图像采集的另一种设备,它的工作任务是把书籍杂志上的图像或已经拍好的影像或照片通过扫描后保存到存储设备中。高质量的扫描仪能帮助我们采集到高质量的图像,哪怕是很小的图像也能显示得很清楚。而采用数码相机翻拍比较小的物体会受到限制,翻拍效果可能会失真。

3. 屏幕图像采集

关于屏幕中视频和图片的图像采集,我们一般使用截图工具或系统默认的截图快捷键实现。在 Windows 操作系统中按功能键中的"Print Screen"键可以复制当前全屏幕图像,再把图像粘贴到指定的位置进行保存;按"Alt + Print Screen"组合键可以复制当前活动窗口的图像,然后再把复制的图像粘贴到指定位置进行存储。这种直接按键取图的方法很简单,无须专门软件支持。在一些聊天工具中,比如 QQ,就带有截图功能,可以通过 QQ 的截图工具或是按组合键"Ctrl + Alt + A"进行任意大小图像的截取。

4. 网络素材

在信息化时代,网上的资源非常丰富,通过网络查找素材也非常便捷。可以通过电脑终端和智能手机打开一些素材网,然后在素材网中搜索需要的图片素材,选中需要的图片,单击右键选择"图片另存为"命令,把图片保存到指定的位置即可。当然有些图像素材是需要付费的。

(二)图像存储的格式和方法

图形图像在保存时主要有以下格式:BMP、JPEG(JPG)、GIF、PSD、PNG 等。BMP 是一种标准的位图格式,也是计算机的默认图像保存格式。它除了可修改该格式下的图像深度外,不接受其他任何形式的压缩处理，因此，BMP 格式所占用的内存相对较大。JPEG 是一种使用频率较高的图像格式，它与 BMP 格式不同，支持压缩处理，占用空间较少，这种格式在网络上传播速度比较快，是常使用的一种图片格式之一。GIF 分为静态 GIF 和动画 GIF 两种，这种格式的文件也比较小，它实际上是多幅静态图片连续播放产生的动画效果，网页浏览追求速度，采用 GIF 格式做小动画在网页上播放是非常合适的。PSD 是图像处理软件 Photoshop 的专用图像格式，图像文件较大，但能保存原始图片，方便以后的修改、编辑。PNG 与 JPG 格式有很多类似的地方，都能够支持图像透明，在制作网页时多数采取这两种图像格式。目前我们使用的各种图像编辑软件基本上都支持图片格式的互相转化。在目前的网络水平上，如果全部采用最原始的高质量图片在网络上传输，将会非常影响网页上图像浏览的速度和质量，导致电脑死机。因此，为了利于网络传输，可以降低图像分辨率和对图像进行压缩。综合分析图像保存格式的优劣，在书中，除特殊情况外，傩文化图像资料一般采用 JPEG 格式来保存图片，图像大小尽量控制在 1024 像素×768 像素的尺寸范围内，分辨率控制在 75—150 像素的范围内，JPEG 的转换品质控制在中等单位，一般主要采用 Photoshop 软件进行图片的编辑处理，存储方式采用关系型数据库，部分文件会使用 XML 文件格式来存储。

三　声音采集和处理技术

在傩文化的数字化保护中少不了音频这种数字资源，比如傩戏的演唱音频、傩仪式的介绍、傩具的解说、配乐伴唱等都是声音的形式。在各种艺术中，不管是音乐、电影，还是民间表演，声音总能带给人一种愉悦的感觉。使用声音，不仅可以加强数字化的真实感，还能让观众对画面有一个延伸感。

对声音的采集分为两种：一种是采访式的录音，另一种是表演中的录音。采访中的声音收集比较方便，采访过程一般有所准备，采访的场地也可以选择，在采访中声音的收集可以采用一般的录音设备（比如录音笔、手机等）。采访中收集到的音频材料可以转换为文字材料，也可以作为音频资料进行保存。表演中的声音采集比较困难，需要的声音采集设备要求也比较高，需要提前在场地周围选择合适的位置安放录音设备，在采集过程中需要使用混音器来进行各声道声音增益的控制。

对声音源的采集主要有四种方法：一是只用录音设备进行录音；二是使用现成的声音文件；三是从CD、视频等文件上截取需要的声音素材；四是使用Goldwater等工具制作MIDI文件。在本书调查研究中采集的声音主要分为两个部分：访谈录音和表演中的声音。访谈录音一般用录音笔进行录音，表演中的声音可以采用录音笔录取单独的声音，也可以从摄像视频中抽取得到需要的音频。

录制声音可以用录音笔、录音机、MP3、手机等录音设备。录音中怎样减少外界的噪声是需要注意的问题。本书调查研究主要采用录音笔进行录音，使用录音笔进行录音时为了获得比较清晰的音质，需要从以下几个方面来减少噪声，如表4-1所示。

表4-1　　　　　　　　　录音时减少噪声的方法

序号	需要注意的方面	具体操作	原因
1	录音操作应注意事项	当录音时，录音笔不能与其他物体（如桌子、书本等）发生接触、摩擦等现象	有噪声的杂入，使整个录音混乱模糊，甚至听不清楚
2	录音时录音笔只进行单一的录音功能	整个录音过程中推荐使用遥感式控制，不提倡机器式控制；如果在录音期间，需要进行新的录音而关闭当前正在进行的录音，如果有一键分割功能，建议采取该实用功能。最好不要多次使用录音按钮和停止按钮	在录音状态下，机器控制也会产生噪声，进而影响整个录制效果

续表

序号	需要注意的方面	具体操作	原因
3	声音录制前需要调试	在录制的时候先进行声音调试，找到最佳录制效果，录制时录音笔应与有信号源的物体、金属等保持一定距离	电流和通信信号也是会引起噪音的
4	保证录制环境不被干扰	可以使用防风罩，或是采用具有智能降低噪声功能的录音笔，能够对现场环境进行智能调节，从而减小噪声对录制的影响	各种机器工作时都会发出声音，自然界也会产生声音，致使录制质量降低

从 CD 上截取声音的方法很多，下载一个 QQ 影音，通过它打开需要的视频，然后点击右下角的小扳手（即影音工具箱），点击截取按钮，之后跳出一个界面，在下面的滚动条上选择需要截取的范围，点击仅保存音频，并输写文件名进行音频保存。

傩文化保护中涉及的声音主要有采访录音、配乐、演唱等。在声音的保存中采用的格式主要有 MP3 \ MIDI \ WAV 等音频格式，在声音的存储上主要采用关系型数据库存储，也可以采用 XML 文件来进行声音存储。

四 影像采集和处理技术

在傩文化的数字化保护中采用视频资料可以很好地记录当时事件（采访、表演、仪式等）的真实场面，让观众身临其境地去感受傩文化内涵。对于一些无法获取的藏品（傩装、傩具、傩面等），也可以采用视频拍摄方式向观众进行展示。"视频＋背景音乐＋解说"相结合可以更加生动地对一些珍贵藏品进行全方位的展示。在傩文化的展示与传播过程中，文字、图片、音频等数字资源已经满足不了参观者的要求，他们希望看到傩戏是如何演出的，是否需要几个人同时进行表演，演员的动作、神色、面部表情，都是参观者关注的细节，而视频就可以满足参观者的这些需求。傩文化的视频会用在网络上，因此视频多以流媒体的格式来进行存储，如 ASF 格式。表 4-2 主要对视频的采集和加工技术进行介绍。

表 4-2　　　　　主要的视频的采集和加工技术

序号	方法	具体操作
1	收集现有视频文件	提取现成的视频文件是最简单而又快捷的操作，网络、素材库里面都积累了许多类似的素材
2	利用抓屏工具捕捉计算机上的动态画面	使用 SnagIt/32、HyperCam 等工具能够捕捉 Windows 窗口中连续活动的画面（如记录屏幕的动态显示及鼠标操作），将其转化成 AVI、MPG 等格式的文件，以便我们使用
3	直接采集	使用摄影机直接拍摄形成的视频上传于计算机中

常用的视频处理软件有 Adobe Premiere Pro、Media play、电影魔方、Sony Vegas、会声会影等。Sony Vegas 属于一款能够对声音和影像进行加工的入门级视频编辑软件，它具有两个特有的功能：无限制的视轨与音轨。Media play 是 Windows 系统自带的视频播放工具，能够播放 AVI\WMV 格式文件。电影魔方是款功能强大的视频剪辑软件，它能够进行素材加工、视频剪切、艺术字制作，片段合成等。会声会影融合了各种数码技术，创造出独特的家庭影视作品。用户只要有一台摄像机、一台电脑和一块视频捕获卡，就可以通过影视后期处理软件，方便地将拍摄好的粗糙原始的视频脚本，制作成有特效有转换效果的专业视频影片。[①]

下面介绍会声会影 X4 剪辑视频过程。

（1）打开会声会影 X4 视频制作软件，在左上方菜单栏中点开文件——选择将媒体文件插入到时间轴——插入视频。

[①] 陈明勇：《基于会声会影的影视编辑与制作》，《硅谷》2012 年第 19 期，第 166 页。

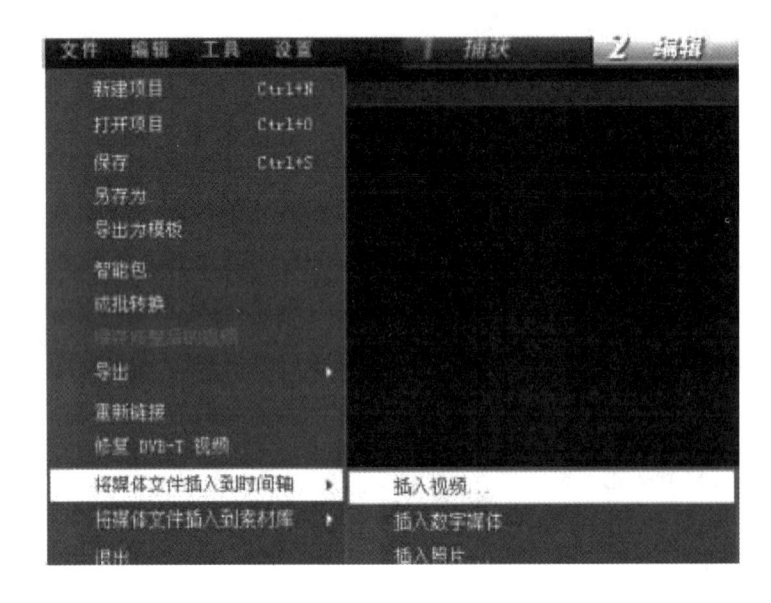

（2）在弹出的"打开视频文件"对话框中点击需要进行编辑的文件，若弹出"文件格式不匹配"对话框，就要打开格式工厂进行格式切换。

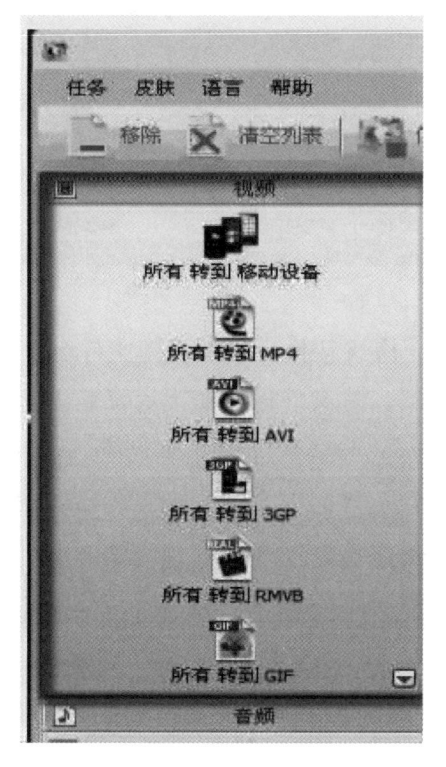

第四章 土家族地区傩文化的数字化保护技术综述

（3）启动"格式工厂"软件，以切换视频文件的格式。

（4）在下面对话框里，点击"添加文件"，把需要切换格式的视频文件添加到格式工厂，然后点击"确定"。

（5）在格式工厂界面，选择"开始"进行格式转换。

（6）开始视频格式转换后，在视频文件名上右击，选择命令"打开输出文件夹"，将文件保存在指定位置。按照本文第 2 个步骤，再把视频资源添加至会声会影"时间轴"上，进行视频处理。

（7）视频窗口的左下方设置的视频编辑器上有"擦洗器"的图标，移动该图标能够调整视频播放的进度。

（8）调整视频编辑器左右的"修正标记"图标，可以选择所需的部分视频，对其进行切取。

(9) 还能直接在视频编辑器上移动"擦洗器",点击"剪刀标志"工具切取所需片段。

(10) 视频编辑完后,就是输出并保存视频。点击"分享——创建视频文件"命令,可创建视频文件。

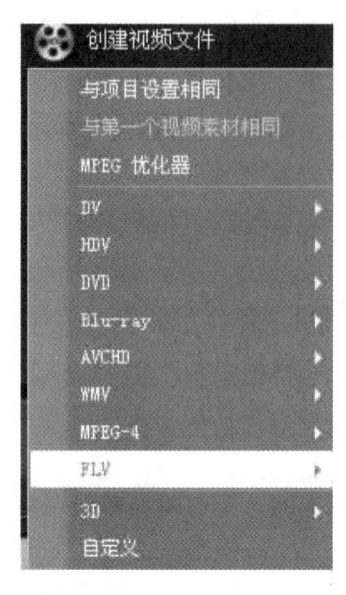

(11) 选择视频格式,等渲染完成即可。

创建视频文件
与项目设置相同
与第一个视频素材相同
MPEG 优化器
DV
HDV
DVD
Blu-ray
AVCHD
WMV
MPEG-4
FLV
3D
自定义

第三节 傩文化的数字化复原和再现

一 数字图像修复技术

对傩文化的数字图像进行修复,主要包含了对图像格式、图像大小、色彩模式等进行数字修复。此外,由于设备器自身的问题,还可能对图像进行画面布局、清晰度调整,对原始图像除噪、调色等。

(一) 缩放图像

缩放图像就是利用计算机图形图像处理功能,对目标图像进行放大、缩小,以达到画面清晰、像素高的效果。其原理主要是通过算法产生原来不存在的像素,但不会破坏原有的结构,综合到观众的视觉、感觉,对图像进行放缩,给人以赏心悦目之感。为了保持图像的清晰度,可以采用 Photoshop 软件的锐化滤镜对图像边缘进行锐化处理。为了得到较出色的图像缩放效果,Alien Skin Software 公司开发了功能非常强大的 PS 图像无损放大滤镜插件 Alien Skin

Blow Up，这个软件也可以单独使用。通过 Alien Skin Blow Up 插件的无损放大功能，得到的图像清晰度比其他任何软件得到的效果都好，Alien Skin Blow Up 插件采用的是一种非常有创新的算法，能够将像素点转换成边缘非常平滑、清晰的矢量图。Alien Skin Blow Up 插件的无损放大功能甚至可以将图像放大到 16 倍甚至 36 倍，图像不会产生失真效果，也不会留下比较明显的放大痕迹，这使得图像放大变得非常容易。Alien Skin Blow Up 把图像放得极大时，模拟的相片纹理和电影胶片颗粒依然保持了非常自然的外观效果。Alien Skin Blow Up 的这种批量处理图像功能被广泛应用在需要大规模处理同类型图像缩放的博物馆、展览馆等。

（二）色调校正

在直接采集到的图像中，因为环境、光线和设备的质量问题，图像的颜色会存在一定程度上的偏差，调色对于校正图像颜色来说非常重要。图像调色时，主要调整的是图像的色相、饱和度和亮度三个值的大小，有时也可以通过曲线非常直观、细微地调整图像颜色。

二 三维扫描技术

三维扫描技术中用到的主要设备有三维扫描仪（3D scanner）。该仪器通过对物体的形状、结构、颜色、表面反光情况等的探测，得到真实物体的各种数据，再通过重新计算，可以得到不同比例的三维物体的数据。在虚拟现实中，通过计算出的三维物体的数据，可以构建不同比例的三维数字模型。三维扫描仪分为两种：接触式三维扫描仪和非接触式三维扫描仪，其中非接触式三维扫描仪又分为激光扫描仪和拍照式三维扫描仪（也叫作光栅三维扫描仪）。[①] 在傩文化实物道具的数字复原和修复中进行的三维扫描，主要用到的设备是非接触式三维扫描仪，一般采用拍

[①] 李晓达、占向辉、徐杭：《基于逆向工程的某汽车车身部件的三维 CAD 数模的建立》，《科技信息》2010 年第 21 期，第 100 页。

照式三维扫描仪就行了。

拍照式三维扫描仪是一款适用于工业技术上的产品，其原理类似于摄影机，具有扫描速度快、精度高的优点，可以根据用户的需求自由调整测量范围，从一颗螺丝钉到整个庞然大物都能够完美测量，是一款性价比极高的扫描设备，被广泛应用在工业设计行业或文物保护中。目前世界上最先进的扫描仪是拍照式结构光三维扫描仪。这种设备具有测量速度快，扫描精度高的特点。它的扫描原理是结构光非接触照相测量，它采用了三种技术，分别是计算机视觉技术、结构光技术、相位测量技术，将这三种技术结合形成复合三维非接触式测量技术。[①] 拍照式结构光三维扫描仪能同时测量物体一个面，这是其他扫描仪做不到的。因此，拍照式三维扫描仪所具有的这些优点，能快速精确地获取物体表面信息，可以用于傩文化文物数字化复原和再现中。

在傩文化的数字化保护中使用拍照式三维扫描仪时，可以把这个设备随意搬到傩文化文物放置的地方进行现场测量照相，还能够避免与物体的表面产生接触，且能测量不同材质的物体，对于比较大的傩文化文物还可以分块测量，把测量后的数据进行自动拼接，还可以通过调整不同的角度对物体进行总体测量。所以，这种设备非常适合各种大小不一、形状各异的文物三维扫描测量。

通过三维扫描仪得到的三维模型是傩文化的数字化复原和修复的重要手段之一。利用三维图形学的原理去推测有残缺的历史文物，能够为相关工作者带来极大的便利，从而让参观者能够看到完整的傩文物。

三 数字虚拟再现技术

数字虚拟再现技术是基于数字影像的虚拟再现技术，能够实现超越 3D 建模的真实再现能力，以达到对环境或物体对象进行逼真

[①] 周功耀、罗军编：《3D 打印基础教程》，北京人民东方出版社 2016 年版，第 123 页。

再现。① 数字虚拟技术目前应用非常广泛,也得到了各博物馆、艺术馆的青睐,它超越了 3D 时代,将实测环境中的物体进行体感识别,再现出逼真的实物图,该技术在 flash 的辅助下还能再次浏览、播放,通过鼠标的移动再现物体的各方位,形象逼真,给人以身临其境的感受。数字虚拟技术具有以下六个特点(见表 4-3)。

表 4-3　　　　　　　数字虚拟技术的特点

序号	特点	描述
1	高清、超真实	能够对物体进行全方位的视觉观看,形象逼真,清晰可见,技术上超越 3D 建模
2	交互性更强大	该技术的导览性与交互可操作性十分强大,在安装 flash 的条件下,用户可移动或点击鼠标来改变环视方向或所在环境,为用户提供环绕观看的视觉效果。用户还能在观看时加入多媒体元素,即视频、音乐、游戏等娱乐性多媒体元素,为使用者提供多元化的浏览体验
3	操作简单易行	下载速度快,没有捆绑软件生成,文件小,支持多种模式浏览
4	实用实惠	用时少、文件小、回应好、易分辨
5	多渠道实用	在各种终端下也能适用,支持多种格式,可在网络上观赏,下载速度快,可用电脑、iPad、手机等终端随时随地浏览项目,成为展馆或博物馆等机构更有效的拓展及传播方式
6	数字化信息的保存	数字展厅不单只还原展览场景,对于场景中的每个器物同样可以做深化展示,因此,可以将展览中的每个展品的数字档案利用数字展厅有机组织起来,形成更加完整和有组织性的博物馆数字档案

第四节　傩文化的数字化展示与传播

一　故事编排技术和讲述技术

故事编排技术和讲述技术是在数字化时代讲故事方法的创新,

---

① 宋云:《灾难片研究》,硕士学位论文,西南大学,2014 年。

它是通过信息化的手段，以图像、图片、视频、音频等多媒体手段为载体，使得故事内容和情节能够可视化。这些多媒体包括网页、图像、音频、视频、动画等。在傩文化的数字化展示中，可以采用数字化故事讲述和编排技术来还原巫傩文化中的故事，通过这种方法，可以使我们的故事更具有感染力与说服力。

采用数字故事编排与讲述技术来再现傩文化中的巫傩故事，主要采用以下五个步骤，如图4-4所示。

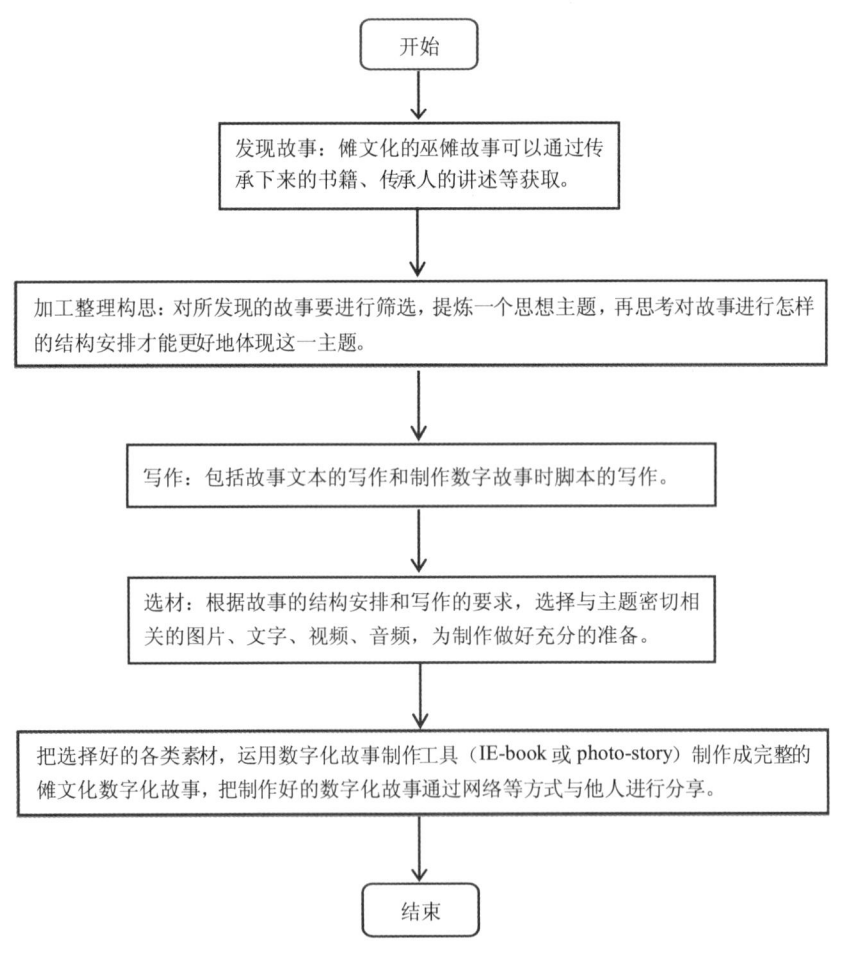

```
开始
  ↓
发现故事：傩文化的巫傩故事可以通过传承下来的书籍、传承人的讲述等获取。
  ↓
加工整理构思：对所发现的故事要进行筛选，提炼一个思想主题，再思考对故事进行怎样的结构安排才能更好地体现这一主题。
  ↓
写作：包括故事文本的写作和制作数字故事时脚本的写作。
  ↓
选材：根据故事的结构安排和写作的要求，选择与主题密切相关的图片、文字、视频、音频，为制作做好充分的准备。
  ↓
把选择好的各类素材，运用数字化故事制作工具（IE-book 或 photo-story）制作成完整的傩文化数字化故事，把制作好的数字化故事通过网络等方式与他人进行分享。
  ↓
结束
```

图4-4 数字故事编排与讲述技术的应用步骤

二 计算机动画和虚拟现实技术

动画是一连串单个画面连续播放让人产生的一种视觉效果，它和视频不一样。在播放动画的时候会设定一定的速率，用来控制动画播放时的快慢程度。大家要打破一个思维，动画不光只有运动可以产生，物体的形状、颜色、大小以及透明度发生一系列的变化也是可以制作出相应状态变化的动画过程，只是这种动画是形态上的变化。从某种意义上来说，只要是在时间轴上发生的视觉上的任何变化都可以称为动画，数字图像的运动也是动画的一种。目前，动画已作为一种非常重要的手段应用在非物质文化的保护与传承中，在傩文化的保护中，也需要用到动画技术来记录傩文化产生、发展和演变过程，通过动画，能够更好地加深观众对傩文化知识的理解和认识。动画技术在非物质文化的保护中的应用主要有以下两种方式。

（1）以傩文化遗产为内容的动画创作。比如，川剧动画片，国内观众非常熟悉的三部作品有《火焰山》《易胆大》和《秋江》，以其浓郁的地方特色给观众留下了深刻印象。其中，川剧《秋江》在进行制作宣传时，就受到了动画界许多专业人士的高度重视，这部剧是由一部同名经典折子戏改编而成，作为四川省川剧艺术研究院启动的《川剧动画研发与推广》项目中最重要最好看的一部川剧，该项目重在把动画作为载体，对非物质文化遗产宣传保护，让越来越多的观众能够认识非物质文化遗产，从而自觉对其进行文化继承与爱护，这是该剧在策划制作上与其他的动画完全不同之处。因此，将傩文化进行动漫创作，对傩戏、傩技等表演活动进行故事化情节的处理，并将故事中的人物进行卡通画创作，这样创作出来的傩文化的动画故事片来传播土家族地区的傩文化，更容易让观众接受，也让观众对这种民间传统文化记忆更加深刻，还易于传播。

（2）以动画音配像为内容的动画创作，这种方式主要用于戏曲艺术等有声非物质文化遗产的保护与传承上，在傩文化表演唱腔的保护与传承上可以采用动画音配像的方式。动画音配像中的"像",可以是动画,也可以艺术化、卡通化,在创作方式上比较灵活,场景调控的发挥空间也较大,就像在白纸上绘制动的图像一样,可以按照创作者的创意添加合适的动画元素或画中画,而视频音配像中的"像"主要是以模仿原像为主。如表 4-4 所示,具体展示了动画的分类情况。

表 4-4　　　　　　　　　　动画的分类

序号	类别	特点
1	平面动画	即二维动画,包括手绘、剪纸和水墨动画,该动画相当流畅,人物的动作和面部表情也十分自然
2	立体动画	即三维动画,它能够把人们丰富的想象力直观地通过计算机三维动画技术完美地呈现出来
3	计算机动画	计算机动画是由电脑制作而成的动画,其画面质量较高,连贯性强。相较于以上两个动画技术,计算机动画已成为现代动画制作技术的一种趋势

　　二维动画和三维动画同属于计算机动画。其中,二维动画是最基础的动画,它以平面作为载体,将立体空间中的素材转换为平面的画面,但它不能给人以真实的感受。三维动画我们又称为 3D 动画,该技术的视觉基础是效应,计算机算法基础是计算机图形学。效应规定了以合适的运动位移量来与合适的时间间隔相匹配,就能用前后间歇地断续出现的静态图像产生运动的感觉,而几何光学跟踪法的计算机图形学能生成高品质的三维实体模型的静态图像。作为三维动画软件一般由三个部分组成:生成程序;纹理库;用户数据库。[①] 将二维动画融合在三维动画中,可以增加画面的层次感和

---

　　① 张宪荣、季华妹:《现代设计辞典》,北京理工大学出版社 1998 年版,第 240 页。

镜头效果，产生很强的视觉冲击力，使观看者能够有较好的观看体验。如电影《埃及王子》就采用三维背景与二维动画相融合的方式，获得了很好的视觉效果。

在傩文化的数字化保护与传承上来说，由于计算机动画可以与其他数字资源配合来保存和演示傩文化中的动态内容，比如唱腔表演、姿态动作等，所以计算机动画采用得比较多。

制作动画有前期制作、中期制作和后期制作三个阶段，计算机动画的制作流程如图 4-5 所示。

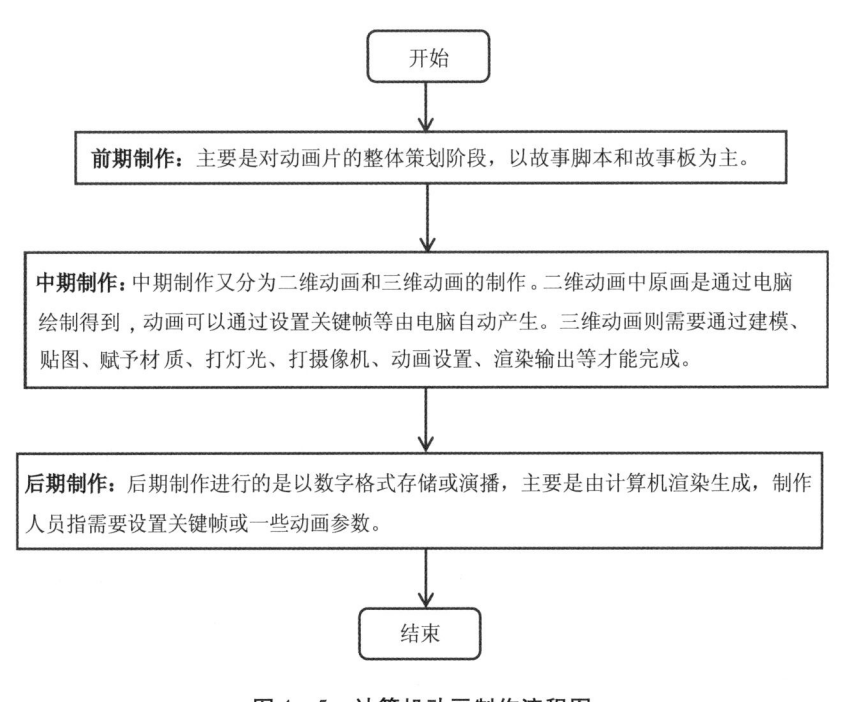

开始

前期制作：主要是对动画片的整体策划阶段，以故事脚本和故事板为主。

中期制作：中期制作又分为二维动画和三维动画的制作。二维动画中原画是通过电脑绘制得到，动画可以通过设置关键帧等由电脑自动产生。三维动画则需要通过建模、贴图、赋予材质、打灯光、打摄像机、动画设置、渲染输出等才能完成。

后期制作：后期制作进行的是以数字格式存储或演播，主要是由计算机渲染生成，制作人员指需要设置关键帧或一些动画参数。

结束

图 4-5 计算机动画制作流程图

三 网络新媒体交互技术

当前，网络多媒体的迅速发展，在傩文化的传播和呈现上完全可以通过网络多媒体来实现。由于新媒体的兴起，网络多媒体的方式也发生了很大变化，变得更加丰富多样，归纳为以下几个方面：互联网、智能手机、数字电视、移动电视、平板电脑等。采用互联网新媒体作为傩文化传播的平台，如表 4-5 所示，具有五个方面的优势。

表 4-5　　网络新媒体的五大优势

序号	优势	描述
1	客观真实	使用影像拍摄的方式把非物质文化遗产的传承人、文化形态等内容拍摄下来，并利用数字化的方式真实地记录声音、样式、内容。这种方式不仅能真实且永久地保存非物质文化遗产的原始形态，还将它的艺术特征、表现手法和唱腔等特色表现到最佳状态
2	超文本性	网络新媒体的超文本性可为浏览者在浏览非物质文化遗产的资料时提供一条随心所欲的浏览途径，即用户可有选择性地浏览自己喜欢的文字、图片、视频和音频等文本型资料，且各资料间可互相转换。这样一种特性在很大程度上顺应了浏览者对非物质文化遗产的兴趣取向，使更多的人了解非物质文化遗产
3	信息海量	新媒体可以把关于非物质文化遗产的大量资料保存并与大众共享，以降低用于保存繁复的非物质文化遗产文档的资金。而"互联网+"时代的兴起，预示着手机与互联网等交互性工具也将逐渐被更新，成为保存和共享资料最强有力的工具
4	即时交互	移动互联网时代，互联网和手机等具有即时交互性的交流工具，是增强互联网和手机使用者对于非物质文化遗产的接受与关注的重要途径，特别是如今的智能手机，能够较为便捷地为使用者们提供实时交流平台，这不仅能够警醒人们对非物质文化遗产的保护与继承的迫切性，还能使非物质文化遗产更快速、广泛地传播，使其更具影响力

续表

序号	优势	描述
5	娱乐性强	当今社会是一个以娱乐为主的社会，人民群众由于深受娱乐文化的熏陶，以至于其逐渐不接受死板与片面的说服方式。新媒体技术通过视频、影视、动漫等娱乐形式展现在用户面前，使非物质文化遗产能够潜移默化地让用户接受，这种以用户为中心的非物质文化遗产传播方式，让用户接受起来更加轻松和愉快。这种方式不仅能改善人们对非物质文化遗产的封建、老套的观念，还能使他们逐渐对非物质文化遗产产生好感，使更多的人关注与喜欢非物质文化遗产

在对傩文化进行宣传时完全可以采用新媒体渠道对傩文化知识进行传播。新媒体渠道有平板电脑、移动电视、微博、微信、QQ、互联网、智能手机等，在信息化时代，人们几乎离不开这些新媒体，因此，使用新媒体推广的方式是推进傩文化知识传播进程的重要措施，也是面向大众使越来越多的新媒体用户投入傩文化的传承与保护中来。

1. 平板电脑

平板电脑是一种非常方便携带的小型电脑，它的娱乐体验相当棒，自问世以来就受到很多年轻人的喜欢，用户群体也越来越庞大，尤其是年轻人群。因此，利用平板电脑进行傩文化知识的推广是极其不错的方法之一。

2. 互联网

各省、市、县、区的文物遗产保护部门建立自己的非物质文化遗产文化网站，网站内容包括文字说明，可播放音频和视频、同时还可加载相关图片，以向浏览者供应非物质文化遗产的资料为目的，大力推广当地的文化遗产。因此，也可以采取先进的数字化手段，将傩技、傩仪、傩戏、傩歌、傩舞、面具、脸谱等非物质文化资源与微博、电子杂志、微视频等新媒体融合起来，这样不仅能够利用新媒体来宣传傩文化，而且也可以加强新媒体产业的多元性。

3. 数字电影

2011年5月，作为彝族创世史诗之一的《梅葛》被云南省拍成数字电影，这是我国第一部关于非物质文化遗产的数字电影。通过该片的拍摄，再借助互联网、手机等新媒体平台，将"梅葛"等非物质文化遗产传承与保护的现状和困境展现给大众，从而引发人们对于民族传统文化，尤其是濒临失传文化的保护。[①] 所以，也可以考虑将傩文化的内容拍摄成数字电影的形式进行展示和传播。

4. 智能手机

智能手机用户群体可以说是新媒体用户中最多的一群，并且智能手机的用户还在不断增加，可以将智能手机作为傩文化传播的重要手段。这是因为智能手机具有携带方便、居家出门必备、互动性和交互性极强的特点，所以很多人愿意使用智能手机查看和观赏各种资讯。采用智能手机进行傩文化的展示和传播将拥有最大的用户群，对傩文化的推广和传播更为有利。例如，闽剧院于2013年1月和中国移动达成合作协议，他们将一些非常经典闽剧唱段剪切为几十秒的彩铃，且提供免费的下载服务，创造性地采用了这种非物质文化传播的新形式。这些彩铃推出20多天，就被下载2400多次，试听量高达8000多次。此外，还能将智能手机作为载体，通过手机报、微电影、微信公众号、短信等渠道进行傩文化的展示和宣传，增加傩文化知识在智能手机使用群体中的感染力。

第五节 傩文化的数字化虚拟现实

一 虚拟现实技术概述

虚拟现实技术，主要是一种将现实环境用虚拟的情境呈现给大众的一种以假乱真的体验，其目的是让使用效果接近真假难辨的标准，它是将人机交互技术、计算机图形技术、立体现实技

[①] 陈瑛、许启贤主编：《中国伦理大辞典》，辽宁人民出版社1989年版，第593—594页。

术、多媒体技术、网络技术、传感器技术和仿真技术归纳而成的一门新兴技术，它能够使使用者存在于一个人为模拟的虚拟世界中。交互、沉浸、构想是虚拟现实技术的三大特性。交互：当使用者在虚拟情境里时，利用多种新型传感器，使用者除了能够获得非常接近现实环境的效果外，还能够通过传感器的反馈功能控制模拟情境里的物体。沉浸：即使用者身在一种极为接近现实的的虚拟情境后接触和体验到的所有事物都栩栩如生，这种效果使得其更确切他们正身临其境于虚拟环境所构造出的"真实环境"中。构想：是使用者能够沉浸于虚拟环境里的非常重要的前提之一，使用者之所以能够在脑海中构造出各种各样的想象，关键还是因为虚拟现实技术以假乱真的功能，以及使用者和虚拟情形之间的实时交互性而产生的。

虚拟现实是一项新兴的技术，虽然能给用户身临其中的沉浸感，但其发展的速度、应用的速度却远远低于我们的预期设想，到目前，仍然没有一款虚拟现实设备能够普及化，能够供消费者购买。不过，值得庆幸的是，虚拟现实虽然不够大众化，但它在游戏、旅游、影视、医学和教育领域都被广泛应用。

二 虚拟现实技术在非物质文化遗产保护中的应用

虚拟现实在非物质文化遗产保护中的应用形式就是将傩文化相关文物用数字化虚拟现实技术构建出一个仿真场景，观众可在构建出的虚拟场景中体会到身在其中的感受。虚拟现实技术在一定程度上能够加快傩文化的数字保护进程，使更多的人能"直接"接触到傩文化，激发人们对傩文化的兴趣，加深人们对傩文化的了解程度。

将虚拟现实技术用于傩文化的保护与传承中能够起到非常重要的作用。比如有了数字博物馆的虚拟展厅，人们不用亲临现场，就能够看到表演现场和珍贵的文物。从保护的意义上来说，很多文物是需要避免与外界接触，需要尽量减少光、声等的人为破坏，如果采用虚拟现实技术，可以将这些文物栩栩如生地模拟出来。目前，虚拟现实技术已被广泛应用于国内外非物质文化遗产保护中。如日本人采用虚拟现实技术对万福墓穴进行三维模型的重建工作、泰国的 Phimai 神庙项目的保护、秘鲁的 Chavin Huantar 保护项目等，他们通过虚拟现实技术建立相应的遗址和模型，供世界各地的游客观赏，一方面对文物进行了宣传，满足了游客的需求；另一方面也使文物遗址、文物本身得到了合适的保护。在我国的一些大型文物、文物遗址的保护中也使用了虚拟现实技术，比如敦煌莫高窟遗址模拟项目、数字紫禁城模拟项目、商代妇好皇后墓室修复模拟等项目，在这些大型项目中，投入的资金非常巨大，得到的效果也达到了国际先进水平。

将虚拟现实技术应用到傩文化的数字化保护与传承中，能够再现面临濒危或已经消失的傩仪、傩戏、傩技的展演环境，将这些仪式活动放入特定的原始文化空间进行再现，可以使人们深切地感受到傩文化的神秘莫测和丰富内涵。还能够将已经丢失或破坏的面具和脸谱还原再现，体验到这种民间工艺的精湛和土家族地区劳动人民的智慧。

第六节　本章小结

本章主要探讨如何利用数字化技术对傩文化涉及的文字、图形图像、声音、视频进行数字化获取和存储；如何利用数字化复原和再现技术对遭到破坏的傩文化实物道具进行修复和还原；如何利用数字化虚拟现实技术对傩文化进行故事编排和讲述、动画演示、多媒体交互进行展示和传播。结合以上所述的各种技术，构建出一套能够满足傩文化数字化保护要求的新模式，为傩文化的保护和传承提供一个集开发、信息共享、虚拟再现、浏览参观、交互体验和保护修复的数字化平台。

尤其要指出的是，在对非物质文化遗产保护措施的研究方面，目前非物质文化遗产的保护方法主要有两种：一是将它转变为有形的形式，二是在它产生的原始氛围中保持它的活力。① 因此对傩文化的数字化保护和抢救不仅是一个技术问题，还要考虑其生存的土壤和存在的空间，通过数字化技术也仅仅是转变了一种新的形式而已，如何让土家族地区的傩文化在其生存的原始环境下保存"活力"才是保护与传承的关键。也就是说，我们运用数字化技术在对傩文化进行保护的同时，更多地要考虑傩文化在数字环境下的"动态"传承和"活态"保护问题，这将在第五章中作重点介绍。

---

① 谈国新、钟正：《民族文化资源数字化与产业化开发》，华中师范大学出版社2012年版，第14页。

第五章
土家族地区傩文化的数字化保护与应用

土家族主要居住在湘、鄂、渝、黔相毗邻的武陵山区，这里属于丘陵地带，群山环绕、山势连绵、地势险峻、山路崎岖，有武陵山脉横贯其间，北部是绵延起伏的巫山山脉。由于地理环境、自然条件、民族心理、风土人情等因素，以原始巫术为核心、原始宗教信仰为表现形式的傩文化得以长期保留下来，在一些偏僻的山区广为流传，成为土家族地区民间流传的一种民俗活动。通过课题组走访调研，目前傩文化主要流传于边远落后的土家族地区，其传承方式还是靠家族或师徒"口传心授"，这种方式具有很强的"口头性"和"流散性"，同时还容易随着老艺人的离去而断代、消亡。即便遗留下来大量手抄稿、经书古籍、录音录像也往往采用的是传统保存方式，随着时间的久远和条件的限制，其中部分书稿会发霉，字迹会褪色而模糊不清，部分道具也容易破损、丢失，甚至保留下来的图像、影音也容易老化、颜色蜕变，录像发霉失真。

中国傩戏学研究会会长曲六乙说："它们（傩文化）和现代社会，特别是和现代的生产力、现代的科技，有时候是格格不入的，产生了一种冲撞；在现代科学时代，傩文化将会逐渐地消失，因此，这样就产生了一个很大的问题，是让它们消失下去呢，还是应该把它们保存下来？我的建议还是应该把它们保存下来，因为它们毕竟代表我们中国、古代人类所走过的历史的足迹。"① 现在，随着科学技术的进步和数字信息技术的发展，对非物质文化遗产文化进行数字化保护技术手段的不断创新，利用先进的数字化信息技术取代传统落后的傩文化保护方式已经成为可能。在对傩文化的数字化保护实践中，就是利用空间信息理论，根据傩文化在信息空间主要存在的三个区域（家族传承区域、自发表演区域和传统馆藏区域），利用数字化保护技术，对傩文化存在的空间信息进行数字化信息采集、处理、呈现、传播，最终达到数字展示区域的理想状态。

本章重点讨论傩文化的传承主体——传承人的谱系、口述资料、影像资料等，傩文化的存在形态——仪式表演、习俗活动等，傩文化的实物载体——书籍、服饰、脸谱、道具等，傩文化的各种民间传说、仪式程式等的数字化保护研究。通过信息空间保护理论和数字信息技术手段构建数字化的文化生态环境，全方位、多维度地展示傩文化的信息空间，实现对傩文化的数字化保护、传承与发扬。

第一节 传承人的数字化"活态"保护

根据联合国教科文组织通过的《保护非物质文化遗产公约》中的明确定义，非物质文化遗产是指各种以非物质形态存在的与群众生活密切相关、世代相承的传统文化表现形式。② 非物质文化遗产是以人为核心的活态文化遗产，它强调的是以人的精神、经验和技艺，具有活态流变的特征，因此，非物质文化遗产不能脱离民族特殊的生活生产方式而存在，它是民族精神、民族个性和民族审美习惯的"活"的显现。由于它是依托于人这一核心要素而存在的，是

---

① 央视国际：《解读傩文化：中国戏剧的活化石》，2016年1月26日（http://www.cctv.com/geography/20031125/101328.shtml）。
② 姜敬红：《中国世界遗产保护法》，西南交通大学出版社2015年版，第248页。

以声音、形象和技艺为表现手段,通过口传身授、口耳相传得以延续,同时,也是"活"的文化及其传统中最脆弱的部分。因此,对于非物质文化遗产传承的过程来说,人的传承就显得尤为重要。① 人是传承文化的核心载体,"传承"是人的"传承",归根结底是"传承人"的传承。② 一旦传承人消失,其原生态的文化遗产就不复存在,因此,对傩文化的传承保护也是对傩文化传承人的保护。为了对传承人的传承谱系、技艺特征、口述资料、成长历程、传承方式、传承现状等全方位、动态、立体地数字化保护,就需要对传承人制定一套数字化采集的标准,对传承人建立数字化档案,将传承人的口述资料、图文影音等数字媒体资料纳入数据库,全方位直观立体地展示傩文化的"基因式"信息,再现其原生态的存在空间。

一 传承人的信息采集和方法

为了全面、动态地采集传承人及其生活空间的所有信息,全方位地展现传承人的传承谱系、生活现状、技艺特征、成长经历、传承方式以及传承现状。在田野调查取得第一手资料的基础上,对土家族地区傩文化的传承人的信息进行数字化采集,对采集到的文本记录、口述资料、图片影像等信息资源进行整理归类,建立传承人档案数据库,以便客观、真实地还原传承人的傩文化传承空间。

(一) 采集内容

傩文化的传承人是傩文化活动中的直接参与者,是傩文化得以一代一代传承延续下来的关键因素,是傩文化遗产最重要的活态载体。但由于传承人作为沿袭传承的具体个体,他们的生活环境、人生经历、文化程度、传承方式等都各不相同,这就需要建立一套客观、规范的采集标准,以保证采集到传承人的信息能全方位、多维

---

① 马知遥、孙锐:《文化创意和非遗保护》,天津大学出版社2014年版,第87页。
② 阿汝汗、邵汉明、黄松筠:《松原历史文化研究》,人民出版社2013年版,第448页。

度、立体地反映这一地区傩文化的传承延续状况。在参照"中国民间文化杰出传承人文字、图片、影像资料调查体例"的基础上,结合土家族地区的环境因素、地理条件、文化环境、社会历史背景等情况,制定"土家族地区傩文化的传承人信息的采集内容"。

表5—1 土家族地区傩文化的传承人信息的采集内容

传承谱系采集	
采集内容	采集方式
传承人所在地区的地图标识	绘制地图标示出传承人所在地区位置
传承人所在地区行政区划、地理环境、民族构成情况、生态环境、社会历史背景的描述	通过传承人口述进行笔录或录音采集,整理为文字资料
传承人所在地区和社区(村寨等)文化概述	查阅资料、走访了解、整理成文字资料
传承人从事傩戏文化活动的经历	通过传承人口述进行笔录或录音采集,整理为文字资料
传承人目前生存状况,从事傩戏活动获得的收益情况	通过访谈、传承人口述进行笔录或录音采集,整理为文字资料
拜师、授徒、出师、祭拜祖师的过程描述	通过访谈、传承人口述进行笔录或录音采集,整理为文字资料
传承人师传谱系图	通过传承人口述进行整理
仪式、技艺、表演、说唱、演示活动全过程的逐个环节详细描述,重点了解每个环节的功能、意义	通过传承人口述进行笔录或录音采集,整理为文字资料
传承仪式程式及技艺特征描述	通过传承人口述进行笔录或录音采集,整理为文字资料
传承人的代表作及其文化成就	通过传承人口述进行笔录或录音采集,整理为文字资料
与傩文化传承相关的传说、故事、歌谣、口诀、谚语的记录	通过走访、查阅资料、传承人口述进行采集,整理为文字资料
傩仪式活动中的民俗功能、民俗内容、民俗意义等	通过走访、查阅资料、传承人口述进行采集,整理为文字资料
传承人在这一地区的影响	通过走访、座谈,分析整理为文字资料
传承人的乡间口碑以及同行、专家的评价	通过走访、座谈,分析整理为文字资料

续表

图片信息采集	
采集内容	采集方式
传承人肖像照、生活照	数码相机拍摄在500万像素以上的高精度数码相片，配文字说明
传承人家庭的全家照	数码相机拍摄在500万像素以上的高精度数码相片，配文字说明
传承人居所图片、村落图片	数码相机拍摄在500万像素以上的高精度数码相片，配文字说明
传承人生存环境、自然风貌、人文古迹的照片	数码相机拍摄在500万像素以上的高精度数码相片，配文字说明
拜师、授徒、出师、祭拜祖师仪式图片	数码相机拍摄在500万像素以上的高精度数码相片，配文字说明
传承人在仪式表演、祭祀活动中的场景图片	数码相机拍摄在500万像素以上的高精度数码相片，配文字说明
传承人从事傩仪式活动全过程的每个环节图片	数码相机拍摄在500万像素以上的高精度数码相片，配文字说明
傩的技艺表演、祭祀仪式活动的围观场景照片	数码相机拍摄在500万像素以上的高精度数码相片，配文字说明
传承人在使用道具、乐器、服饰或绘制脸谱、手诀秘诀的特写图片	数码相机拍摄在500万像素以上的高精度数码相片，配文字说明
收集传承傩的民间实物图片（剧本、手稿、书籍、服饰、道具、法器等）	数码扫描、复印、数码相机拍摄等方式，图片配文字说明
传承人的代表性图片	数码相机拍摄在500万像素以上的高精度数码相片，配文字说明

续表

影视资料采集	
采集内容	采集方式
传承人所在地区自然风貌、生活场景、人文景观的动态影像	1. 为保证图像质量长期（永久）保存，建议前期拍摄使用 SONYDVW－700P、SONYDVW－709WSP、SONYDVW－790WSP、或 panasonicAJ－D610 DVCPRO25M、AJ－D800 DVCPRO25CM、AJ－D910WA DVCPRO50M 等数字化广播级摄像机。 2. 拍摄过程中尽可能地使用自然光或现场光源，确实需要增加照明时，应注意与现场气氛的协调。 3. 尽量使用手动录音。 4. 能够使用支架拍摄的尽量使用支架
拜师、授徒、出师、祭拜祖师过程的动态影像	
傩文化的仪式表演、技艺展示、祭祀过程等动态影像	
傩文化仪式活动场面的影像	
传承人传唱、表演、祭祀等场所的动态影像	
传承人从事傩艺道具面具制作的全过程的动态影像	
传承人使用的道具、法器、服饰或制作道具的影像	
传承的实物道具影像（书籍、唱谱、剧本、手稿、法器、服饰、道具等）	
传承人口述影像记录	
传承人傩戏演唱、祭祀表演、技艺展示的民俗实况，现场影像	

（二）采集方法

土家族地区傩文化的传承人大都散居在土家族地区不同的活动区域，各区域因地理位置、气候条件、人文背景不尽相同而具有相异的风俗习惯和节日礼俗，呈现出丰富多彩的文化特征。各区域的傩文化在长期的历史演变传承中都具有明显的地域特征，长期生活在这里的传承人必然和另一区域的传承人之间具有不同生活背景和文化环境。因此，在传承人的信息采集过程中，就要掌握科学的方法和技巧，用心体验，细心观察，既要掌握共性特征，还要体现个性特点，只有这样才能达到目的。

1. 尊重习俗，建立情谊

在深入土家族地区实地调研之前，要对当地的民俗习惯进行充分的了解，由于土家族很注重礼仪，待客也十分热情，又长期生活在武陵山区，受巫文化的影响，认为万物皆有灵，在一些偏远的地区，家里还供奉神灵。因此，到土家族村寨进行深度考察，尤其要注意土家族的禁忌，要尊重当地的习俗，特别是生活起居、饮食习俗方面尤其要注意，比如，到土家族做客，大家落座后，年轻者不能在长者面前跷二郎腿，否则就是对主人的不敬。客人未经允许不得进入主人的卧室，尤其是设在吊脚楼的闺女房，外人是不得进入的，这些在当地都是特别忌讳的。客人吃完饭后，不能将筷子摆成十字置于碗上，这在土家族人心目中是大为不敬的行为。客人一般吃完饭后，最好将筷子整齐地摆放于碗旁边，以示吃好了等。只有尊重当地的习俗禁忌，才能取得被访谈人的信任，对方才乐于交流，从而才能得到想了解的信息。

采录的傩文化传承人大多数都是没有受过文化教育的人，由于长期生活在较为偏僻的地区，生活条件比较艰苦，因此，在感情上要和这些传承人拉近距离，增进友谊，加强感情上的沟通，有时甚至需要在传承人家待上几天，同吃同住，在日常生活中进行思想交流，可准备一些适当的礼品，让传承人从心底感觉到把他当成真正的朋友，消除他们的顾虑，他们才有可能说说知心话，讲讲一般不在外人面前说的事；只有把他们当成朋友，他们才能主动积极配合采录工作。采录工作结束后可适当支付相应的劳动报酬，以示尊重和参与此项工作的劳酬，同时对几天生活开支给予适当补贴，以示友好。

2. 仔细聆听，认真记录

一旦和这些传承人交上朋友后，传承人就会滔滔不绝地给你讲一些他们所知道的人和事，有些可能是你不需要的，但这时候千万不能简单武断地打断他们的话，强制性地要求他们讲什么、不讲什么，而是进行引导，顺着这些传承人的话引出你想知道的内容。即便这些传承人愿意和你交流，愿意把想知道的一切都告诉你，但也不可能在短时间内把所有的都说清楚。因此，采录者要循序渐进，注意聆听，平时注意收集，仔细记录，不能心急，俗话说："心急吃不了热豆腐"，只有在日常生活中主动和这些艺人交流，在交流中态度要恳诚，做一个忠诚的听众来仔细聆听，以激发受采录者主动交流的意愿。有些老艺人都是高龄，尤其要尊重，千万不能打断他的话，否则就再难以打开话匣子。除了要仔细聆听外，还要认真做好笔录和录音等采录工作，除了口头交流外，可能还会演唱、比画动作等，这些都要做好记录，不放过一点细节，这样采录的信息才能完整。

3. 细心观察，捕捉信息

由于土家族地区各地方的生活方式和日常习惯都不尽相同，每个地方的生活习俗、信仰礼俗都存在千差万别，当和这些艺人在交流过程中，一定要细心观察，用心体会，特别是讲到当地的风土人情、传奇人物、生活琐事、日常交往等，要细心体会这些方言土语、俗语谚语的内容和特色，还要用心观察受访传承人的动作、手势、语气、情绪、语言节奏的缓急，语调的高低等，用心体会当地传承人的生活特点和行为习惯。特别是对傩文化表演中的祭祀活动，有很丰富的原始宗教信仰内容和民众心理期望，不可能通过语言叙述就能把握的，只有结合当地的风土人情、民俗习惯，细心观察，仔细体会。还有傩文化在传授中靠的是口传心授，可能有些不一定说，这就要靠细心观察去捕捉背后的信息。

4. 重视搜集背景资料

在田野作业中，尤其要注意背景资料的搜集，特别是与传承人相关的背景资料一定要全面地采录，因为这些资料从侧面反映了传承人的活动空间，是传承人活态保护的关键。所以，一是要重视搜集传承人的社会背景、成长环境、传授情况等，还要对传承人所处的地理环境、气候条件、家庭结构、经济收入、文化程度，甚至生活的村落人口构成、家族族源、村寨建筑、祭祀祠堂等背景资料进行全方位采录。二是要对传承人个人经历、文化程度以及个人信息（姓名含曾用名、绰号、民族、性别、出生年月、现在住址、个人嗜好、性格等）以及在傩文化的活动中扮演的角色，在当地的影响和声誉等进行全面搜集采录。只有重视传承人的背景资料，才能弄清土家族地区各地留存的傩文化的演变情况，才能深入理解傩文化活动在当地人们心目中占据的地位，也才能更好地进行保护和传承。

5. 利用设备，科学记录

常言说："工欲善其事，必先利其器"，对传承人的田野调查要充分利用现代设备，使用高品质的录音、录像设备，数码摄影才能保证采集的信息完整、全面、科学和规范。采用现代的数码录音、数码摄像设备，能全面记录传承人口述的全部声音，而且还能全面记录与口述有关的肢体语言，神态表情，甚至口述人所处的环境气氛、时间地点等空间信息。对手稿、书籍利用先进的数码扫描仪进行扫描转换成数据进行储存，对一些实物道具、脸谱面具进行全息扫描三维成像，复制还原丢失的信息等。这些直观、完整、全面、拟真还原的现代技术设备，能为我们全面立体地采录傩文化传承人的所有信息提供现实可能和技术支持，是动态采集和活态传承保护的前提，大大地提高了民间传承人信息采录的科学性、准确性和完整性。但也要指出的是，采用现代设备只是一种辅助手段，对于民间传承人的采录工作来说，田野工作者才是重要因素。正如芬兰著名的民俗学家马尔蒂·尤诺纳霍说过："今天的田野采集者可以使用各种设备从事要求更高的研究工作。但我们要切记：最关键的因素还是人——采集者或者研究人员本身，其他一切东西都不过是辅助手段，而绝不是有了它们就万事大吉了。"[①]

二 传承人的数字信息分类

传承人的信息记录与呈现是对傩文化的传承主体人的数字化方式，对传承人的数字信息记录和呈现采用的数字化设备主要有

---

① 刘守华、陈建宪：《民间文学教程》，华中师范大学出版社 2009 年版，第 208 页。

数码录音笔、数码相机、摄像机、二维三维扫描仪等信息捕捉设备，主要对传承人的传承谱系、口述资料、影像资料进行采集获取，然后以数字格式存储在计算机中，为傩文化传承人的信息保护、共享、研究、展示传播搭建素材库，为数字化保护利用提供详细准确的素材。

（一）传承谱系

对土家族地区傩文化的数字化保护和研究，传承人的活态保护尤其关键。所谓"活态"保护，其实质就是人在这一文化活动中的全部生机活力，包含精神和情感因素，并且在活动中传承、创造、发展。只有人参与其中，那些生冷僵硬的物质载体才充满生机和活力，那些祭祀仪式、傩艺傩戏、傩歌傩舞才具有丰富的情感和深邃的内涵。但人又是传承保护中最为脆弱的部分，人的生老病死可能使十几代传承的技艺终结，人的文化偏见和保守可能导致部分传承流失。因此，理清土家族地区傩文化的传承谱系，可以使我们掌握傩文化在土家族地区流传的来龙去脉，以便于我们分析傩文化在当地发生延续演变的特点，才能更好地对傩文化进行数字化保护与传承。

纵观土家族地区傩文化的传承，不外乎以家族传承、业缘传承、地域传承和江湖传承等，其中家族传承和业缘传承的传承谱系都比较清晰，都可以上溯百年左右，但地域传承和江湖传承的传承谱系相对比较模糊，追根溯源相对来说就比较困难，本部分内容已在第二章探讨过，在此不再赘述。因此，我们把重点放在血缘传承和业缘传承方面，就采集的传承谱系的信息进行数字化记录存储展开讨论。

通过实地考察和文献资料整理出傩文化在土家族各地区的传承谱系，这些传承谱系多数属于文字资料记载，这些文字资源可以通过 ASC 码来实现文字的数字化。一般进行文字记录最常用的编辑工具有 Microsoft Office Word 和金山 WPS Office，由于这两款文字编辑工具都支持 doc. docx. dot. dotx. wps. wpt 等多种文件格式，都有强大的文档编辑，文字、段落、对象属性设置，插入图片等功能，同时还能相互兼容，因此，成为传承谱系信息记录的主要编辑工具。

传承谱系的信息采录一般是通过走访传承人，根据传承人学艺经历、传授方式的讲述进行手稿或录音采录后，再进行文字编辑处理成电子文档保存，在此过程中，对文字的录入可以采取手工录入、纸质文档的文字识别录入和语音录入等。手工方式主要有硬件 QWERTY 键盘、软件 QWERTY 键盘、手写识别输入等，键盘录入主要是用普通的 PC 键盘或笔记本键盘通过五笔输入法、拼音输入法或者其他输入法快捷准确地把文字录入电脑进行储存。相对后两种录入方式，键盘录入最有效、最准确、最快捷而被大家常用。因此，不同的录入方式主要看录入人对使用工具的熟悉程度而定，但一般采用的都是键盘录入，将文字资料进行电子归档、整理存储，便于后期的点击查询。

（二）口述资料

傩文化的传承特征就是依靠口口相传，言传身教，是口头传递的一种文化形态。口述传授作为文化传承的一种历史最久远的形式，是因为在那个久远的年代多数人不识字，也没有可作记载的载体。但时至今日，人们识字率普遍得到提高，特别是印刷技术和可印刷的载体日趋完善，但是，这些都并不能改变这种传统的文化传递方式。"任何事物都不能从人类文化中彻底消除记忆存储和口传传统，……除非人类丧失听说能力，否则，书写文本或印刷文本不可能取代口传传统。"① 在土家族地区，傩文化作为当地的民俗文化而衍生了丰富的民间故事及神话传说，而被当地民众津津乐道，这些口述资料构成了傩文化的存在空间，成为傩文化千百年来不断演进和延续的活水源泉。所以，对这些口述资料的采集是对傩文化"活态"保护的重要手段之一。

由于口述资料是靠口述人的口头讲述，采录人记录来完成。随

---

① ［美］爱德华·希尔斯：《论传统》，傅铿、吕乐译，上海人民出版社 2014 年版，第 100 页。

着科学技术的发展,已经摆脱了传统的口头讲述,文字记录的束缚,可以借助现代的数码摄像、数码录音进行语音采集、神态捕捉。数码摄像数码录音设备可以记录讲述人的声音、姿态、表情,通过摄影摄像的方式采录口述材料,能完整立体地再现讲述人的各种微妙表情,甚至复杂的眼神,能增加口述材料的证据分量。而录音设备,能把讲述人的口头叙述中语音、语调、语气完整地记录下来,甚至在讲述到一些关键地方,讲述人可能通过语气表达出来。但由于讲述人年老口齿不清、表达不明白,或者乡音重、俚语太多都能造成采录人听不清楚、听不明白,所以这时候手稿记录就特别重要,讲到不明白的地方可以通过询问解释再做记录,而且手稿记录还可以征求讲述人的意见,是否表达了他的意图等,因此,手稿记录的传统方式能补充录音录像设备带来的不足。

通过口述搜集的资料形式有音频、音像以及手稿记录等资料,采录结束后,要尽快整理成为文字、图像数据,包括照片的遴选和文字说明以及音频视频的格式转换等。文字电子档案制作完成后,要给讲述人过目,征求他们的意见,尽量尊重口述人的表达意图。

另外,口述材料是田野调查中获取信息的重要部分,是通过对当地走访观察,与当地的民众或从事傩祭法事的艺人交流访谈获取的重要信息。由于这些从事傩事活动的人长期生活在这里,受到傩文化的熏陶,对傩文化有他们自己的理解和认识,通过他们直接的经验和亲身体会来讲述有关傩事活动,这样得来的第一手资料才具有真实性、可信性、实证性和生动性。但要注意的是,我们在搜集这些第一手资料的同时,有些可能并非是当事人亲身经历,比如有些年代久远、通过一代代口传下来的傩事活动,通过他们的转述后,可能加上他们自己的理解和体会,甚至有些口述得来的资料和原本的情况比较已经面目全非。这时,我们就应该通过相关的原始资料、地方志、回忆录、地方古迹及其他实物来进行佐证,尽可能地获得第一手材料的真实性。一旦这些口述资料被记录保存下来,情况就发生了根本性的变化,就可能形成文献资料而被永久保存,成为人们可查询、可利用的素材。因此,对口述资料的采集就是尽可能地通过第一手资料来印证和阐释傩文化在这一地区的演绎流传情况，了解傩文化的发生、发展，以便更好地保护传承和传播利用。

（三）影像资料

影像资料不同于文本资料和口述资料，影像资料更强调影像和声音的结合，能全方位地记录整个事件的发生、发展和形成。随着现代科学技术的发展，越来越先进的设备和现代的技术手段被用在田野调查中，使我们的田野调查的范围不断拓展，获取信息的手段越来越多样化，除了传统手稿、拍照、录音外，我们还能利用数码照相机、数码摄像机采集到更高质量的照片、音频、影像资料。在田野调查对传承人的信息采集中，一张图片或一段影像所包含的信息量远胜过数千字的文字描述，况且传承人的生活场景和表演场景是文字叙述远远不能准确描摹的。因此，在对传承人信息采集过程中，对传承人的生活场景、所处的地区风貌图像，拜师授徒的影像资料，仪式表演、技艺展示的动态影像，仪式活动的场景，傩道具、法器、面具制作过程等，都需要通过影像采集来完成，只有这样才能完整地采集和展示传承人的生活空间和社会背景。同时，利用影像采集信息资料还具有纪实性和真实性，俗话说："耳听为虚，眼见为实"，通过摄影摄像能真实地还原当时的场景，给人一种身临其境的真实感觉。对传承人的生活场景以及祭祀过程的一切进行客观记录，是对整个事象的真实反映。因此，比口述资料和文字记录更具有纪实性和真实性。

利用影像设备采集传承人的信息时应配合文字记录，对影像资料作补充说明，最好是能配上解说词，这样更能全面反映所采集的信息，如果拍摄时不具备条件，也应专门做好文字记录，对传承人的个人信息、居住地址、文化程度、学艺经历以及访谈时间、访谈地点、在场人员等信息用文字进行记载下来，待拍摄结束后再进行整理完善。这是因为拍摄的图片影像资料本身不显示拍摄的时间、地点以及人物姓名、身份等基本信息，一旦时间长了，记忆就越模糊，包含的这些信息就可能会丢失，单凭看录音录像是反映不出这些信息的。因此，我们采集传承人的影像资料的同时，最好配合田野笔记进行记录采集，这样得来的信息既全面又准确。

三 传承人的数字信息管理

传承人的数字化信息管理就是对传承人的信息进行采集、存储、交换、共享的数字化过程，这是对传承人进行"活态"保护的重要手段，也是当前对非物质文化遗产传承人进行数字化保护的主要方式。主要涉及传承人的信息整理和信息保管两方面。

（一）传承人的数字信息整理

对土家族地区傩文化传承人的信息采集主要通过三方面的内容：一是使得傩文化得到世代相传，得以保存和再现的传承谱系；二是传承人及相关的当事人的口述资料；三是傩文化存在空间及活动场景的影像资料。对传承人信息的整理就是把采集到的传承人的信息进行数字化处理，形成数字信息，以数据的形式存储起来，方便查询、传输和共享。

通过现代数字设备采集到的信息都必须要进行整理后才能存储，确保后期对这些数字信息的可用性。如采集到的传承谱系，就需要通过文本编辑理清各地各支系渊源及世代传承情况。对传承谱系我们一般采用的是宝塔式编辑处理，只要熟练掌握 Microsoft office 编辑工具都能应用，可以使用 Word 文档采用插入表格进行编辑，插入表格后再根据结构进行调整位置，再将传承人的名字录入表格，调整文字的大小、行距、列距，达到最佳布局。用 Excel 文档编辑更加方便，只需对文字（字体、大小、颜色和自动换行）进行编辑，行（列）距进行调整、插入或删除以及合并等任意处理，就能达到最佳美观的布置。

一般采集到的口述资料包括手稿记录、音频文件、影像资料等信息形式，可以归类整理为文档、图片、影像等数据文档，进行数据存储。只是对口述资料的整理偏重于文字的记载，配合音频、视频文件，重点详细的记录传承人及当事人的口头材料，以全方位的记录传承人的傩文化生存空间。采集传承人的傩文化的活动空间和演绎场景的图片、影像资料，一般都是以数字化格式记录的数字信息，只需进行一些模式转换使之成为可修改、可利用、可存储的数据信息并利用硬盘存储起来。

图像视频资料的数字化处理，就是把采集的图像视频资料通过计算机转换成可修改、可利用的数字格式存储。图像视频的数字化处理流程为：导入→处理→输出或存储。通常使用 USB 数据线将相机拍摄的照片导入电脑，利用图像、视频处理软件进行图像优化、调整、修改处理，达到最优效果。常用的图像处理软件有 Photoshop（位图处理）和 Illustrator、CorelDraw（矢量处理）；ACDSee 则是主流的图片浏览和管理软件。常用的视频编辑软件有 Adobe premiere、AE、sony vegas 等对视频文件进行剪辑、特定设定、组合以及切换等操作，再进行编码转换，编码转换软件我们一般采用 Xing Mpeg Encode，通过这个软件能完成 AVI 向 MPG 转换生成 MPG 文件。图像一般常采用位图（Bitmap）和矢量图（Vector）两种存储模式进行存储。影像资料存储多采用光盘刻录或硬盘存储。关于图像视频等资料的数字技术处理在本节前部分已阐述，这里就不再加以说明。

（二）传承人的数字信息保管

数字信息不是由纸张或其他形式作为载体存在，而是由数字编码组成的，是看不见摸不着的，必须依靠计算机系统或通信网络才能将这些数字编码形态的信息读取出来，这就决定了数字信息对设备有较强的依赖性。对数字信息的保管就是对这些设备或系统的管理，如果信息存储的设备或系统出现故障，或者格式不兼容，或者不能转换，或者不能及时升级都可能导致保管存储的数字信息无法识别。由于土家族地区傩文化传承人的数字信息涉及文字、音频、图像、视频影像等不同种类，存在的格式也多样，如文本格式除了 TXT，还有 LOG、REG、INI、INF，各种网页源文件，程序源代码等。图像的格式分位图和矢量图，有 JPG、BMP、TIFF、PSD、GIF、PNG 等位图格式和 AI、CDR、EPS 等矢量图格式。影像视频的格式有影像文件 AVI（Audio Video Interleaved）、MO（Quick Time）V、MPEG/MPG/DAT 和视频文件 RM（Real Media）、MOV

(Quick Time)、ASF（tAdvanced Streaming Forma）等格式。由于这些数字信息存在的格式不同，尽量采取不同的存储格式和不同的软硬件来保存这些数字信息，因此，就要求根据各类数字信息的内容特征，进行组织分类、建立索引，对所包含的数据信息进行描述说明，以便后期方便查找和检索。

总之，对土家族地区传承人的信息管理就是将采集到的文字、图片、音频、视频资料运用 XML 格式转换建立数据库，将这些数据资源进行数字化分类、建档管理，以便随时调用。

本节重点对傩文化传承人进行数字化"活态"保护的方法和技术展开研究，对传承人信息采集的内容和方法技巧方面进行了论述。对传承人的信息采取分类采集的方法，从传承谱系、口述资料、影像资料三方面展开技术和方法说明。最后，对采集到的传承人的数字信息进行数字化管理进行了讨论，以便后期的管理维护、查询和利用。为傩文化的传承主体——人的信息资源保护建立提供可行的模型依据。

第二节　表演仪式活动的数字化保护

土家族地区的傩文化内涵极其丰富，包含了原始宗教信仰和对自然万物的崇拜，浸染了当地的民风习俗，融合了各种技艺绝技的表演形式，最后通过各种仪式活动呈现出来，以达到驱鬼、驱疫、酬神、祈福的目的。仪式在傩的活动最为关键，是傩文化得以延续和传承的载体，它以祭神、酬神为目的的祭祀活动逐渐演变为既酬神又娱人的民间活动，形成傩仪傩戏相互掺杂融合的既酬神又娱人的表演仪式活动。傩的各种祭祀仪式构成了傩文化最重要的部分，是民众在傩活动中最重要的精神诉求，是沟通和调节人们心理的精神载体。在历史演变过程中，有些仪式被保留，而有些仪式逐渐被抛弃，甚至有些仪式因传承人的原因而流失。因此，对仪式的数字化保护是傩文化的数字化保护中极为重要的环节，但也是难度较大的环节。对傩文化的仪式、习俗活动的数字化保护，就是利用现代科学技术，对傩的仪式活动中的仪式过程、表演角色、表演唱腔等进行采集、整理、保存、展示和传播，如对整个仪式活动的全程摄像记录，对表演角色的动作进行捕捉采集记录，对表演中的唱腔进行录音采集记录，再通过虚拟再现技术进行模拟再现，利用交互技术使这些仪式活动虚拟再现，增加整个仪式活动的真实性。

一　表演仪式的信息采集

在土家族地区傩的仪式种类繁多而又各有特点。傩的仪式根据性质分为傩祭和傩戏，通常傩祭与傩戏同时进行，既酬神还愿又娱乐大众；根据仪式规模可以分为大傩愿和小傩愿；根据仪式的内容和目的又可以分为急救傩、消灾傩、过关傩、冲寿傩；从愿主与神灵的"交往"过程分为许愿仪式、还愿仪式；从仪式的操作环节则可分为请神、迎神、敬神、酬神、祈神、娱神、送神等环节。傩的仪式不仅种类繁多，程序在各地也不尽相同，比如，在湖北恩施的土家族地区广为流传的傩祭仪式程式就有发功曹、迎神、修造、开山、打路、扎寨、请神、窨茶、开洞、戏猪、出土地、点猖、发猖、报卦、收兵、扫台、邀罡、祭将、立标、勾愿、撤寨、送神等二十多堂法事。通过课题组在铜仁土家族地区调查，在铜仁土家族地区的傩戏仪式程序有开坛请圣、发鼓投文、收邪立楼、銮盘上熟、造茅倒抢、造船收昧、持符打火、告宿歇坛、投华山表、厨中净灶、招牲纳命、大架神桥、开光点像、花红表礼、祭洞开洞、銮盘会熟、裋星拜斗、游愿择愿、勾销了愿、过关上刀、剎铧除邪、延生祝寿、送圣回鸾、扫荡清火等法事。整个仪式活动既有酬神祭祀又有娱人成分，各地在祭祀活动中还穿插一些地方戏剧，比如在傩的祭祀表演活动中掺杂花灯戏、阳戏等，从而形成了各具地方特色的傩仪表演活动。可以这样认为，傩的表演仪式就是在一定文化空间的一种仪式活动。傩的仪式是在特定的文化空间的一种表现形式。

根据信息空间理论，一般说来，编码程度越高的信息扩散的潜在能力最强,但它也要求其受众必须具备一定的将已编码信息解码(即将社会公识内化为自己个人认识)的能力[①]。傩的仪式表演活动在扩散维度下的数字化有效传播和利用存在技术、语义和语用三个层面的问题,其中语义和语用就涉及文化空间的可视化表达,与之相关的时间、地域、表现形式、原因、表现方式就构成了傩的仪式表演的文化空间,因此,对傩的仪式表演的数字化就要综合考虑其特定时间、地域和习俗,并将之信息进行编码和抽象,以全面地反映和呈现仪式活动有关的信息资源,才能有助于人们对傩的仪式表演的全面理解和认识。

因此,为了完整地采集到傩的表演仪式活动的信息,就需要建立以数字采集规范,以保证采集的信息真实可靠、全面合理,以满足对傩文化的仪式空间的数字化保护的需要。结合现有的模型数字化技术标准,根据傩的仪式表演活动中的数字化对模型数据的要求,提出傩的仪式表演活动的信息采集规范。

(一) 土家族地区傩的仪式分类

	仪式类型	仪式分类	说明
傩的仪式分类	性质	傩祭	是祈福消灾,酬神还愿的祭祀仪式,围绕请神、迎神、敬神、酬神、祈神、娱神、送神等环节进行
		傩戏	是与傩祭融为一体既酬神又娱人的表演仪式,傩戏分为傩堂戏、傩愿戏和端公戏等
	类型	过关傩	为使12岁前的小孩顺利成长,驱逐缠在其身上的恶煞而举行的冲傩仪式
		延寿傩	为老人延年益寿而举行的冲傩仪式
		消灾傩	为祈求人畜平安、消灾解难进行的冲傩仪式
		急救傩	为家人久病,以求早愈而举行的冲傩仪式
		求子傩	夫妇久婚不育,希望通过冲傩得到孩子而举行的冲傩仪式

---

① 许文彬、张亦春:《信息结构、制度变迁与金融风险演进》,中国财政经济出版社2004年版,第69页。

续表

仪式类型		仪式分类	说明
傩的仪式分类	交往	许愿傩	傩事活动主要在天旱或水灾时请愿傩，家中有久治不愈的病人也会请神求愿
		还愿傩	是在大病初愈或许下愿时的还愿之日取悦、酬谢神灵而举行的傩仪式
	规模	大愿	又称"冲傩"，全场有二十四堂法事，时间在三天以上
		小愿	又称"打保符"，以祭祀为主，时间为一晚

（二）土家族地区傩仪式的信息空间构成

仪式类型		仪式分类	说明
傩仪式的信息空间	目的	人生礼仪	在人的不同年龄阶段举行的傩仪式。如出生礼、成年礼、婚嫁礼、丧葬礼等
		岁时节令	是在土家族地区节日习俗活动中举行的许愿、还愿、谢神、求神的傩仪活动
		祭祀信仰	为祈福消灾、解难，保人畜平安许愿、还愿的傩仪活动
	时间	特定时间	傩仪式是按照发生的特定时间来举行，比如过关仪式、延寿仪式
		岁时节日	选定在岁时节令的日子来举行的还愿仪式，比如正月初六、三月三、六月六等
	地点	表演场所	傩仪式举行的场所，一般酬神还愿等祭祀类的都是在家庭的堂屋举行；一般的傩戏仪式在岁时节令举行都会选在家庭的院坝或村落的广场
		周边场景	举行傩仪式场所的周边场景，比如堂屋祭祀的神台等环境布置；室外场景的周边建筑、树木、河流、山脉等
	内涵	仪式目的	无论祈福保平安的过关、延寿傩，还是消灾解难、驱除瘟疫的消灾、急救傩，仪式的目的不同，仪式程序也有所差别
		仪式功能	每场仪式都有特定的功能，比如过关、延寿仪式使愿信人被赋予了新的生命力，消灾解难仪式使愿信人免除灾难，百事大吉

续表

傩仪式的信息空间	内容	仪式活动	傩仪式大都围绕请神、敬神、谢神、送神等环节举行，但仪式目的不同，其程式也有所区别，比如延寿仪式有延生祝寿的法事环节，过关仪式有过关法事环节，还分"十二堂法事"和"二十四堂法事"
		参与角色	傩戏仪式中表演的角色众多，除了主要承担祭祀的法师外，大都是傩戏中角色的扮演者，扮演者通过服饰、面具或脸谱的装扮表演各个神灵、鬼魅的角色
		表演唱腔	在一场傩戏仪式中，随着法事程序不同有多种唱腔，比如有高腔、平腔、矮腔，还掺杂了当地的一些采茶小调、花灯唱腔、山歌号子等，每堂法事、每个角色都有不同的腔调，配上锣鼓镲钵等多种乐器来表现法事的神秘鬼魅
	演变	流传地域	傩在当地的演变情况，同处于土家族地区的每个地方都有相异的民俗习惯，要结合当地民俗来理解傩的仪式。通常大致分为铜仁土家族地区、湘西土家族地区、恩施土家族地区
		传承谱系	由于年代久远，缺乏文本记载，追溯较为困难，但一般追溯到五代以上甚至更远
		传承方式	家族传授、师徒传授或村寨传习等
		重要人物	通常是傩在当地的主要传承人或傩仪式中主要的承担者

本部分利用 5W 系统分析法分析傩仪式的空间信息结构，按照傩仪式的不同进行分类。根据美国学者 H. 拉斯维尔于 1948 年在《传播在社会中的结构与功能》一文中，提出了构成传播过程的五种基本要素，并按照一定结构顺序将它们排列，形成了后来人们称之为"五 W 模式"或"拉斯维尔程式"的过程模式，这五个 W 分别是英语中五个疑问代词的第一个字母，即 Who（谁）、Says What（说了什么）、In Which Channel（通过什么渠道）、To Whom（向谁

说)、With What Effect (有什么效果)。① 将傩仪式呈现的目的、时间、地点、内容、内涵及演变历程进行全方位的展现,从举行傩仪式的目的,什么时间选择哪里举行、仪式有哪些内容、达到什么目的等来体现傩仪式的空间和时间关系,以便完整地采集傩仪式的空间信息,实现对傩仪式空间信息关系的展现和认识理解。

二 表演仪式的数字化处理

傩的表演仪式包含傩仪、傩俗、傩歌、傩舞、傩戏、傩艺等,不管是哪种类别,整个表演仪式都是围绕其表演的内容开展,如图5-1所示。从傩仪式的内容来看,主要包括仪式活动事件、参与人物、唱腔乐器等活动内容,不外乎包含场景、人物、声音等因素。因此,对傩表演仪式活动的数字化就是对活动场景、参与角色、唱词唱腔进行数字化的过程,通过摄影、摄像、DV 记录进行影像采集后,再通过数字化非线性编辑技术对音频视频进行后期编辑处理、数据储存、虚拟展示、交互共享、开发利用。

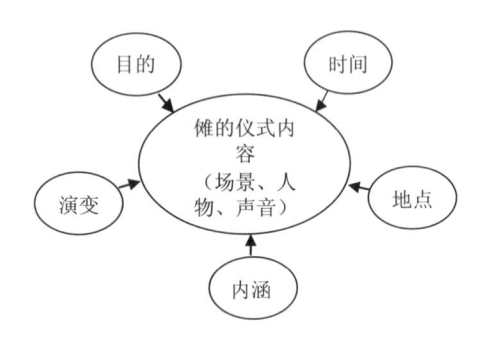

图 5-1 傩的仪式信息空间

(一) 仪式活动场景的数字化

对仪式场景的数字化采集目前仍采用视频录制为主要的数字

---

① 李彪、郑满宁:《传播学与认知神经科学研究、工具、方法与应用》,人民日报出版社 2013 年版,第 76 页。

化形式。关于视频影像的采集技术在上一节已论述，在此不再赘述，本部分主要探讨利用数字影像技术对仪式活动进行数字化记录的方法。

影像视频记录对仪式场景的数字化采集具有诸多的优越性：第一，能真实再现现实情境，通过镜头记录具体真实的画面、声音、动作、内容和事件主题，同时运用拍摄技巧，通过角度的转换、镜头的拉近拉远放大和缩小，能表现场景的宏观场面和场景细节。第二，影像拍摄视频记录的素材可以进行后期处理，根据所要表达的内容、主题筛选出符合要求的视频素材。还可以配上解说、音乐和字幕完整地表现仪式的空间信息要素，比如演出的目的、时间、地点以及意识的内涵等，能完整地再现表演仪式的空间信息。第三，影像视频有利于发挥图像和声音的优势，克服传统记录和平面保存的不足，能够多维度、全方位地记录和再现仪式的文化背景和存在的空间。第四，影像视频借助数字存储载体，如光盘、硬盘等，使保存变得更加容易，保存的时间更加久长。同时，影像视频的图像、声音等转换成数据进行存储，在传播和利用方面更加方便。因此，对傩的表演仪式活动的影像采用影像技术进行记录和传播，能对傩文化的数字化资源库建设、数字化保护、传承和利用都起到重要的作用。

基于影像采集诸多的优越性，如直观性、原样性、形象性和真实性等，由此，利用影像技术对傩文化的仪式活动进行数字化不失为一种科学有效的手段。在具体的影像资源采集中，我们可以采用三种影像记录的方式，对仪式活动及空间场景进行记录采集、数字化处理。

第一种是"原始记录"的影像采集方式，就是对整个仪式活动从头至尾完成的记录，不作任何后期的编辑处理和剪辑，是对仪式活动真实原始的记录和客观的再现。这种采集方式能准确了解仪式空间最真实、最原始的内涵和意义，能提供最原始、真实的素材以便供后期研究和利用。但要全方面、真实地记录仪式空间的信息，最好在拍摄时，采用若干机位，从不同角度、全程不间断地进行摄录，同时在摄录中不受任何干扰、提示和要求，以达到纯粹的客观真实记录效果。

第二种是"描述记录"的影像记录方式，就是在影像记录的基础上增加必要的解说和字幕，对仪式活动的目的、时间、地点、内容、内涵和演变做恰当的补充说明，使受众更好更深入地理解傩的仪式活动的内涵。这就要求对仪式活动要提前做全方位的了解，通过交流访谈做好文字记录，同时在影像记录过程中对周边环境做好观察和恰当的记录，在仪式过程中对隐藏在仪式背后的信息注意搜集，待拍摄完成后进行后期的解说、字母、配音等信息的补充完善，以达到完整记录和采集的目的。

第三种是"专题式"的影像记录方式，这是在综合大量影像记录资料的基础上，利用蒙太奇的手法对记录的影像资料进行后期编辑处理。这种影像记录方式具有较强的专业性，可以围绕仪式表演活动的某一方面或某一角度，集中地、深入地获取影像素材，真实客观地记录表演仪式活动。这种影像记录方式不受时间和空间的限制，可以就仪式的某一方面作为记录主题，适当地创作和表现来展现仪式活动的内涵。由于具有较强的主体意识渗透，直接表现采集及路人的观点和看法，故而对采集人的要求比较高，要能全面了解傩仪式的相关知识，还需要专业的影像制作人员参与进来，才能将仪式活动的影像资料科学、真实、艺术地记录、表现和传达出来。

通过以上三种数字影像记录方式将采集到的仪式活动资料建立资源数据库。关于数据库建设在第五章有专门阐述，将涉及计算机软硬件的采用，资源信息管理和数据模型的构建，这里指的是将仪式活动中的场景、人物角色动作、唱词唱腔、道具法器等进行数字化规范采集、数字格式的转换、数据储存和科学管理，以实现仪式活动的数字化展示与传播。

（二）人物角色的数字化

傩的仪式活动中，人物角色既是仪式活动的参与者和表演者，又是仪式活动的创造者和传承者。对傩的表演仪式活动的数字化，其中对人物角色的数字化最为重要。对仪式活动中人物角色的数字化，主要在面具模型的数字化和肢体动作的数字化两方面。首先，对表演仪式中各角色的面具进行三维扫描，建立傩面具的数据模型库，再对表演角色进行动作捕捉建立动作数据。其次，在虚拟场景中数字化再现与动态展示仪式活动。主要包括表演角色的三维数字化重建和动作合成的数字化展示，流程如图5-2所示。

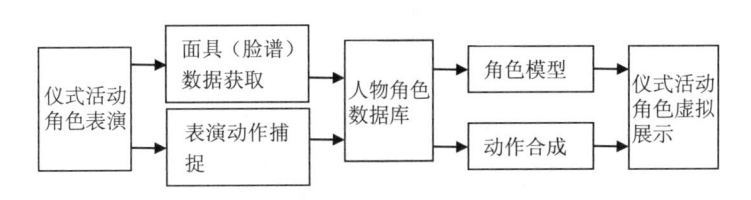

图5-2 表演仪式活动人物角色的数字化

1. 表演角色面具（脸谱）模型生成

首先，对仪式中表演角色的面具（脸谱）进行数据采集。在对面具（脸谱）进行数据采集时，我们一般采用拍照式三维扫描仪，这种扫描仪是基于光学三界测量原理，投影模块将一系列编码光栅投影到物体表面，由采集模块得到相应被调制的图像，然后通过特有的算法获取点云数据的三坐标位置，类似于照相机拍摄照片来获取物体的三维信息，高速地扫描使得用户在很短时间内就能得到所需的数据，被广泛应用于逆向工程、人体测量、质量检测及控制、艺术品制作复原及保护等各种领域，尤其适用于扫描小型物体，对物体细节表现更加淋漓尽致[①]。采用非接触测量方式，不会对测量物造成破坏，同时对测量物一些复杂的曲面可以采取分片测量，具有测量速度快、点云密度高等优点。拍照式三维扫描仪如图5-3所示。

首先，通过三维扫描仪对面具（脸谱）进行扫描，将扫描后得到的数据储存到面具（脸谱）数据库。

---

① 刘若海、谌宝业编：《游戏高级模型设计》，清华大学出版社2012年版，第211页。

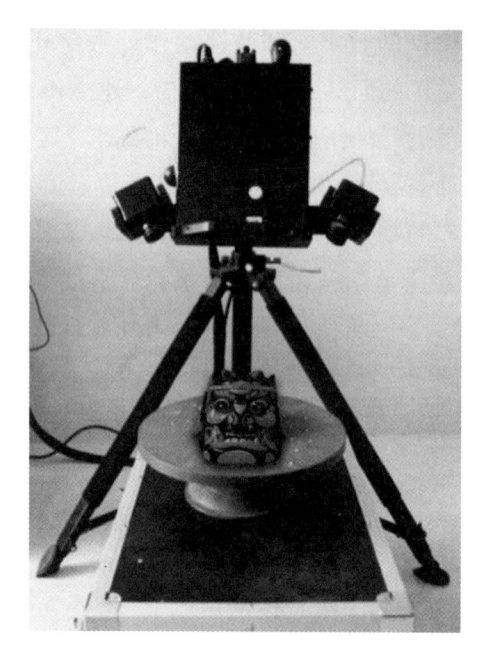

图 5-3　拍照式三维扫描仪

其次，根据人脸的五官特征，建立标准的三维人脸模型数据库，可以按照老、中、青、男和女等脸形分类建立基本脸部模型，主要是配合面具（或脸谱）合成虚拟头像。

最后，根据不同表演角色的特征，在面具数据库中选取面具结合人脸模型合成生成虚拟角色头像。

2. 人物角色的数字化动作捕捉

对表演仪式活动中的人物角色的表演动作数字化采集，我们一般采用计算机运动捕捉系统，将仪式中的人物的动作运动轨迹进行捕获并记录下来，再利用运动捕捉得到的数据进行动作编辑处理合成虚拟的人物角色。

目前我们常用的捕捉技术主要有机械式捕捉、声学式捕捉、电磁式捕捉和光学式捕捉，对于傩表演仪式活动中的人物角色的动作捕捉，我们一般采用光学式捕捉技术就够了。这种捕捉技术由于没有线缆和机械装置的限制，使用起来方便，能满足高速运动测量的需求，表演者可以自由表演，活动范围大。如图 5-4 所示。

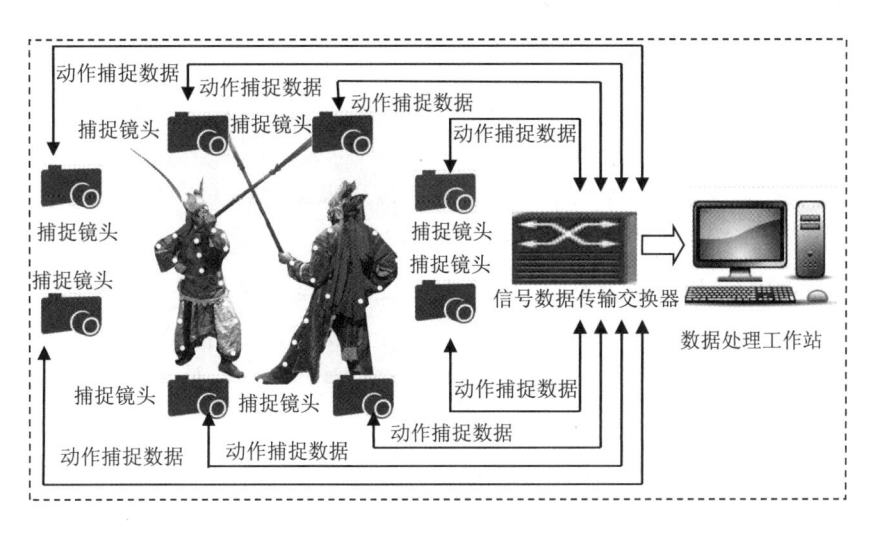

图 5-4　光学式动作捕捉系统

　　动作捕捉系统包括传感器、信号捕捉设备、数据传输设备、数据处理设备等几部分。传感器被固定在运动的人物等捕捉对象的特定部位，运动捕捉系统提供运动的位置信息，信号捕捉设备将这些信号进行捕获和识别然后通过数据传输设备将运动数据从信号捕捉设备快速准确地传送到计算机系统，再由数据处理设备将系统捕捉到的原始信号进行处理，计算传感器的运动轨迹，对数据进行修正处理，并与三维角色模型相结合[①]。对于傩的表演仪式活动中的人物角色的数字技术正是基于这种计算机动作捕捉技术的原理和相关技术的支持来实现的。

　　动作捕捉系统捕捉到人物的动作数据后，再利用动作编辑技术对数据进行处理，以保证人物动作的准确性和流畅性，然后建立仪式表演角色的三维动作数据库。

　　通过光学式动作捕捉系统对仪式中的人物角色的动作进行三维空间的数据捕获后，利用专业的三维建模软件 3D Studio Max 或者

---

① 吴志锋：《基于运动捕捉技术的木偶戏数字化研究与实现》，硕士学位论文，电子科技大学，2009 年，第 21—22 页。

Maya建立包括骨骼系统和蒙皮的人物模型。骨骼系统通常按照人体的实际骨骼结构做一些简化来建立人体运动模型。一般来说，每个关节处建立2—3个自由度，这样各个关节在坐标轴上就可以向三个维度自由旋转，达到所期望的运动状态。利用人体的骨骼模型进行蒙皮，需要根据获取的角色运动信息来驱动各关节点旋转和位置变化，首先要建立蒙皮网格与骨骼点的一一对应关系，调整骨骼关节的位置和大小与蒙皮的网点尽可能地对应一致，再将蒙皮绑定在骨骼上，按照获取的运动数据进行变形实现人物角色的运动。

最后，利用虚拟的人物模型和三维扫描的面具（脸谱）数据进行角色合成，生成表演仪式中的虚拟人物动画。

通过三维扫描技术、动作捕捉技术、角色模型虚拟技术等，可以真实再现仪式活动中的人物角色活动情况，以达到傩的表演仪式活动的数字化保护和虚拟展示。

（三）唱词唱腔的数字化

傩仪或傩戏的传承主要靠"口传心授"，所以在傩仪或傩戏的表演仪式中这些口语传承语言与民俗就密不可分，而且多数都是通过演唱的形式一代一代地传承，比如，很多的神话传说和民间故事都是在表演活动中，以唱词唱腔得以流传，并以表演节目的形式表现出来。加之当地艺人都是用口语来传诵的，所以在仪式表演中的唱腔唱词大多用当地方言，也称"俚语"来演唱，所以，没有当地语言背景可能难以理解一些唱词的意思，但对这些唱词和唱腔的保持原始状态的采集才能体现傩文化信息的原真性。

在傩仪或傩戏表演中，主要靠唱词来叙述表达故事情节，分为吟诵式的清唱和锣鼓乐器伴奏的演唱，在傩仪或傩戏活动中，唱词和唱腔再加上锣鼓的伴奏，就成为傩仪或傩戏表演中"声音"的重要构成部分。

由于唱词唱腔的口语化、叙事化，是傩文化信息在采邑区域中最富有创意和民众基础的部分，具有很高的艺术价值。因此，对傩仪或傩戏中唱词唱腔的数字化是表演仪式活动的数字化的重要部分。

但一般我们对傩仪或傩戏中唱词唱腔的数字化采集，按照技术要求不同分为两种方式：一种是在室内专业的录音棚录制，另一种是在仪式表演活动中的录制。

在室内录音棚录制一般都是为了得到高质量的音频资源才采用。在室内录音棚录制时，采用数字调音台、音频工作站、专业电容话筒和 Protools 音频编辑软件等设备，这样能采集到精确的唱词唱腔的高质量音频数据文件。但弊端也是显而易见的，就是受场地和人员的限制，不能真实展现活动的场景，这样得到的唱腔由于没有环境氛围的烘托，演唱人员难以进入角色，在唱腔的音调的缓急高低等节奏上就难以原生态地展现。

另一种唱词唱腔的数字化采集在表演仪式活动中完成，这时由于傩仪傩戏的表演是一种民俗性的仪式活动，需要民众参与其中自娱自乐，在自娱自乐中精神得到寄托，情感得到释放，因此，在仪式的表演活动中采集唱词唱腔进行数字化，是对傩文化信息的原生形态数字化获取。为了更大限度地保持采集的唱词唱腔的原生形态，我们最好采取视频音频一体的数字化采集，以便保持人物角色的表演和演唱的一致性。一般我们采用的是佩戴数码录音笔结合专业数码摄像机进行采集，按照三机位方式，我们提前在场地布置好机位，从多角度对傩的仪式表演活动进行再现。

通过设备采集到的音频数据需要利用数模转换器数字化，在通过数模转换器播放出来，这一过程由声卡来完成。这一过程直接影响到音频的质量，总的来说，质量好的音频文件越大，所需要的储存空间也越大。所以我们在对这些唱词唱腔的数字化处理时，通常考虑后期的利用来选择合适音频质量，比如对一些重要的唱腔和精彩的腔调可以追求高质量的数字化音频文件，一般叙事性的声音就可以采用一般的音频质量，以便于存储和今后的传播共享。

三 表演仪式的数字化展示

对表演仪式活动的数字化展示，就是采取二维、三维、人机交互等形式对傩仪表演活动中的场景、人物角色、唱词唱腔进行数字化获取，对仪式活动相关信息如仪式活动的目的、时间、地点、内涵等进行搜集，通过数字手段融合在仪式活动的数字化资源中，按照场景、人物、唱腔进行分类建立仪式表演的数据库，对数据资源进行相关的知识注释讲解。最后，通过三维建模虚拟场景等软件开发仪式活动的展示平台，对傩的仪式活动内容、人物角色唱词唱腔进行集成展示。

仪式表演活动的数字虚拟展示涉及数字化的技术规范、数字化技术、数字化资源库和数字化的展示平台等部分。数字化的采集技术规范对仪式活动的相关信息进行全面认识和采集，包含与之相关的时间、地点、表现形式、原因、表现方式等进行了规范的采集和归类整理；数字化技术是对仪式活动、人物角色、唱腔等资源获取而采用的技术手段；数字化资源库是为了将获取的数字资源进行搜集整理分类存储，便于资源的共享；虚拟展示平台就是将获取到的数字资源采用最优化的展示方式，包括文字介绍、人机交互，从多维度进行数字展示呈现，如图 5-5 所示。

图 5-5 虚拟展示网页界面

关于要运用到的数字化技术在第一节有专门的阐述，对构建虚拟的数字化展示平台在第六章节有详细阐述，在此也不再赘述。本部分重点介绍了数字化的技术采集标准，以及介绍了如何运用相关知识和数字技术对仪式活动的场景、人物角色、唱词唱腔的数字化的方法，为后期的展示、交互利用提供数字资源和技术可能。

第三节 傩文化实物的数字化保护

傩文化的实物包括书籍文本、面具、服饰、道具、法器等，这些实物见证了傩文化在特定时期和特定地域中发展演变的历程，记载了当地民众在傩文化活动中的方方面面，为傩文化遗产的认识和了解提供了重要的"活"的价值。但是，随着时间的流逝和外来文化的冲击，这些"活"的见证物不断遭到损坏或丢弃而逐渐消失。课题组在实地调研中发现，一些书籍文本由于受潮导致字迹模糊不清或被鼠咬虫害导致破损严重，一些面具、服饰、道具等由于保存不当导致毁坏严重，特别是有些傩面具，融入了工匠精湛的雕刻技艺，一旦被毁坏，毁掉的就不仅仅是面具，还有工匠虔诚的信仰和精湛的工艺。因此，这些实物道具都属于不可再生资源，一旦被毁坏就无法再恢复，特别是一些民间工艺一旦遭到破坏就没法再还原。如何采用新的技术、新的手段将这些实物道具永久保存是目前迫在眉睫的问题。随着数字技术的发展和应用，已经为我们长久保存这些傩的实物道具提供了技术可能。对傩的实物道具的数字化更重要的是获取这些实物道具的信息数据，建立数据模型，实现物体的三维呈现和虚拟真实展示，同时，为这些实物道具的修缮复原提供准确的数据和模型支持。当前，我们可以利用文字录入技术、三维扫描技术、虚拟现实技术等数字技术对傩的实物道具的三维信息、文字信息、图像信息等数据进行获取、数据处理储存、建立资源库，以实现网络共享，达到长久保存和实时分享。

一 书籍文本

在土家族地区散存大量的关于傩文化的书籍文本，这些书籍文本记录了傩的活动的大量信息，但由于年代久远和保存不善，部分书籍文本损坏严重，如何将这种不可再生资源转换为再生资源进行保护，数字化技术的发展为我们提供了技术支持，"数字化保护是一种高级的再生性古籍文献保护方式，由于这种经过数字化处理的古籍文献具有无限复制、永久保存、无纸化文献、绿色环保文献、网络传播、远程传送等诸多优势，如果再加入开放获取的因素，则又具有了合法使用、免费获取、共享利用、开放存储、零成本文献的优势"①。对傩文化的实物载体，如书籍文本进行数字化，既有利于对傩文化的再生性保护，还有利于开发和利用。在具体的实践中，我们对土家族地区傩文化活动中书籍文本的数字化，主要采取的是文本数据的录入、OCR 识别技术的应用、数字资源的存储和应用等环节。

（一）数据录入

对书籍文本的录入主要有文字录入、扫描或拍照录入等方式。选择哪种方式要根据实际情况而确定。我们在实地考察中发现，大部分书籍由于储存和使用的时间较长，多数书籍出现破损残缺、皱褶裂痕，同时易脆易碎，部分不适合撤装扫描，一旦撤装后就难以复原，这种书籍文本就不适合平板扫描或拍照扫描。但有些书籍需要保持原样，比如手抄本，需要对誊录人的笔迹、文本的页面、字迹、装帧等进行原样保存，就需要采用扫描或拍照得到图像文件进行原样保存。

1. 文字录入

文字录入是通过人工对书籍文本的文字进行识读后再用电脑键盘输入文字，最终结果是数字化的书籍文本，这种数字化的文本文件较小，便于存储，因为是纯文本格式利于检索查询，人工录入的方式主要是以纯文本的形式存储在介质上，在检索系统的支持下能对这些书籍文本进行逐字逐句的全文检索。但录入的难度也是相当

---

① 韩晶：《新疆古籍文献资源数字化保护探析》，《图书馆学刊》2015 年第 11 期，第 59—61 页。

大的，首先要有相关的知识背景和对文字识别能力，其次，需要耗费大量的时间、人力和物力。虽然数字化的文本保存了书籍原有的文字信息，但与原籍相比，失去了原籍的原貌，部分内容可能失真，可以说，文字的录入是一种再生性的二次文献，给文献的考证带来诸多的困难。比较而言，我们可以通过平板扫描仪或照相技术将书籍文本转化为数字图形进行储存，再利用OCR技术进行文字识别后便于检索查询利用。

2. 扫描或拍照录入

扫描或拍照录入都是对书籍文本采取图像获取的方式进行采录。目前，高精度扫描仪和数码相机的广泛应用，特别是数码相机的广泛普及，可以方便我们随时随地对搜集的书籍进行拍照快速采录，进行数据获取。

在具体实践中，对一些便于撤装、能展平的书籍页面，我们采用得较多的是用平板扫描进行录入。因为，平板扫描仪是一种接触式的扫描，我们只要将文本的页面展平贴在扫描窗即可，操作方便，能较好还原页面内容，可以得到高质量的文本图像，是目前用得较多的扫描方式。扫描方式主要分为灰度扫描和彩色扫描，灰度扫描主要用于文字书籍，而彩色扫描主要是对一些有彩色插图的书籍进行扫描。在具体的扫描中，首先我们要根据需要扫描的书籍选用灰度或彩色扫描方式。其次我们还要对扫描的参数进行设置，如扫描精度、色彩对比度、位深度等都要根据用途进行调整，一般用于发布的图片分辨率在150dpi即可，永久保存的文字图片最好达到300dpi以上。最后，对扫描的图片用图像处理软件进行调整处理，改变亮度，调整文字画面的对比度，增强图片效果，使字迹更加清晰，便于识别。

而以拍照的方式进行录入，主要是针对一些不便于撤装和压平的书籍而采用，特别是对一些破损严重、装帧复杂的书籍文本采用拍照式的方式进行录入，就具有很大的优势。由于不需要对扫描的书籍文本接触，也不用撤装书籍，因此，对书籍文本不会造成二次损坏。但由于属于拍照，实质就是以照片的形式保存下来，因此，在拍摄时要注意环境、光线对拍摄的图片造成的影响，同时还要掌握一定的拍摄技术，尽量使拍摄的图片呈现正常的颜色，还要保证页面的文字不变形。

3. OCR 识别技术的应用

OCR（Optical Character Recognition 光学字符识别）就是将图像信息还原成文本信息的一种自动识别输入技术，即通过对文本资料进行扫描采集，再对扫描得到的图像文件进行分析识别处理，获取文字信息的过程。一般通过扫描或拍照得到的是书籍文本的图像文件，不能实现编辑和检索等功能。为了对获取的文本的图像文件实现诸如编辑、处理以及检索等功能，就必须将这些图像文件转换为可编辑可处理的文本。通过 OCR 技术将图像文件进行识别自动提取为文字信息，可以文字信息进行编辑、处理，提供检索服务，实现书籍文本的全面数字化，以便再次开发和利用。

在具体的实践中，由于 OCR 的识别率很大程度取决于图像文件的亮度和对比度，因此，我们在 OCR 识别前，尽量利用图形图像处理软件对文本的图像文件进行参数的调整，调整对比度和亮度，以提高其识别率。另外，由于部分书籍年代久远或保存不善，造成严重残缺破损，我们通过扫描或拍照得到的文本图像图片，就可能不是完整的页面，通过 OCR 识别得到文字信息不全面，这就需要人工标识出来，尽量保持原貌。

OCR 识别率很大程度取决于扫描或拍照得到文本图像资料的质量，完全靠 OCR 识别技术来对文本图像转换为文字信息是不可行的，特别是我们在土家族地区搜集到的很多傩的文本资料大多都是手抄本，同时破损也非常严重，部分字迹不清，靠图像扫描与 OCR 识别的方式行不通。因此，需要手工录入的方式进行加工、核对。

总而言之，不管我们对书籍文本采用那种数据录入方式，都要根据我们搜集到的书籍文本资料而确定。对部分手抄稿或者字迹模糊不清的文本最好采用人工录入的方式，但对一些有价值的书籍文本，如果通过手工录入文字信息，就失去了书籍文本的原貌，丢失了文本背后的信息，特别是傩祭傩仪活动中使用的手抄本，既保留了誊录者的笔迹、版面等信息，文本中还有大量的手决、画符，仅靠手工录入的方式，是不可能全面记录这部分文本的信息的。因此，为了保持原貌，体现其原真性，同时，为了全面记录书籍文本包含的信息，保持书籍文本的原汁原味，我们最好采用基于图像格式的扫描或拍照等方式进行录入，保持书籍文本的原貌。

（二）构建资源库

对书籍文本数字化的目的就是要使其书籍文本的文字信息资源能共享、能利用，不仅是解决对书籍文本等数字资源的存储和保护，还要方便查询和检索，能阅读、复制、传递、研究和利用。数字图像不仅解决了当前的存贮和保护问题，而且也解决了长期的存贮和保护问题。此外，它们还易于使用、传递和共享①。其实，我们在对傩的书籍文本进行数字化获取的同时，对这些在数字化资源的存储和备份就开始了。一般的文本占用的空间比较小，而扫描或拍照得到的文本图像占用的空间就比较大，为了便于传输和利用，就要组建合理的存储系统，以达到有效的存储和备份，提高资源的使用性能。

随着 RAID（Redundant Array of Inexpensive Disks）技术的广泛应用，一般我们采用 RAID 技术对书籍文本的数字资源进行存储。RAID 技术有两大特点：一是速度、二是安全，是由多个硬盘相互连接组成的硬盘组，数据备份功能确保数据一旦发生损坏后，可以利用备份数据得以恢复，这样就保证了数据的安全性。还可以根据实际情况选择适当的 RAID 级别满足对存储系统容量、性能和可用性等的要求。由于 RAID 磁盘阵列技术比单个硬盘有更强大的存储性和更高安全性，是目前作为数字资源存储的技术首选。利用 DAS（Direct-Attached Storage）系统，该系统属于直连式存储的连接方

---

① ［美］克里弗德·埃·莱恩茨、［美］艾德温·比·布朗利格、高天：《书籍保护和数字化》，《晋图学刊》1988 年，第 74—76 页。

式，比较适合书籍文本资源的存储。在传输性能方面，近年来随着USB 传输速度越来越高，USB3.0 已被广泛采用，同时，USB 接口还支持即插即用和热插拨等功能，由于在传输方面的优势，为文本资源特别是文本图像资源的传输存储以及共享方面都提供了很大的便利。

因此，我们将采集到的傩的书籍文本的数字资源进行分类存储，建立数字资源库，一是对这些书籍文本，诸如手抄本、刻本、套印本、批校本等文本资料的数字化保护，二是便于对这些资源的深度开发和再次利用。

二 面具脸谱

土家族地区的傩戏面具最具特色，在当地被称为"戏脸子"或"脸壳子"，土家人认为带上脸壳子就是神，脱了脸壳子就是人。在文化传承的历史长河里，凝聚了道、佛、巫等多种宗教文化，融合了土家族的原始宗教信仰和民风民俗，形成了独具特色的民间艺术，可以说，土家族傩面具是土家族傩文化中最具代表的象征符号，不仅是民族、宗教、文化、艺术的缩影，还是民间工艺的精湛展示。这些品种繁多、造型各异的傩面具不但是傩仪、傩祭中的道具，还是民间高超技艺的反映，不仅代表了土家族人民的信仰追求，还反映了土家族人民勤劳智慧的结晶，因此，通过对傩面具及傩戏脸谱的数字化，可以很好地保护这一宝贵资源，还可以很好地丰富傩面具以及傩戏脸谱的传承内容。

（一）构建数字化的采集规范

土家族地区的傩戏面具种类和数量都繁多，根据风格和角色大致分为三类，即正神面具、凶神面具和世俗神面具，包含了文、武、鬼、神、僧、道、丑，男、女、老、少以及动物等大约有五六十个角色，而且在各个地区同样的角色都会有所不同。以课题组在土家族地区搜集到的"山王"的面具为例，大体都为龙头造型，耳上一双耳翅高立起，头上是交叉大角，眼睛和下颚被做成活动的机关，演出时演员可用舌灵活操控。但由于雕刻的工艺不同，制作的精细度不同,都会有所差别(如图5-6所示)。

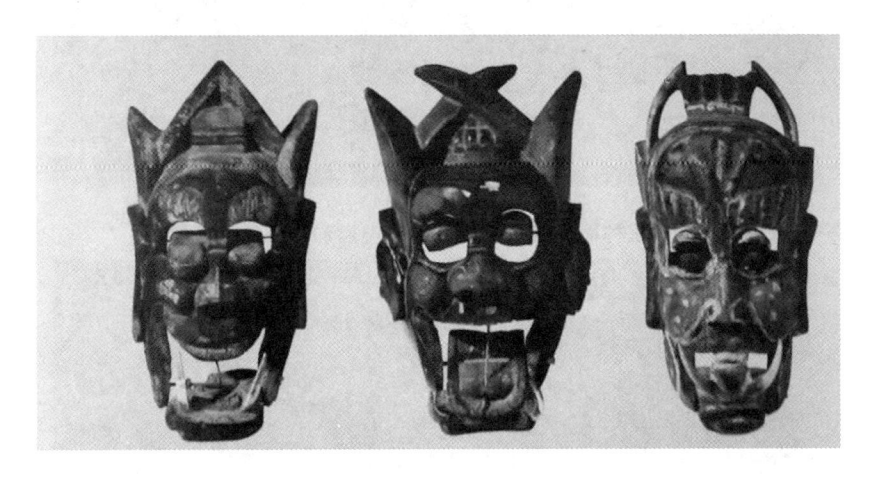

图5-6 山王面具

资料来源:课题组拍摄。

因此,对土家族地区的傩面具进行数字化保护,首先要建立数字化的分类管理,对傩面具所处的地区、种类、角色、造型特征、制作工艺以及功能建立分类体系。以铜仁土家族地区的沿河王家傩戏班为例,课题组考察发现大约有二十面面具,其中正神面具类有笑脸和尚、先锋小姐、地盘土地、唐氏太婆等,这类面具的人物角色大多慈眉善目、和蔼可亲,代表了正义、宽容、慈善和神圣。凶神面具类有山王、开山莽将、二郎神等,这类面具的人物角色大都英武凶猛、豪放不羁、豪爽粗犷的神祇,代表了锄强扶弱、爱憎分明、爱打抱不平的个性,深受老百姓崇敬和敬畏的神祇。世俗人物面具类有甘生、秦童、秦童娘子、撵路狗、唐二等,这类面具多是世俗生活中的人物形象,刻画的都是生活中的普通人,最贴近世俗生活,人物造形夸张、诙谐幽默,最富戏剧色彩(如图5-7、图5-8、图5-9所示)。

图 5-7　正神面具（关羽、先锋、笑脸和尚、傩母、傩公）

图 5-8　凶神面具（勾簿判官、周昌、蔡阳、山王、豹虎）

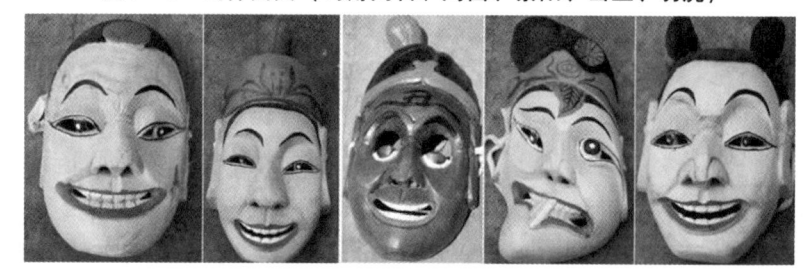

图 5-9　世俗神面具（秦童、甘生、丑角、秦童娘子、撑路狗）

资料来源：课题组拍摄。

其次要建立数字化的采集标准。孙传明在民俗舞蹈数字化技术规范研究中谈道："任何数字化资源在共享、传输过程汇总，必须有一定的数字化标准和相应的元数据保存规范，才能实现有效、统一的资源共享和交流。"[①] 土家族地区的傩面具包含了相关的人物角色，制作的技艺、选用的材质以及表演的人物故事等，为了满足

---

① 孙传明：《民俗舞蹈类非物质文化遗产数字化技术研究》，博士学位论文，华中师范大学，2013 年，第 37 页。

对傩面具及其空间数字化保护的需要,就需要建立一套完善的数据采集标准,以保证完整地采集到傩面具及其相关的数据资源。我们可以参照国家文物局出台的对文物采集的《数码相机拍摄技术标准》[1],以及有关馆藏文物档案影像拍摄技术规范及指标体系[2]等技术规范文献,制定傩面具的数据采集标准,确保采集的全面、规范,实现傩面具的数字化采集和保存的规范化,为后期的虚拟展示、保护利用,交互共享提供可查询的数据采用标准。

(二) 傩面具、脸谱的数字化

对傩面具的数字化,我们可以通过数字设备将采集到的二维、三维图片影像数据,通过图形图像工作站进行处理为数据资源进行存储、展示共享或利用。

对傩面具、脸谱的数据采集,我们可以利用数码相机,将三维造型的面具平面数据化,变成平面的图形图案,然后利用 Photoshop 图形处理软件将面具或脸谱进行图形化,将面具和脸谱的造型描边绘制为图形图案数据进行保存,对面具或脸谱的色彩采用吸管工具来吸取当前的颜色,再通过信息面板上的 RGB、CMKY 数值的调整,真实还原本来的色彩进行保存。对部分破损严重的面具在尽量保留其原貌特征的基础上对其进行修复和还原后,再进行存储保护。通过数码相机拍摄得到的面具或脸谱的数据资源属于平面化的二维图形图案资源,能很好地展现面具或脸谱的造型特征和色彩效果,同时为后期的面具或脸谱的图形创作提供了便利。但因为没能真实地再现面具、脸谱的立体影像,因此,我们也可以通过采集到的平面图形采用数字技术 (如 3d Max 三维建模软件) 来模拟面具的造型,进行虚拟现实展示。

此外,还可以通过三维扫描仪将面具或脸谱进行扫描,获得三维数据。目前采用得比较多的拍照式三维扫描仪,是目前速度快精

---

[1] 国家文物局:《数码相机拍摄技术标准》,2016 年 3 月 12 日(http://www.sach.gov.cn/art/2009/3/30/art_ 90_ 2827.html)。

[2] 国家文物局:《不可移动文物档案影像拍摄技术规范及指标体系》,2016 年 3 月 12 日 (http://www.sach.gov.cn/art/2008/7/8/art_ 90_ 2816.html)。

度高的一种三维扫描设备，主要采用光栅进行扫描，以非接触方式进行工作，这就避免对物体表面的接触，因此，对面具尤其是脸谱的数据获得提供了很大便利，可以将面具翻转测量，从多角度对脸谱测量后再通过系统进行自动拼接，轻松获得360°高精度的测量数据。工作站将获得的数据进行数字图形处理、数字化处理，比如，按照面具或脸谱的原型，采用CAD技术和多种数字化技术手段，模拟构造傩面具或脸谱造型的原型模型。

还可以通过数码摄像机获取傩面具或脸谱的三维影像，配上文字说明、音频解说，可以全方位完整地展示面具或脸谱存在的空间知识，这将极大地丰富傩面具或脸谱的展示语言，提高傩面具或脸谱的艺术感染力。

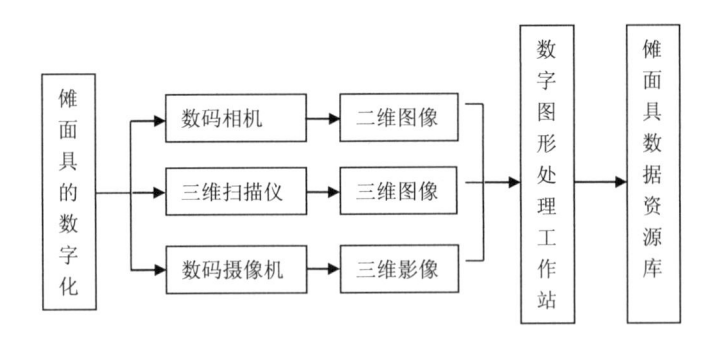

图 5-10 傩面具的数字化

三 表演服饰

在傩的仪式活动中，傩事表演穿戴的服饰是人到神的角色转换的重要纽带，戴上面具穿上服饰就是神灵的化身，揭下面具脱掉服饰就回到了生活中的人，因此，傩的表演服饰在傩仪活动中具有增强仪式感和神圣空间转换的作用。傩的表演服饰有包头布、官衣、披甲、战袍、蟒袍、灯笼裤、筒裙、袍服等傩服饰，除了种类繁多外，服饰的造型也独具特色，在各地有所区别，既有夸张烦琐和张扬狰狞，也有简洁淳朴和平实素净。其色彩同样也丰富多彩，常选用颜色亮丽和饱和度高的色彩，对比炫目、浓艳活泼，其中红、黄、绿色调被普遍采用。服饰的花纹图案也颇为考究，多采用图腾崇拜纹样、自然纹样以及吉祥纹样等图案。通过服饰的造型、色彩等装扮来达到驱邪酬神、娱乐大众的目的。可以这样说，在傩仪活动中，"没有傩面就跳不了傩，没有服饰就唱不了戏"，服饰在傩文化的活动中承担角色的装扮功能，使得表演者脱离世俗的人而成为具有超能力的"神"，实现了与"鬼神"沟通的可能。因此，服饰在傩仪活动中不仅色彩、造型、纹样图案具有特殊的功能，同时还蕴含了民众在傩仪活动中更深层次的追求。对傩的服饰进行保护不仅在服饰的样式和制作工艺方面，还要考虑服饰所蕴含的文化内涵和民众的心理需求。

由于傩服饰这些特殊的功能，当地的老艺人对其保护比较严密而又神圣，与面具一样，一般不轻易拿出来展示或观看，在每次傩仪活动之前都要举行一个开箱仪式才能开箱取用。但由于服饰也是属于最不容易长久保护的道具，据课题组实地调研，年代久远的服饰也很少了，受潮发霉容易受到破坏，不能长久保存。因此，鉴于数字技术的发展和被广泛的利用，就很有必要通过数字技术手段对傩服饰进行数字化采集、处理、保存、展示和共享利用。

（一）构建数字化的采集规范

由于在土家族地区的各戏班制作傩服饰的工艺及造型色彩都有所差别，种类也很繁多，在造型、色彩、纹样以及面料上都各具特色，并且各戏班对每套服饰都有自己的见解，通过服饰的搭配来表现各路神灵的角色。《周礼·夏官·方相氏》有记载："方相氏掌蒙熊皮，黄金四目，玄衣朱裳，执戈扬盾，帅百隶而时难（傩），以索室驱疫"[①]，举行傩祭时方相氏身穿黑衣红裤，手持戈和盾装扮凶神驱逐魑魅。各神灵的衣裳搭配在各戏班都有不同理解，早已不再是明清古傩的"赤帻"（红头巾）、"朱裳"（红裙子）、"绿韠衣"（绿袖套）的旧时装扮了，各戏班在保留神灵角色特征大体不变的情况下，都有自己的服饰装扮规则。因此，对其进行数字化保

---

① 钱玄注译：《周礼》，岳麓书社2001年版，第287页。

护就要建立一套合适的分类采集标准,以保证完整地采集到各地戏班的傩服饰资源,且能共通互用(参照表 5 - 2)。

表 5 - 2　　　　　　　　傩服饰资源的采集规范

	采集内容	采集方式
背景资料	傩服饰所在地域的地图标示	绘制地图标示位置
	戏班情况(分布区域、传承谱系、人员构成)	通过访谈,记录、整理为文字资料
	表演角色(角色分类、角色身份、人物传说)	数码相机拍摄高精度的照片,整理为图像资料,附文字说明
服饰分类	服饰种类(袍、甲、衫、褂、裙、裤等)	数码相机拍摄高精度的照片,整理为图像资料,附文字说明
	服饰搭配(穿戴搭配,颜色搭配等)	数码相机拍摄高精度的照片,整理为图像资料,附文字说明
	装扮装饰(头饰、头巾、臂衣、鞋履等)	数码相机拍摄高精度的照片,整理为图像资料,附文字说明
服饰分析	服饰造型	数码相机拍摄高精度的照片,整理为图像资料,附文字说明
	服饰色彩	数码相机拍摄高精度的照片,整理为图像资料,附文字说明
	服饰纹样	数码相机拍摄高精度的照片,整理为图像资料,附文字说明
	服饰图案	数码相机拍摄高精度的照片,整理为图像资料,附文字说明
制作工艺	服饰面料(有丝、麻、毛、棉、绫、罗、绸、缎、混纺、化纤、皮革等)	数码相机拍摄高精度的照片,整理为图像资料,附文字说明
	制作技术(裁、缝、镶、贴等)	数码摄像机拍摄制作工程,附文字资料
	工艺(染色、刺绣、镶绲、拼贴等)	数码摄像机拍摄制作工程,附文字资料

（二）表演服饰的数字化

对傩服饰的数字化我们可以借助现代数字技术手段，如采用三维扫描、图文输入、全息拍摄、数字摄影等方式对傩服饰的信息数据进行采集获取，将得到的文字、图片、影像、工艺流程等数据资源进行分类，编辑处理转化为数字化格式，进行数据存储，建立一个完整的、系统的傩服饰数据库，实现傩服饰资源的长期保存和再生利用。

具体来讲，首先我们对傩服饰的存在地域、分布情况、服饰的形制、配饰、造型、色彩、图案纹样分类进行采集。主要利用数码相机、数字摄像机、二维三维扫描仪等数字设备对傩服饰的数据进行采集，再利用数字图形图像处理技术、数字全景拼图技术、数字建模以及虚拟现实技术进行数据转换处理，将得到的二维平面图像信息（如服饰样式、图案纹样等）、三维图像信息（如服饰立体造型、角色服饰搭配等）以及影像信息（如角色表演、制作工艺流程等）进行数字化处理转换为数据建立数据库，为傩服饰的数字化保存和利用提供基础数据信息。其次，对采集的数据信息借助现代数字技术进行数字化处理，构建数据模型资源库，建立三维动画展示平台，为傩服饰的制作和工艺流程提供数字化的虚拟现实和模拟还原，为傩文化的数字化记录、传播和传承提供一种有效的解决方法。

在对傩服饰的具体实践中，我们可以采用多种方法进行数字采集。

拍照记录：主要是利用数码相机对服饰的形制样式、图案纹样进行拍摄记录，获取二维的图像信息。拍照时，把服饰展开平铺，对正面和背面都要进行拍摄。尽量采用自然光，确保色彩的真实。

扫描记录：主要是利用三维扫描仪获取服饰的三维图像信息。一般是按照角色搭配合适的服饰进行装扮，再对装扮的角色利用拍照式三维扫描仪对服饰进行扫描，主要从服饰的造型、配饰、色彩等方面进行全方位的获取得到三维图像信息。拍照式三维扫描仪相当于照相测量，通过光栅位移获得物体表面的数据信息，在具体扫描过程中比较费时，因此，不利于傩仪式活动现场的采集。

  手绘记录：主要是通过人工手绘对服饰的形制、造型、图案、纹样进行绘制，这种记录方式比较方便，可以在绘制过程中与艺人进行交流，对获取到的相关背景资料可以随时进行注明，这样的记录方式可以全面了解服饰的相关背景，比如用于什么角色的装扮，服饰搭配有哪些讲究，制作工艺流程等。但这种记录方式需要采集人有一定的绘画基础，才能确保记录的资料大致不走样。

四　法器道具

  在傩的仪式活动中，通过艺人们唱诵、动作表演，配合锣鼓乐器，营造森严鬼魅的气氛，装扮的神鬼在鼓乐声中奔腾呼号、跳跃冲杀，模拟各种动物手舞足蹈，与驱鬼驱邪的祭祀仪式结合，祈求人畜平安、风调雨顺、缅怀先辈、与人为善。在傩的祭祀仪式活动，除了面具脸谱、书籍文本以及服饰外，还有就是配合仪式需要用到的法器以及乐器，比如仪式中用到的乐器就有锣、鼓、镲子、钹、牛角、司刀、令牌、卦等法器，这些法器具有多方面的功能，锣鼓之类的响器主要是用在颂唱中来伴唱，其他道具载体如牛角、司刀、卦卜、令牌主要用来和神灵进行沟通。

  因此，对这些道具法器进行数字化保护，一方面是对年代久远遭到破坏的道具法器通过数字技术修复还原；另一方面是对现存的法器道具进行数字化采集，转换为数据资源进行存储保存，以供交互共享和展示利用。

  在具体实践中，一般我们按照对法器道具进行搜集分类登记，再进行数字化采集、处理和存储，建立法器道具资源的数据库这样的一套数字化流程。

  首先，参照相关采集规范进行分类记录采集。对土家族地区傩文化中留存的法器道具进行拍照登记记录，我们按照法器道具的分布地域、采集时间、法器道具的外观图（含六个面）以及用途来进行分类图文记载，目的是便于建立数字档案，为土家族地区散存在各地法器道具的信息能查询、共享,为今后的开发和利用提供准确的信息。

其次,对法器道具进行数字化。我们可以利用二维扫描设备、三维扫描设备、数码高清摄影、三维数字建模等技术,对法器道具的外观形状、纹理结构等信息进行高精度采集,对采集的数据进行数字处理和存储,还可以利用图形图像处理技术对遭到破坏的道具进行数字修复,恢复原状后再进行保存。

平面类的道具如傩神像、沟通神灵的书文画符等平面的图文道具,我们一般采用数码照相机或平面扫描仪获取二维数据图像,然后利用数字图像处理技术对获取的图像进行处理和格式转换为可存储的二维图形图像资源。而对实物道具如锣鼓、牛角、令牌、竹卦等法器,我们可以采用三维扫描进行三维数据获取,再通过虚拟现实技术进行数字建模、虚拟复原。

最后,建立傩法器道具的数字资源库并进行虚拟展示。对法器道具进行三维建模虚拟复原的数据资源存储于数据库,不仅可以提供虚拟展示,还可以查询共享、开发利用,既可以永久保存,也可以实时点击观摩。用数据虚拟展示代替实物的模式,避免了在频繁的观赏和使用过程中对这些实物道具的损害。比如,在湖北省博物馆就有两千多年的古文物乐器——曾侯乙编钟的虚拟演奏展示系统,采用的是"基于体感交互技术的3D虚拟编钟演奏系统"进行开发,人们可以用肢体动作与数字设备互动进行编钟演奏,把几千年前的文物搬进博物馆,人人都可以对着屏幕敲击编钟进行演奏[1],对傩仪式中的锣鼓响器也可采用这种数字技术进行虚拟并交互体验,既可以让人体验一下傩仪式活动中的唱腔和锣鼓配乐互动的氛围,还可以通过把录制的曲谱转换为数据,再结合三维图像和影音视频进行交互展示体验。

---

[1] 《长江日报》:《在家也可以"演奏"编钟》,2016年3月16日(http://cjrb.cjn.cn/html/2014-08/14/content_ 5356765.htm)。

第四节　民间传说故事的数字化保护

在土家族地区，关于傩文化的民间传说故事丰富多彩，其中傩文化的表演傩戏中的节目大都来自神话传说、民间故事和神话小说。比如，傩戏中除祸消灾、驱邪保平安的祭祀剧目有《跳小鬼》《引兵土地》《开路将军》《勾薄判官》等，取材于神话传说的剧目有《桃山救母》《降孽龙》《钟馗斩鬼》等，取材于历史题材的有《关云长斩蔡阳》《杨家将》《桃园结义》等；更多地则是取材于民间故事，如《甘生赶考》《审捅》《安安送米》《傻二赶场》《王大娘补缸》《郭老幺借妻回门》等。这些民间神话传说故事都是以人和神的关系为主题，讲述了从神性到人性的转换，从幻觉世界到现实生活的回归，具有鲜明的宗教祭祀、娱乐和教育的功能。特别取材于民间故事的傩戏剧目，具有扬善惩恶，喻世醒人，泄导人情，德教化民的教化功能，这些贴近生活、贴近百姓的具有浓厚民俗文化色彩的民间艺术形式，反映了老百姓的精神需求，是老百姓在生活中不断创造和发展的精神食粮。但随着现代化进程的加快和城镇一体化建设的快速推进，人们物质生活和文化水平都在不断提高，特别是遭受外来文化的冲击的情况下，这种带有巫术性质的文化活动已经不能满足当地老百姓的需要，加之老艺人的相继离世，一些传统剧目和表演形式正逐渐消失，这些带有浓厚宗教色彩的神话传说和劝人为善、警世醒人的民间故事也面临失传和消失，对傩文化中的民间传说故事进行保护和再现就显得尤为必要，我们可以利用数字技术对这些民间故事进行数字化采集、数字化编排、数字化讲述、情境交互体验，创造编排等，从而达到数字化保护和再创造、再利用的目的。

对傩文化中的各种民间传说故事进行数字化保护，可以借助数字技术进行故事编排，使用数字化故事编排技术与讲述技术（Virtual Storyteller）结合，把民间神话传说故事与数字技术结合，通过图片、声音、视频、动画创造一种虚拟环境，在虚拟环境中，受众参与交互体验，互动创造，并通过多媒体进行网络发布。

在具体的数字化实践中，我们对傩文化中的民间传说故事进行数字化保护，主要从以下几方面进行。

一 数字化记录和采集

目前遗存的关于傩文化的民间传说故事除了文献有记载外，大都靠口头流传而保留，这种口耳相传的方式就难免会加上讲述人的诸多主观因素，导致在各地区都会有不一样的故事样本。这一方面，每个地区的风俗习惯和民俗信仰都有所差别，人们往往会按照当地的信仰习俗来加工这些故事题材，以便更适合当地人们的精神需求。另一方面，故事讲述人往往会根据自己的经验和主观因素来"添枝加叶"进行再次创造，反映当地民众对生活的期盼和教化的需要。

对这些民间传说故事的数字化采集，我们除了用文字记录以外，还可以借助现代的数码摄像、数码录音进行语音采集、神态捕捉。数码录音，能完整地把口述人的语音、语调、语气记录下来，甚至在讲述到一些关键的地方时，可以通过口头叙述的语气语调表达出来。同时，通过录音设备记录口述人的语气语调，能反映出口述人对这些民间故事的爱憎和喜恶，能感受到这些民间故事在当地老百姓心中的价值取向；数码摄像能完整地记录口述人的一颦一笑、皱眉咂舌的各种微妙表情，甚至复杂的眼神，能增加口述材料的证据分量。这也为我们后期对这些民间故事的数字化编排和数字化讲述取得了原始资源和可靠资料。

利用数字影音影像设备对傩文化中的民间传说故事进行采集，可以从各方面，比如，小到对讲述人的语音语调，神态动作，语气情绪等，大到对讲述人所处的生活环境，风土习俗等，进行全方位的记录和采集，以便尽可能地原生采集，完整记录，为后期在数字化处理时，保证其在原生文化内涵的基础上进行数字化故事的呈现、创造和利用。

二 数字化编排和讲述技术的应用

随着数码相机、数码 DV 的普及，以及多媒体处理软件的流行，我们可以将傩文化中的民间故事通过图片、声音、视频、动画与网络发布等方式结合起来，使受众能身临其境，感受到故事情节氛围，加深对这些故事内容的理解。数字化编排和讲述技术可以整合传说民间故事中的图片、视频、录音等素材，通过对故事的情节编排和讲述，使人们能够根据需要对故事进行互动，利用生成的人工智能虚拟场景，增加故事的感染力和说服力。一般来说，我们采用数字编排和讲述技术对傩文化中的各种神话传说故事进行数字化编排和讲述技术处理，通常采用以下步骤。

1. 准备素材

通过田野考察传承人的讲述或文献搜集对傩文化中的各种民间传说进行数字化采集和记录，获取原始素材。

2. 题材加工

对所准备的故事情节进行筛选和提炼，突出故事的思想主题，思考要对故事进行怎样的结构安排以便更好地体现这一主题。

3. 撰写脚本

根据故事的情节和内容来撰写脚本，可以根据讲述人的录音进行整理。

4. 选取素材

根据故事的结构安排和脚本的需要，选择与主题密切相关的图片、文字、视频、音频和动画，可以利用提前用数码相机或 DV 拍摄的素材，为制作做好充分的准备。

5. 创建数字故事

把选择好的各类素材，运用数字化故事制作工具（iMovie 或 Photo story）制作成完整的傩文化数字化故事。把制作好的傩文化数字化故事通过网络等方式跟他人进行分享。

我们也可以利用会声会影制作数字故事，由于会声会影采用分步方式，具有捕获、编辑和共享视频的优势，能提供上百种转场效果、专业的字幕制作功能和简单的声音轨创建工具，简单易学，创建快捷。一般通过前期拍摄的数码影音影像视频文件作为素材导入，再将视频文件进行捕获修整，排列顺序，应用转场、添加覆盖、增加动画标题、旁白和配背景音乐，就可以快速地制作出一部精美的数字化故事作品。

目前，用数字技术建立的《西厢记》网络展览馆，是采用数字多媒体技术来诠释中国传统文化中做得比较成功的一部作品。在这部作品中运用数字图像、三维成像、电子书等数字技术手段对《西厢记》故事的数字化编排和讲述，其中电子书上显示的木刻版画，留声机里演唱的京韵大鼓，老旧收音机里播放的苏州评弹，香港电影资料馆里翻出来的无声电影《西厢记》，三维成像制作的戏曲演员表演昆曲，一步一景地把几百年来在舞台、电影、书斋中的《西厢记》图像一一重现，让人久久回味[①]。将中国的爱情经典故事运用虚拟现实技术、三维图形成像技术、网络多媒体技术、交互娱乐技术等手段进行数字技术的处理，网络化、虚拟化、数码化地呈现在受众面前。

因此，我们也可以利用数字化编排和讲述技术，把傩文化通过故事编排和讲述，结合图片、视频、影音、动画交互以三维立体的方式呈现给受众，既是对傩文化中的各种民间传说故事的数字化保护，同时还可以为大家提供一个学习、交流、互动、传播的平台。

第五节　本章小结

本章主要探讨的是如何利用数字化保护技术对土家族地区傩文化开展数字化保护。在对傩文化数字化保护应用中，一般要运用到数字化采集和存储技术，对傩文化的文字、图形图案、声音影像进

---

① 《长江日报》：《数字〈西厢记〉展视听奇观》，2016年4月4日（http：//news.cnhubei.com/todaynews/hw/cjrbszb/201003/t1005007.shtml）。

行数字化采集和存储。再通过数字化复原和再现技术，对傩文化遗产和损坏的文物进行数字化修复还原、三维扫描和数字虚拟再现。最后通过数字化的展示和传播技术，主要对傩文化采用故事编排与讲述、计算机动画与虚拟现实，进行网络多媒体交互展示和传播。利用以上数字化技术来完成对傩文化的数字化保护和传承。

在具体的数字化应用中，主要通过对土家族地区傩文化的传承主体、存在形态、实物载体以及傩的民间传说故事进行数字化保护。利用信息空间保护理论和数字化信息技术手段构建一个数字化的文化生态空间环境，对傩文化进行全方位、多维度的数字化展示和保护，传承和发扬。

傩文化的保护与传承的主体是人，人在傩文化活动中具有很重要的作用，对传承人的数字化保护，正是对傩文化"活态"保护的关键。通过对传承人信息的全面的数字化采集、处理、存储，全方位展示傩文化生存空间，是对传承人进行数字化管理和保护的重要途径。对传承谱系，传承人的口述资料、传承人的影像资料进行数字化采集和存储保护，建立傩文化传承人的资源信息保护系统，是对土家族地区傩文化进行数字化保护和传承的重要环节。

傩文化的存在主要是通过各种仪式活动、傩戏表演进行呈现，这种民间自发的仪式活动正是傩文化保护中极为重要也是难度较大的环节。通过数字化技术对傩文化仪式活动空间进行采集、虚拟再现，对仪式活动中的人物角色进行数字化三维扫描、数字化构建、虚拟合成，对仪式活动中的唱词唱腔进行数字化采集、音频编辑处理，再利用三维建模虚拟场景等技术对傩文化的仪式活动、表演角色、声音图像进行全方位的集成展示和综合保护。

傩文化的实物载体包括书籍文本、面具、服饰、道具和法器等，这些实物道具属于不可再生资源，通过数字化技术进行数据信息的获取，进行三维修复还原和虚拟展示，建立数字信息资源库，达到对傩文化实物载体的长久数字化保护。

傩文化的民间传说故事是傩文化得以发展和演变的源泉，对这些民间传说故事的数字化记录和采集、数字化编排和讲述，能展现傩文化生存的原生环境，以达到对傩文化进行数字化保护的原生性、民族性和地域性的目的。

总之，土家族地区傩文化的数字化保护主要在于对传承人的数字化保护、对仪式活动和表演空间的数字化保护、对实物载体和各种民间传说故事的数字化保护等。通过实践证明，利用数字化技术能为傩文化的保护、展示、传播提供更为宽广的空间，是对傩文化采取数字化"活态"保护的主要手段，是能跨越时空、拓展范围、延伸时间、丰富内涵的重要技术手段。

第六章
土家族地区傩文化的数字化传承与实现

傩文化是一种远古的原始文化，是中国传统文化的一个重要组成部分，是我国历史长河中一个非常重要的具有区域性民族特征的文化现象。20世纪80年代初期，傩文化的保护和传承并未获得应有的重视，而且一度被视为封建文化残余。近年来，傩文化遗产保护才蹒跚起步，但是，现存傩文化残缺部分的修复、复原非常艰难，加之现代化进程对傩文化的冲击，傩文化正处于慢慢被遗忘的窘境。

按照《中华人民共和国文物保护法》[①]和《国务院办公厅关于加强我国非物质文化遗产保护工作的意见》（国办发〔2005〕18号）[②]的要求，当前，利用先进的多媒体交互技术、数据库管理技术、空间信息展示技术等技术对傩文化遗产的资料进行系统的收集、科学的建档、全面而形象的展示，已经成为大势所趋。因此，充分利用现代信息技术实现傩文化遗产的数字化传承，可还原其内涵，扩大其影响力，为其健康、可持续发展提供坚实保障。总的来说，我们运用以大数据技术为代表的技术手段建立一套傩文化遗产的信息化保护和传承机制，并以此为例，来体现傩文化的历史特

---

① 《中华人民共和国文物保护法》，《中华人民共和国全国人民代表大会常务委员会公报》2012年第6期，第638—648页。

② 国务院办公厅：《国务院办公厅关于加强我国非物质文化遗产保护工作的意见》，2014年7月30日（http://www.gov.cn/gongbao/content/2005/content_63227.htm）。

点，并使其图文并茂的展示，为傩文化的数字化保护和传承提供理论基础和应用示范。

第一节 傩文化的数字化传承原则

傩文化经过多年发展已形成一个较为完整的文化系列，包括傩祭、傩戏、傩画、傩具等文化遗产，因此，按照《中华人民共和国非物质文化遗产法》[①]的要求傩文化遗产的数字化传承务必按照国内外已达成共识的交互性、传承性、可执行性等原则。

一 本真性原则

本真性是国内外一致认可的文化遗产评估、保护和传承的首要原则。傩文化遗产数字化传承必须以本真性作为基础和重要原则，这就要求在收集和整理傩文化遗产时，要确保其真实性，同时对其进行价值鉴定。这不仅有助于帮助了解傩文化的意义，也有利于在遵循世界文化遗产保护的前提下，探索出一条符合傩文化现实状况和傩文化特征的保护的体系。

二 完整性原则

随着文化遗产内涵持续发展及保护的不断延续，学术界已然意识到，对理解文化遗产在艺术、审美、科学等方面的价值，通常与其所处的历史背景与地理环境之间紧密关联，而正是为了保护这种无法分割的联系，遵循文化遗产保护的完整性原则才显得尤为重要。运用数字化这一重要手段保护傩文化遗产的完整性，不仅仅是保护的客观要求，更是要利用数字化将傩文化遗产的价值更完整地传承下去。是以，完整性是傩文化遗产数字化传承必须遵守的重要原则。

---

① 《中华人民共和国非物质文化遗产法》，《中华人民共和国全国人民代表大会常务委员会公报》2011 年 2 月 1 日，第 145—149 页。

三 交互性原则

信息系统的交互式设计能有效辅助用户实现对于相关信息的选择,人机交互性是其最重要的特性之一,可以说,创新交互性设计能给予用户全新的互动式体验。例如,在韩国的首尔市街头,人们可以通过触摸式的显示屏观看城市实景图片和城市形象,为人们带来了全新的用户体验,强烈地吸引着人们亲身尝试,而这一方式已被欧美国家纷纷效仿。

傩文化遗产数字化的一个主要目标就是充分利用信息交互手段吸引人们关注和体验傩文化,提升人们对傩文化的兴趣和保护意识,能够使傩文化的传承和传播得到更好的发展。是以,交互性是傩文化遗产数字化传承研究中必须遵循的又一个重要原则。

四 可持续性原则

近年来,全世界已从聚焦经济的可持续发展,到逐渐开始重视文化遗产可持续发展的重要性。在对可持续发展的基本概念、内涵以及基本原则理解的基础上,结合傩文化遗产数字化保护、传承、传播与共享的具体内容,我们认为傩文化遗产数字化传承必须遵照可持续性的原则,即通过更好的数字化资源、更好更先进的技术支撑持续且更加有效地服务于广大人民群众。

第二节 大数据背景下文化遗产的数字化传承

中国工程院倪光南院士就曾在2013年指出:"大数据时代已经来临。"[①] 2014年3月,大数据首次被写入《政府工作报告》。大数据使各行各业都发生了深刻的变化,给非物质文化遗产的保护和传承也带来了新的契机。

---

① 倪光南:《大数据的发展及应用》,《信息技术与标准化》2013年第9期,第6—9页。

目前，大量的机构都在对各类非物质文化遗产开展数字化信息保护工作，使得这些信息化资源信息逐渐更新和完善。从某种层面上讲，这为我们数字化保护工作准备了一个巨大且大数据性质明显的数据库和数字资源库。然而，如何将大数据技术应用于文化遗产的数字化传承，提高对各类文化资源科学管理和利用水平，已经成为亟须研究的全新课题，毫无疑问，傩文化遗产数字化传承必须面向未来的大数据技术及应用，必须开展极具前瞻性的研究。

一 数字化传承存在的问题

当前，国家层面及学术界都对文化遗产的数字化保护传承工作给予大力支持。然而，我国文化遗产数字化保护和传承存在"重理论，轻实践"的情况，与欧美发达国家的差距较大，主要存在下面几个问题。

（一）我国文化遗产数字化的资源库相对量少、内容不丰富

我国历史文化遗产数量极其庞大，但建设具有大数据特性的资源库所占比例很小。同时，在目前已存在的绝大部分文化遗产信息化资源库中，仅有信息化资源少部分内容的集合，形式大同小异，缺乏独特性的、创新性的内容；信息化资源的显示方式，大部分以静态的文字和图形为主，缺少动态的片段、GIF 动画等引人入胜的交互式方式。从大方向来说，我国文化遗产信息化资料库的存储远远不足，信息不够丰富、呈现形式不够生动。

（二）我国文化遗产数字化资源库的功能极少、利用率低下

已建成的文化遗产数字化资源库普遍存在"重建设、轻使用"的现象，现有资源库基本采用了比较落后的信息化技术，形式单一，缺乏独特的功能，完全没有达到数据交互的效果，无法吸引用户使用。已建成的文化遗产数字化资源库的信息检索功能不够强大或严重缺失，应用功能几乎空白，资源的利用率极其低下，导致数字化资源库的价值不能很好地以网络方式进行传承和传播，更加无法实现产业化和市场化，极大地浪费了现存宝贵的数据资源。

（三）我国文化遗产数字化资源库建设缺乏统一标准、信息孤岛普遍存在

目前，由于我国众多文化遗产资源分布在不同的地理区域，没有一个统一的文化遗产数字化资源库建设标准，而各区域政府的重视程度、经济和科技水平等不均衡，导致各地资源库建设"各自为政"，相互间的合作及共享化程度很低、多地建设数字化资源库类似的情况严重，最终导致资源的浪费。

二 傩文化数字化传承中的大数据思维

（一）学术界率先提出了大数据

国际学术期刊《Nature》于2008年开设Big Data（大数据）专刊，并在全球推出，如图6-1所示。全球著名学术期刊《Science》

图6-1 国际学术期刊《Nature》于2008年在全球首次推出大数据专刊

是全世界最权威的学术期刊之一,《Science》于 2011 年 2 月推出专刊《Dealing with Data》,着重讨论了科学研究中的大数据问题。从此,各界都对大数据产生了极大的兴趣,学术讨论与技术研究也相继展开。

(二) 大数据时代的来临

进入 2012 年以来,随着人工智能、互联网技术的发展和应用,全球范围内数据量迅猛增长,大数据不得不被人们所关注。2012 年 3 月,在美国政府的号召下,大数据首先在美国兴起。2015 年 9 月,国务院印发《关于促进大数据发展的行动纲要》,如图 6-2 所示。所有这些现象显示,大数据时代已经开启!

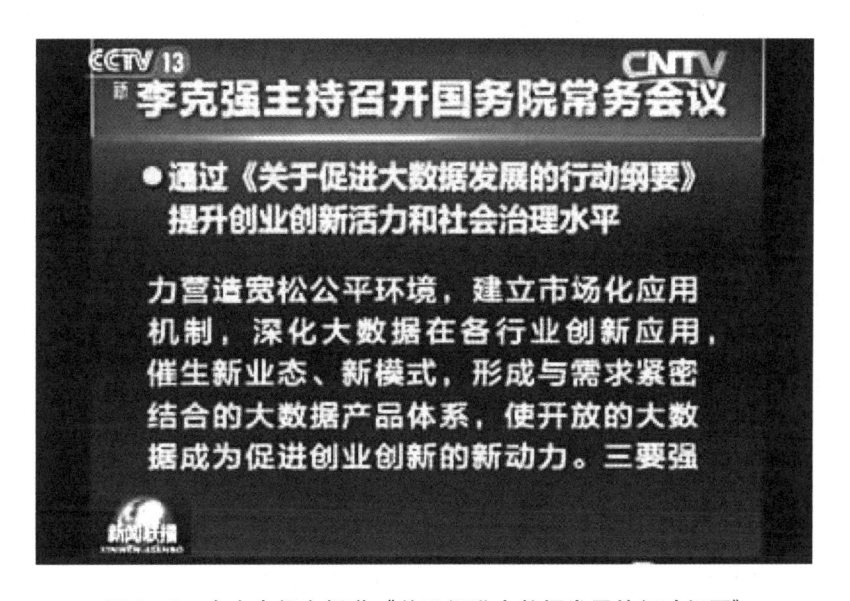

图 6-2 中央电视台报道《关于促进大数据发展的行动纲要》

(三) 大数据的基本概念

对大数据的定义还缺乏统一的标准。美国的 IBM 公司提出:大数据应该具有 3V 特征,即认为大数据具备规模性 (Volume)、多样性 (Variety) 和高速性 (Velocity) 三个特征。规模性指数据量巨大,量级达到 TB 级及 PB 级 (计算机的存储单位:1TB =

1024GB，1PB＝1024TB）；由于具备这些特征，其数据的分析和处理的速度逐渐在加快。在此基础上，4V（Volume，Variety，Velocity，Value）定义对大数据特征进行了形象的描述，已成为目前引用最多的、也最被认可的定义，如图6－3所示。

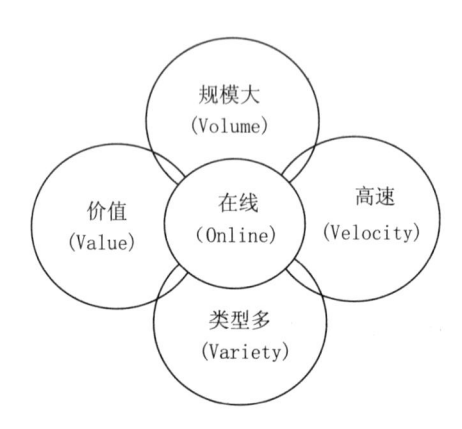

图 6－3　大数据的定义与特征

大数据技术主要包括数据收集、数据存取、基础架构（通常采用云存储）、数据处理（包括自然语言处理、人机对话、人工智能等）、统计分析（主要采用统计学中的数学方法和模型）、数据挖掘、模型预测、结果呈现等。总的来说，大数据技术是将纷繁复杂的海量数据通过数据收集、数据处理、统计分析等，形成具有辅助决策的信息系统。

（四）傩文化遗产数字化传承与大数据思维

"尿布与啤酒"的故事已成为大数据应用的经典案例，如图6－4所示，美国沃尔玛超市将尿布与啤酒（一般认为两者没有关联）放在一起销售，结果使二者的销量同时大幅增加。原来在美国，年轻父亲外出购买孩子尿布觉得辛苦，通常要购买啤酒以慰劳自己。而上述规律是数据挖掘专家从商品销售数据中获得的，以此得到的大数据思维是：在大数据时代，提高数据的利用率，从数据中挖掘经济、社会和研究价值，用数据说话，为决策提供科学支持，为用户提供更好的个性化交互服务。

图 6-4 大数据推荐系统经典案例——"尿布与啤酒"的故事

虽然,"尿布与啤酒"的故事发生在商业领域,看似与傩文化遗产数字化没有直接联系,但案例背后的逻辑和思维方式却对傩文化遗产的数字化保护、传承和传播有创新性启发。例如,在傩文化传承人的传承情况监控方面,可以利用数字化和大数据技术,实现对传承人年龄、生活区域、健康状况、经济、出行频率、遗产的保留情况、爱好人数等数据的收集和分析,搭建多维度的指标评价体系,更加准确全面地了解傩文化遗产的保护和传承形态,并对其未来有可能出现的问题进行预测,实现及时的预警。又如,在傩文化数字化虚拟博物馆建设方面,可以采用大数据技术记录用户访问行为,挖掘并分析用户的偏好,进而向用户推荐其感兴趣的内容(类似于淘宝购物时推荐相关商品的用户体验),如图 6-5 所示,并为

图 6-5 淘宝网等平台对购物者及其偏好的分析

傩文化数字化虚拟博物馆的交互式设计提供科学依据，最终以达到增强人民群众对傩文化的文化认同感的目标，这将有助于傩文化遗产的数字化传承和传播。

总之，大数据既是先进的信息技术手段，又是一种创新的思维。对傩文化数字化传承而言，主要是利用大数据技术的思维来提高傩文化数字化资源的传承形式、扩大其影响力和号召力，并以此来达到服务的目的，从而提高服务质量。此外，也为用户提供傩文化大数据源和深挖傩文化价值。

三　大数据在数字化传承中的应用分析

（一）文化遗产传承数字化数据资源的主要来源

从现有文献来看，文化遗产传承数字化数据来源大致可分为如下几类。

1. 文化遗产数字化的基础支撑数据

文化遗产数字化数据具有海量、多样、复杂、异构以及动态变化等特性，以土家族地区傩文化为例，其数字化资源可以分为文本文献类（如古籍、舆图、信札、奏折、诰命、契约等）、绘画扎染类（如神祇图像、纸扎图案、印染图案等）、传统技艺类（傩神雕塑造像、传统乐器制作、仪式法器制作等）、传承人物类（如影像资料等）、仪式歌舞类（如傩愿戏、傩堂戏、神戏、鬼脸戏等），并以图形、GIF 动图、音频、文字、视频和三维数据等形式显示。可以预见，随着文化遗产数字化、信息化工作的不断深入与完善，相应的基础支撑数据也将不断增长，可以断言，这必将形成文化遗产大数据。

2. 文化遗产信息展示平台产生的用户行为数据

在大数据时代，网络展示平台仅仅统计受众的数量、年龄、所在区域和留言等一般性数据，是远远不够的，无法分析平台观众的心理和行为。把知识性、互动性、娱乐性融合到文化遗产的信息化、数字化平台进行交流；这样不但能够改善与观众交流的方式，同时还可以获取到用户参与的活动，包括他们点评了什么展品、购买了什么物品以及他们访问过的网页。如此便能真实地反映用户的行为，通过大数据分析和智能辅助决策，可以进一步优化文化遗产数字化交互式展示平台。

3. 现如今社交网络平台产生的大量可用于文化遗产数字化资源管理的数据

借助微信、博客、微博等高普及率、高使用率的社交网络平台，文化遗产数字化资源管理方能够积极与公众进行交流与互动，除了扩大宣传，还能收集大量与公众交流互动的、真实而有价值的非结构化数据，如图6-6所示，其有效性远远高于纸质的问卷调查，而且更加经济。

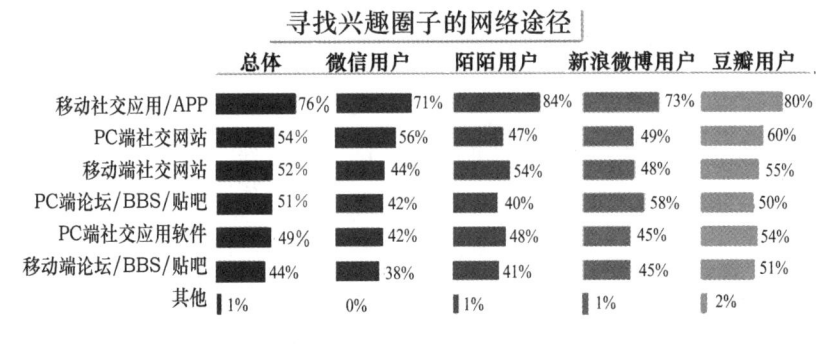

寻找兴趣圈子的网络途径	总体	微信用户	陌陌用户	新浪微博用户	豆瓣用户
移动社交应用/APP	76%	71%	84%	73%	80%
PC端社交网站	54%	56%	47%	49%	60%
移动端社交网站	52%	44%	54%	48%	55%
PC端论坛/BBS/贴吧	51%	42%	40%	58%	50%
PC端社交应用软件	49%	42%	48%	45%	54%
移动端论坛/BBS/贴吧	44%	38%	41%	45%	51%
其他	1%	0%	1%	1%	2%

图6-6 大数据时代人们寻找感兴趣信息的网络方式

综上所述，文化遗产数字化资源管理已经迎来了大数据时代，通过大数据挖掘，能够对用户群体的文化消费特点和偏好进行分析，将有利于更宏观地、深入地了解各类文化衍生产品的社会需求，设计更加个性化的文化产品，从而满足各个人群的需求。而土家族地区傩文化的数字化可以充分借助贵州大力发展大数据的历史契机，对傩文化的遗存进行挖掘并展开数字化保护，以保证其原生文化形态的鲜活性和多样性，以达到对傩文化原生形态的保护和传承之目的。

（二）大数据在国外文化遗产数字化的发展与应用现状

数年前，美国谷歌公司就与以色列博物馆合作开展大数据应用研究，将多份较为完整的死海古卷卷轴的数字化扫描件和数千张相关图片、照片放在网络平台供人们观看、研究，然而，早期只有极少数管理员才能接触这些文化遗产。以"死海古卷"例子来说明问题，近几年它的修复效率之高，令人咂舌，竟可与过去一个世纪数学专家的成果相媲美。可见如今数据处理技术已经发展得很不错。此外，梵高、勃鲁盖尔等世界知名大师画作的智能鉴定精准度已经超过95%。总之，国外在将大数据技术应用于文化遗产数字化方面取得良好的效果，并产生了一定的社会和经济效应，更为重要的是，将大数据技术应用于文化遗产数字化领域还有相当大的潜力可以挖掘。

（三）大数据在我国文化遗产数字化保护领域的研究与应用现状

1. 专家意识到大数据技术在文化遗产保护领域有不可替代的作用

我国已经开展了各种类型的信息化研究工作，然而，在大数据时代，如何发挥大数据的优势，使其融入文化产业中，能够为其提供支持和服务，是当下亟须研究和解决的问题。国家科学技术部高技术研究发展中心在组织开展"国家文化科技创新战略研究"项目过程中已经意识到这个问题，并于2013年10月在北京主办了主题为"大数据技术在文化资源管理中的应用"的西苑沙龙，沙龙邀请了国内研究大数据方向和遗产文化艺术创作等方面的专家学者，深入讨论了把大数据技术作用于文化资源传承的工作中，最大化发挥其技术强项，提高文化资源管理工作的效率等问题。

2. 我国学术界在文化资源管理领域尝试应用数据挖掘技术

数据挖掘是通过搜集各种资料，分析得出其中隐藏的有实用价值的过程。数据挖掘是大数据技术的重要支撑技术，我国学术界已经在文化资源管理领域尝试应用数据挖掘技术并开展相应的研究工作。

陈济民在其名为《基于连续文化序列的史前聚落演变中的空间

数据挖掘研究——以郑洛地区为例》的论文中①，把数据挖掘技术应用在聚落考古的时间和空间问题研究，针对郑洛地区四段连续文化时期的聚落，开展数据挖掘研究与应用，以期发现隐藏在大量郑洛地区文化遗产相关数据中的聚落空间分布特点以及聚落的历史和空间演变规律。

在论文《考古发掘数据处理分析关键技术研究与实现》中②，王华忠针对良渚文化遗址墓葬数据集，提出了一种基于主观兴趣度和客观兴趣度融合的关联规则数据挖掘方法，论文中的实验结果显示：这种数据挖掘方法能够快速、有效地辅助考古研究人员挖掘海量的考古发掘数据，通过分析和研究获得了一系列的规则。

李鹏飞的论文《考古遗址发掘数据管理和分析技术研究与应用》开展两方面的工作③。一是将 SVM 分类法与决策树法应用在考古数据分类探索中，分类假想良渚文化时代古墓主人的社会阶层，实验结果显示分类成效良好；二是开展考古数据相关性的研究，提出以 FP-Growth 算法为基础的关联规则数据挖掘方法的体系架构，论文指出：考古学家可预先选择自己喜欢的数据记录和数据项，有利于很快地找到他们可能喜欢的项集与规则。

李巍在其论文《半结构化数据挖掘若干问题研究》中④，提出一种基于半结构化数据的民族织物图案基因模型和民族图案模型，希望通过该模型为数据挖掘工具提供更多的文化信息，为民族织物图案遗产保护、数字化修复和数字化继承提供理论支持。

在曹瑞的论文《互联网商业信息中的非物质文化数据挖掘及空

---

① 陈济民：《基于连续文化序列的史前聚落演变中的空间数据挖掘研究——以郑洛地区为例》，硕士学位论文，南京师范大学，2006年，第1—54页。
② 王华忠：《考古发掘数据处理分析关键技术研究与实现》，硕士学位论文，浙江大学，2013年，第1—17页。
③ 李鹏飞：《考古遗址发掘数据管理和分析技术研究与应用》，硕士学位论文，浙江大学，2014年，第2—10页。
④ 李巍：《半结构化数据挖掘若干问题研究》，博士学位论文，吉林大学，2013年，第3—15页。

间可视化》中①，对基于互联网的非物质文化信息中文化地理数据的挖掘工作，深度挖掘互联网与特定地域文化间相互作用的关联规律，研究文化景观的耦合度在其历史发展进程中的演变规律。

吴祐昕、吴波、麻蕾在论文《互联网大数据挖掘与非遗活化研究》中②，通过分析非物质文化遗产的网络关注指数，得出一些很有用的结论：一是2006年"白蛇传"搜索量的异军突起主要源于当年热播的影视剧作品《新白蛇传》；二是不同地域的群众更为关注自身所在区域的非物质文化遗产项目，例如，对花鼓的关注最高的是广东地区、滚灯则是四川省最高；三是端午节在中国乃至全球华人聚集区都具有很高的搜索量，而网络搜索量主要集中在每年6月下旬。

总的来说，将大数据技术应用于文化资源管理方面的研究才刚刚起步，还处于小规模、独立的研究状态，绝大多数研究机构仅仅是开展了局部性的探索尝试工作，但不容置疑的是，充分发挥大数据技术的作用和优势，促进文化遗产数字化传承及发展不管是在国内还是国外都认为，傩文化在借助大数据技术的助力下能被更好地保护和传播。

四 大数据为傩文化带来的启示

大数据时代的兴起，当前最关键的既不在于大数据，也不在于与大数据有关的技术，创新思考力才是其主要成分，各行各业都应该学习大数据思考力，将大数据思考力用于生活中，为生活提供科学指导和决策支持。

傩文化遗产资源管理也应当吸收大数据思维，将大数据技术优势发挥到极致。首先，可以利用大数据分析技术，对傩文化的文本文献（如古籍、舆图、信札、奏折、诰命、契约等）和美术绘画

---

① 曹瑞：《互联网商业信息中的非物质文化数据挖掘及空间可视化》，硕士学位论文，河北师范大学，2012年，第1—20页。
② 吴祐昕、吴波、麻蕾：《互联网大数据挖掘与非遗活化研究》，《新闻大学》2013年第3期，第66—71页。

(如中国画、油画、版画等）进行鉴别、修复和分析，提高工作效率。其次，对傩文化的传统技艺（傩神雕塑造像、传统乐器制作、仪式法器制作等）、仪式歌舞类（如傩愿戏、傩堂戏、傩坛戏等）和传承人物类（如影像资料等），可利用大数据技术中的数据挖掘技术，找到被傩文化有关资料掩盖的许多的空间分布规则，时空演变规律；总结出相关关联规则，辅助研究人员和用户快速挖掘出感兴趣的项集和规则。再次，充分利用互联网中的搜索数据，设定相关影响因素来进行大数据分析，可以对傩文化遗产传播度进行关注，进而能够提高传播率，促进傩文化遗产活化。最后，运用大数据技术分析傩文化数字博物馆的用户行为，可优化傩文化数字博物馆的设计和内容，提升其延伸出产品的文化内涵。

第三节 大数据背景下傩文化数字资源管理

（一）我国开始重视在文化资源管理中运用大数据技术

科技部高技术中心于2013年10月举行了以"大数据技术在文化资源管理中的应用"为主题的西苑沙龙，参会专家学者就大数据技术与文化处理的关系达成了共识，并推出了很多新的观点和想法。文化资源管理应当融入大数据发展的历史洪流中，运用大数据技术和思维提升管理水平。具体来说，傩文化数字资源管理需要通过大数据分析来开展劣化机理研究，并把有效资源进行整合，形成傩文化数字资源知识库；运用大数据技术分析观众和游客行为及个性化服务技术，解决傩文化数字资源的服务质量问题。

（二）土家族地区傩文化数字化工作引入大数据技术的必要性

对土家族地区傩文化进行保护引起学术界的重视，同时，通过政府主导和社会广泛参与，建设较为完备的傩文化遗产资源信息库，已经成为大势所趋。基于大数据的时代背景，结合傩文化的自身特点，进行数字化保护时，既要考虑信息技术的成熟度，又要对今后的发展趋势具有前瞻性，因此，将大数据技术应用于傩文化数字资源管理中是十分必要的。

（1）与其他文化遗产类似，傩文化数字资源数据具有海量、多样、复杂、异构以及动态变化等特性，然而，我国现今还没有数据采集及存储的统一标准及规范，如何规范管理及高效利用傩文化数字化资源海量数据，是傩文化数字化保护和传承的关键，因此，傩文化大数据云存储系统的构建是非常必要的。

（2）大数据信息技术赋予傩文化数字化保护和传承新的价值。通过整合傩文化数据，深入数据抽取有效资源，再利用这些新资源实现傩文化数据的实时处理、智能判断和快速决策，可作为傩文化数字化保护、传承和传播的决策支持依据。利用大数据技术，以更加精细和动态的方式开展傩文化保护性工作研究，必将极大地提高傩文化数字化资源利用率和数字化保护水平。

（3）数据整合技术能够最大化促进傩文化数字资源管理效能。在大数据网络共享平台中，数据整合是数据交换处理最常采用的。数据整合是一种逻辑方法，能够保证数据的无差错传输和可靠的信息交换，还能够高效地完成数据筛选和装载等工作。建立一个完整的土家族地区傩文化大数据共享平台，通过数据整合技术，实现数据的多维处理和分析，进而产生综合数据集合效应，能够实现土家族地区傩文化数据价值的最大化。

（4）根据大数据概念建设的土家族地区傩文化综合信息服务平台可与智慧旅游相关平台进行互联，推荐相关历史文化遗产的数据资源为智慧旅游提供支持，并从智慧旅游信息平台中提取用户的互动信息进行数据挖掘和大数据分析，可为用户推荐更有针对性的数据和信息服务而奠定坚实基础。

一、数据库技术发展现状与趋势

（一）数据库技术的发展现状

当前主流数据库技术应用特征，是数据库技术和信息传输、分布式计算与智能计算等技术的互相整合和渗透，分布式数据库系统、知识库系统与主动数据库系统是目前具有此类特征的、被广泛运用的数据库系统。

分布式数据库系统,即通过通信网络把地理和物理上隔离的,且必要的固定聚集管控的大量逻辑"节点"(往往是集中式数据库)连接并且融合形成一个大型的基于网络的数据库系统,如图6-7所示。它的好处包括:数据对用户来说是透明的,便于管理;可实现全网络中的各个节点的联合工作,又能够满足局部范围的信息业务需求;为了故障后的数据恢复,需要建立数据副本,这会导致数据冗余以及数据副本的不一致。

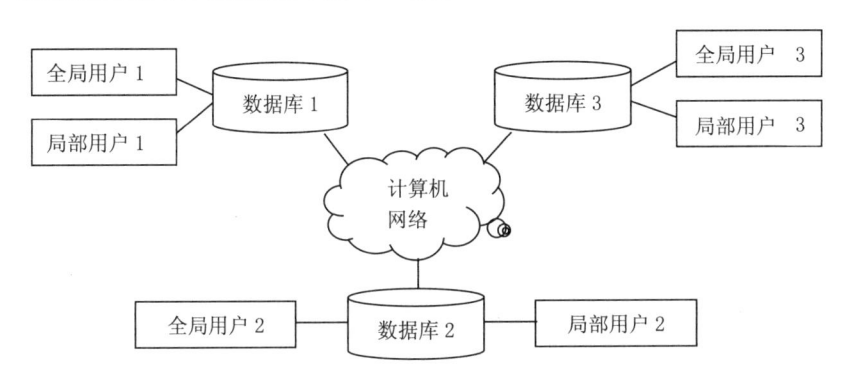

图6-7 分布式数据库系统的典型架构

(二) 知识库系统

知识库系统即汇聚了各种软硬件资源的系统。知识库处于核心位置,如期完成知识的分享与合理利用,知识库系统的总体架构如图6-8所示。

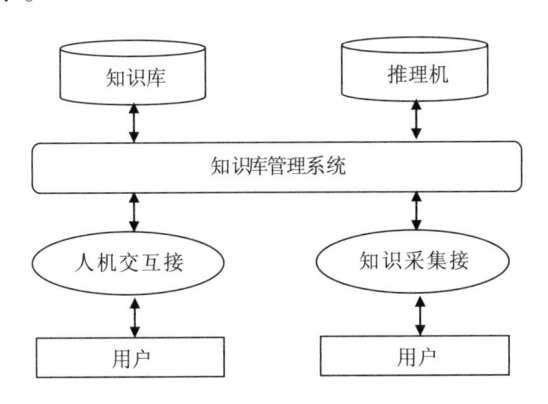

图6-8 知识库系统的总体架构

从图6-8不难看出，该系统的基础为知识库，而主要部分则为推理机。知识库是通过一样的逻辑方式收集和存放知识的平台，知识库系统和数据库系统的差异集中体现为：数据库系统主要是给用户供应数据和相关信息（可以很方便地实现检索），但是知识库系统是根据用户提交的数据信息来选取已有知识进行判断、推理和解释的结果。通过推理机这一管控结构执行推理逻辑而发掘和运用知识库内的现有知识。

（三）主动数据库

以前的数据库主要是存储应用所需要的数据的仓库，用户通过程序、交互界面来访问数据库，但是，以前的数据库系统没有主动响应能力，且无法主动地完成数据。主动数据库是把传统关系型数据库的既定功能和一些基于主动性的服务功能集中于单个数据库系统中，让主动数据库主动地服务某些应用，具体来说，主动数据库就是嵌入一些主动响应和服务规则到数据库系统中，主动数据库架构如图6-9所示。

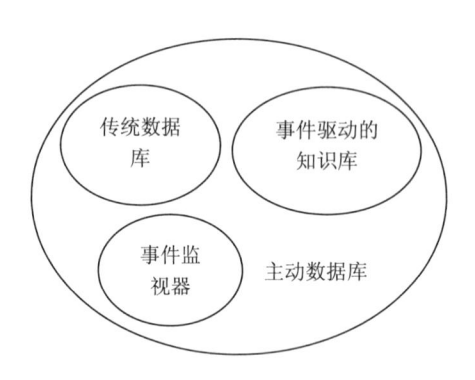

图6-9 主动数据库的系统架构

（四）大数据时代对大数据信息服务的需求

通过对比和研究目前数据库技术的主流应用情况，不难看出，在大数据的时代下，许多党政机关、事业单位、公司、社会机构等都处在一个数据量增长的环境中，怎样更好地处理大量数据的保存和管理、满足大数据服务的要求,是目前亟待处理的问题。总的来说,现如今,多方面信息指出,要完成大数据的处理、查询、分析和可见度是主要问题,通过此说法,研究大数据方面的问题就得到了些许明路。当前,大数据服务应用聚集在三个层面,依次为数据查询/验证服务、针对特定行业企业的数据挖掘及探索服务与数据集市。

(1) 数据查询/验证服务:数据查询/验证服务给使用者供应了各种信息搜索服务或以底层数据源为底子给使用者供应信息验证服务,似用户网络地址验证、网络平台登录验证、电子邮件验证、金融数据服务等。如 Google 提供的 BigQuery 搜索服务就是典型的应用。

(2) 对于行业企业的数据分析服务:数据分析服务是以协助特定行业中的企业分析数据为目的的服务,给使用者供应基于数据的决策支持,此数据可能由企业自身提供,或许也有可能是这些数据与 Internet 数据的结合。举例来说,Precog 公司致力于提供大数据分析服务,通过技术手段从各种网络数据源抓取基础数据,并综合进行挖掘与分析以获取决策信息。

(3) 数据集市:目标是满足数据供给、数据下载和数据共享等多种数据服务。一个现实案例就是,美国政府通过下属的互联网平台 Data. gov 向社会提供各种政府数据;大数据交易网站 Factual. com 以数据服务的形式向用户提供高品质、低成本(甚至是免费)的数据。

(五) 数据库技术的发展趋势

在大数据时代,使用以往传统的数据库管理系统来对海量数据进行分析将难以符合用户的需求,因此,将来研究热潮及发展趋势将会演变成数据仓库、商业智能与面向大数据的非结构化数据库技术等新兴数据库技术的研究和应用。

1. 数据仓库

随着数据库技术应用的不断深入,各行各业的信息化进程已经形成以数据库为中心的特有模式。为了提高数据库的存取效率,通常做法是根据特定需求建立特定级别的数据库,如面向全局的企业级数据库、面向局部的数据库以及更具有代表性的特定用户数据库,但是,由于数据库不断增多,这种特定的数据库模式产生很多的问题,诸如数据分析的结果可靠性不足、数据解决效率不高、转化数据很棘手等。为了解决上述问题,数据仓库孕育而出,其根本目的在于高效地、便捷地实现对决策的支持,如图 6 - 10 所示,各阶层的工作者都能根据其自身的要求并借助数据仓库来达到决策和分析,从而提高办事效率和质量。

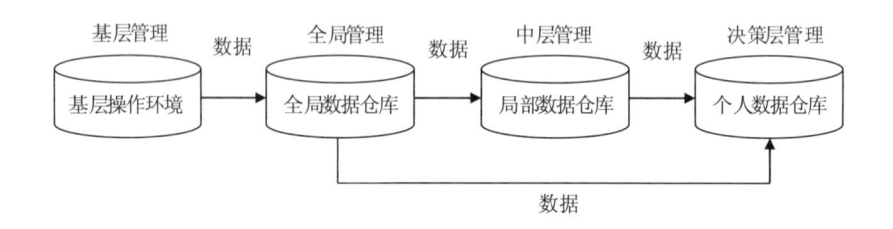

图 6 - 10　数据仓库体系化架构

2. 商业智能

用户构造信息管理系统的根本任务是期盼通过信息技术来协助其管理数据、规范业务,进而加快生产效率和管理水平。但是,经过多年的数据积累,现在用户面临的却是面对海量数据,用户无法有效地挖掘其中的隐藏信息或无力处理海量信息,为解决这个问题,结合了诸多先进技术的商业智能(Business Intelligence,BI)技术应运而生。

当前,商业智能化不但能提升用户辨别能力和管理水平的优势,而且还可以将各种软硬件结合运用,其定位是把用户所控制的信息转换成自己竞争的优势。商业智能系统的核心工作原理如图 6 - 11所示,以数据库仓库为核心,利用各种查询渠道和数据处理工具,通过管理决策人员的行业领域专业技能,从数据仓库中挖掘出有价值的、能够支持决策的隐藏数据。

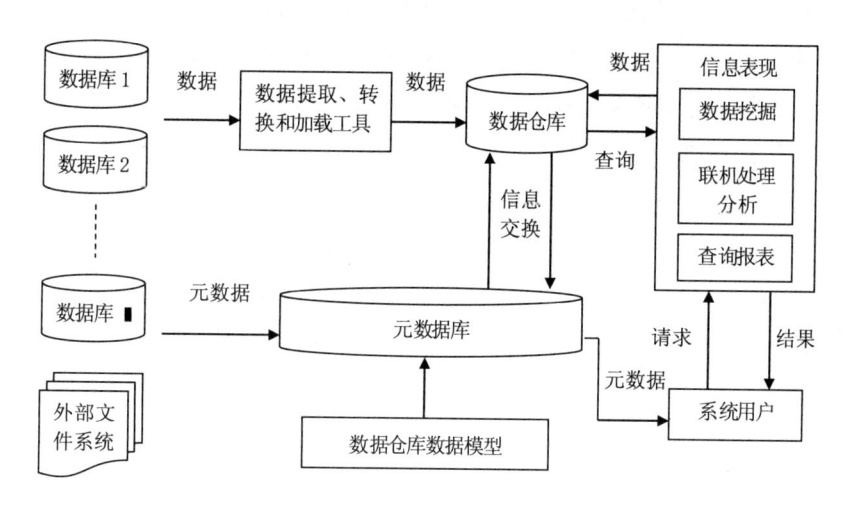

图 6-11 商业智能系统的核心工作原理

3. 面向大数据管理的新型非结构化数据库技术

伴随大数据时代的到来，还有数据的开发利用和发展，出现了特别多非结构化数据（如图片、视频、声音等），特别是 Web2.0 网站的兴起，曾经长期占据主流数据库垄断地位的关系型数据库很难处理海量的、各形各色的非结构化数据，其缺点包括：

（1）关系型数据库难以高效应对高并发访问量。Web2.0 网站由于要适用于不同用户的个性化需求，基本无法采用比较受欢迎的动态页面静态化技术，所以，数据库需要分析较多无数的并发点击量，正常情况下，每秒钟的读写执行可超过千万次的频率，但是关系型数据库很难分析这种数量级的 SQL 读写数据需要。

（2）在大型网站平台上，每天的用户动态数据超过上亿条，在关系型数据库中，对上亿条数据实施 SQL 查询操作，处理效率和系统响应速度都无法令人满意。

（3）Web 架构是当前的主流架构，Web 服务器等扩展只需要添加更多的硬件和服务节点即可，然而，关系型数据库几乎无法操控这种横向扩展，无法满足各种严苛的需求。

于是产生了大量的善于处理非结构化数据的各形各色的数据库

工具，这其中使用最广泛的是 NoSQL（译为 Not only SQL）数据库，当前比较主流的 NoSQL 数据库有 5 种：Redis、MongoDB、Membase、Neo4j、HBase。NoSQL 总体架构如图 6-12 所示，其中，接口层是指数据库面向软件开发语言的接口，包括目前普遍采用的大规模并行计算 MapReduce 等；数据逻辑模型层的使用采用了数据库的逻辑结构，其中就有健值储存、数据文件和图结构储存；数据分布层的含义是数据库的分布类型，NoSQL 数据库能提供给大量的数据储存库使用，而且可以使用动态部署，数据持久层指的是长久化的储存方式，也提供在内存和硬盘基础上的长久化存储，以适应不同应用场合。

接口层
数据逻辑模型层
数据分布层
数据持久层

图 6-12　NoSQL 数据库总体架构

　　总体来说，随着大数据时代的来临，Web2.0 和移动端应用软件的爆炸式增加，用户行为的转变以及新的数据类型的出现，迫切需要能够提供可扩展的、智能化、灵活的数据库技术来处理、管理和分析数据，而 NoSQL 技术是有效满足这些苛刻需求的唯一可行的解决方案，加之数据仓库和商用智能的应用，满足大数据时代海量数据处理和大量用户个性化需求的技术逐渐成熟。

二　土家族地区傩文化的数字资源分类

　　从土家族地区傩文化的数据藏品的内容层面来分，其中主要分为以下几类：

（一）各类与土家族地区傩文化相关的文本文献

各类与土家族地区傩文化相关的文本文献包括古籍文书、舆图、剧本、歌本、手抄记事本等。

（二）各类与土家族地区傩文化相关的实物道具

各类与土家族地区傩文化相关的实物道具包括面具服饰、法器道具、傩神傩画、神像脸谱、扎染剪纸等。

（三）各类与土家族地区傩文化相关的传统技艺

各类与土家族地区傩文化相关的传统技艺包括傩神雕塑造像、仪式法器制作、纸工扎艺、传统乐器制作等。

（四）各类与土家族地区傩文化相关的传承人物

各类与土家族地区傩文化相关的传承人物包括传承谱系、经历说明、身份证明、相关影像料等。

（五）各类与土家族地区傩文化相关的仪式歌舞

各类与土家族地区傩文化相关的仪式歌舞包括傩坛戏、师道戏、傩堂戏、师公戏、傩愿戏、鬼脸壳戏等傩戏表演，口衔红铁、翻叉、上刀梯、吞刀、打闹歌、打花棍、履火等傩技表演。

虽然，土家族地区傩文化的形式和形态丰富，但万变不离其中，作为一种文化遗产，土家族地区傩文化涉及的数字资源可以归结为文字、图片、声音、视频及三维模型等种类。

三 土家族地区傩文化数据库建设原则

土家族地区傩文化数据库建设是一项需要投入长期的、复杂的系统工程。应该从土家族地区傩文化现在的情况着手，紧扣信息化时代的主题和社会经济的推广诉求，在土家族地区傩文化数据库的建设上，要有建设前的计划和适当的安排，在这个过程中，为了保证工作有序开展，要求在同一个制度下进行建设。

（一）保护和开发并重的原则

随着时代的发展，土家族地区宝贵的傩文化遗产遭到信息化发展的猛烈冲击，很多有学习价值、有纪念意义的土家族地区傩文化遗产受到惨重的毁坏及湮没。就现在而言，在土家族地区傩文化遗产的收集和整理过程是比较困难的，对于保护令人堪忧，傩文化资源的投入和服务水平是较为落后的，这样对傩文化的推广是有害处的。所以土家族地区傩文化数据库建设要坚持保护和开发并重的原则，土家族地区傩文化特色数据库的建设有利于发掘更多的土家族地区傩文化的价值，更利于把土家族地区傩文化丰富多彩的一面展示给世人。

（二）标准化、规范化的原则

土家族地区傩文化资源类型丰富，涵盖傩仪、傩祭、傩舞、傩戏、傩画、傩具、傩神、傩坛、傩面等，数字信息源包括文本、图片、动画、音频、视频等。信息的不同的形式要求的是大量的各种各样的类型，各种类型对信息的要求是不一致的，元数据规划应该由资源属性来探索。而数据库的周期因为数据库的标准化和规范化减少了很多，在很大程度上增加了数据共享率。因此，在土家族地区傩文化数据库的标准与规范建设时，需要更加完整地汲取另外领域数据库建设的优秀文化，并结合土家族地区傩文化的实际情况，探索出一条傩文化自身特色的标准化、规范化数据库建设之路。

（三）满足大数据时代背景下异构海量存储需求的原则

关系型数据库模型简单、高能实用，在很高的程度上解决了客户数据管理和协商的服务要求，所以长期以来关系型数据库在数据库领域一直位居垄断地位，被广泛地应用于各个行业，这当然包括了文化遗产数字资源的管理。正如上述所提到的，因为关系型数据库存在的缺陷，对于分析多数据时关系型数据库无法得出让人称心的结果，更为严重的是，对半结构化或非结构化的存储与安排会遇到大量不易乃至无法处理的难题。

在大数据时代，许多异构数据显露着无法估量的上升趋势，互联网中每天会出现数不胜数的文字、音乐、图片、视频、动画、日志等因素。现今，在实际应用中，大数据技术还需要解决诸多难题，首先要重点解决的就是异构大数据的存取难题，傩文化资源数据表现为文字、音乐、图片、视频、动画、日志等，这都是异构的数据，是以，必须研究异构大数据的有效存取方法，同时找到通用的可行存取方案，以便实现傩文化资源数据大规模共享。

（四）有利于傩文化传承、传播与开发的原则

从现实经验来看，我国传统文化在国内外受观众喜欢的程度远远低于欧美发达国家，其中一个重要原因就是我国传统文化的传播与开发层次较低、不够生动、缺乏与观众的互动和交流。基于文化价值的深入挖掘，处于大数据时代的土家族地区傩文化数据库建设要遵循有利于傩文化传承、传播与开发的原则。因此，必须借鉴最先进的信息技术，打破传统的单项传递方式，其数据库的建设一定要为智能化交互式平台服务，以尽可能好的体验感满足观众与土家族地区傩文化的交流和互动，具体来说，就是要为观众提供更多的体验功能。

首先，是强大的信息检索功能，不仅要借鉴和优化现有先进成熟的检索算法，提高信息检索的效率，还要不断完善土家族地区傩文化资源数据库检索的功能，如关键词检索、信息查询和分类浏览功能，并进一步完善检索的智能化程度以及跨数据库的检索功能。

其次，尽量加强傩文化资源数据的数字化展示功能。在大量充足的文档、图片和视频等多种信息检索的基础上，可以引入二维、三维等数据信息，利用虚拟现实等信息技术手段让图文影音等数据信息以声情并茂的方式呈现给观众，使观众与傩文化的数字资源拥有通畅的展示沟通渠道。

最后，要着重提升土家族地区傩文化资源数据库的智能化交互功能，方便不同人群的沟通和交流，让更多的使用者和观众积极主动参与到土家族地区傩文化的保护与开发。此外，加强土家族地区傩文化资源数据库的使用者个性化效用，为不同的使用者提供个性化需求，如研究员、管理人员、普通百姓以及土家族地区傩文化传承者，都应该拥有相应的数据库和功能使用权限，并遵照用户的习惯提供数据库，为他们提供各自需要的内容。

（五）坚持土家族地区傩文化资源数据共享的原则

土家族地区傩文化资源数据最终要实现大范围的、大规模的共享，这就要高度重视数据库的逻辑划分问题，并为此制定相应的统一编码、撰写数据字典和规范数据项的精确定义，减少数据的误差影响，坚持土家族地区傩文化资源数据共享的原则。

四 土家族地区傩文化的数据库构建

（一）土家族地区傩文化数据内容的存储需求

土家族地区傩文化资源类型非常丰富，包括各类与土家族地区傩文化相关的文本文献、美术绘画作品、传统技艺、传承人物、仪式歌舞等，将拥有的资源数字化之后能归纳为文本、图片、动画、音频、视频文件等，能够将拥有的数据进行统一的放置和管理。

（二）土家族地区傩文化资源数据对数据库性能的需求

土家族地区傩文化数据库是傩文化的规划与保护、宣传与展示、传播与开发的最重要数据来源，结合实际情况，其数据库的性能应当能够满足不同用户的需求，具体包括：

（1）文本、图片、动画、音频、视频、日志等必须在数据库中实行统一存储和管理；

（2）在满足数据遇灾后恢复所需的数据最低备份基础上，尽可能减少数据存储的冗余量，节省存储空间、海量数据处理的时间；

（3）满足不同的使用者对数据及时访问的需要会增强客户体验感，而且还可以快速地为使用者给予的关键数据查询精确结果来增强客户检索信息的效率；

（4）在数据元素间维持一定的联系，以支持多种多样的决策需要。相应地，在计划土家族地区傩文化数据库时，应从使用者的需要与实际应用着手，更加需要思考不同数据的灵活性、稳定性易于更新和维护等因素。

（三）土家族地区傩文化资源数据内容的更新与扩展需求

土家族地区傩文化的管理与数据库的建设是一项长期而艰巨的任务。土家族地区傩文化会随时代的变化而发生变迁，不符合时代潮流的可能会逐渐消失；反之，可能会糅合时代的文化因子而丰富发展，这些文化遗产信息会随时代的发展而不断丰富积累。因此在土家族地区傩文化数据库的建设上，要设立有效的数据管理模型，使数据库可以应对数据动态的持续变化需要。

（四）数据库存储平台选择

关系型数据库解决方案还无法支撑海量数据的存储，考虑到土家族地区傩文化处于大数据环境下，为了今后数据内容的更新与扩展需求，我们采用了面向异构数据的、适用于大数据存储和管理的 NoSQL 数据库。NoSQL 是非关系型数据库，不仅攻克了以往关系型数据库的不足，并且还具备动态的数据结构，提供分布式存放和处理，能够透明地进行扩展。简言之，在存储和管理海量数据方面，NoSQL 是一种有效的、被广泛运用的产品。近年来，主流的 NoSQL 数据库有 Redis、Membase、Neo4j、HBase、MongoDB 等。

（1）Redis 数据库的优点是速度较快，已经成为当前主流的内存数据库；其缺点是效率较低。Redis 适用于数据规模小（数据能够用于内部储存而非硬盘）与数据更新较为快速的领域内，如股票数据的实时处理等。

（2）Membase 数据库也是一种内存数据库，其优点是具有良好的分布式性能，能高效处理高并发，主要适用于大型的网络在线游戏。

（3）Neo4j 数据库和 HBase 数据库都采用 JAVA 语言编写，容易实现跨平台运行。Neo4j 数据库的缺点是对硬件要求较高、需要花费额外的硬件费用。HBase 数据库的缺点是改变配置和升级会造成数据回滚，增加了额外的工作。

（4）MongoDB 数据库采用了 C/C++ 编写，查询算法保留了一些 SQL 特征并支持 javascript 表达式查询；其缺点是本身没有独立的文件系统。MongoDB 适用于动态查询数据频繁的场景。由于单服务器无法处理大数据，这就需要建立服务器集群，而集群的实现一般比较复杂，MongoDB 专门设计了分片处理机制以应对，如图 6-13 所示。

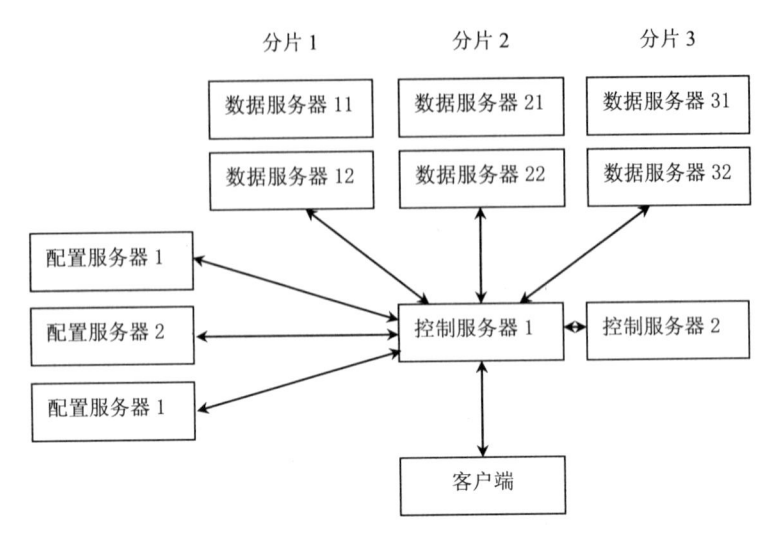

```
      分片 1              分片 2              分片 3
   ┌──────────┐       ┌──────────┐       ┌──────────┐
   │数据服务器11│       │数据服务器21│       │数据服务器31│
   └──────────┘       └──────────┘       └──────────┘
   ┌──────────┐       ┌──────────┐       ┌──────────┐
   │数据服务器12│       │数据服务器22│       │数据服务器32│
   └──────────┘       └──────────┘       └──────────┘
```

图 6 – 13 MongoDB 的集群分片机制

分片是 MongoDB 特有的处理机制，可将海量的数据集合按一定规则分割并存储到物理上分散的服务器上，MongoDB 以自动的方式完成这些工作，用户只需进行简单的配置并制定要分配的数据，MongoDB 即可自动维护数据和保持服务器间的平衡。

综合上述数据库的优缺点，结合当前最主流的关系型数据库 SQL Server 或者 MySql 的广泛使用，为了便于土家族地区傩文化海量数据的存储和处理，同时与其他文化遗产数据库（基本采用 SQL Server 或者 MySql 数据库）实现共享，土家族地区傩文化资源数据库的建设采用 MongoDB 数据库以迎接已来临的大数据时代。

第四节　土家族地区傩文化的智能化交互展示平台

尽管迪士尼乐园的门票比较贵、排队时间很长（如图 6 – 14 所示），也无法阻挡成千上万的游客前去游玩，而我国传统文化遗产及相关产品却无法像迪士尼乐园一样受到人们的追捧，这不得不引起我们的深思。

游客们尤为喜欢的是迪士尼为他们所创造的视觉感受与游戏互

图 6-14　迪士尼乐园的游客人山人海

动。科技的发展使社会出现了不一样的要求和评判美的观点，呈现的不仅仅是为使用者使用展品信息，客户想要的是能利用参与和互动，包括听、闻、摸等感官，获得一种全身心的体验。在信息大爆炸的大数据时代，土家族地区傩文化的展示平台应该向着数据化、交互式的方向发展，土家族地区傩文化的智能化交互式展示平台设计面临的主要问题是如何多手段、全方位地传递与获取信息，使得参与者得到最好的交互文化体验。

一　展示平台设计思路

土家族地区傩文化的智能化交互式展示平台具有强烈的地域性和民族性，需以其所在的环境和文化背景来筛选展示内容，因此，与科技展示平台、艺术展示平台有着较大差异，科技展示平台更加注重科普性和寓教于乐性，艺术展示平台则更加注重展示的展品本身。总之，土家族地区傩文化的智能化交互式展示平台会影响到用户的精神世界，要有利于宣传、弘扬当今社会所倡导的精神文明主题，这要求展品种类要丰富、展示形式要多样化，风格上要具有一定的趣味性，运用大数据、交互等技术满足各类用户的多种个性化需求。

二 展示平台整体架构

（一）展示技术

通过图片、动画、视频、文字、音频、三维等丰富的多媒体方式，借助互联网这一便利的平台，使观众可以足不出户就能够通过网络了解土家族地区傩文化，具体采用的技术有二维展示技术和三维互换体验技术，前者囊括了静态二维平面数据展现、数据二维平面互换和数据二维活动等技术，后者则包括三维虚拟漫游技术和360°全景漫游技术等。

（二）资源查询设计

提供多种形式的资源查询方式，帮助用户快速查询到其感兴趣的信息。资源搜索方法包括全文搜索法、语义搜索法、内容的音频搜索法、内容的图片搜索法、内容的三维结构搜索法、内容的视频搜索法等。

（三）用户访问行为分析和个性化主动信息服务

基于使用者查询的方式应该给予自主的服务，这是信息化独特性的表现之一，具体指的是通过使用者的查询方式，解析他们的心理诉求和信息要求，让使用者举荐"私人定制"这种形式的个性化信息服务，利用智能过滤和举荐系统完成"信息找人"的自主方服务，使得客户对这种方法更为满意。

第五节 土家族地区傩文化的智能交互式展示平台实现

一 二维展示技术应用

（一）静态二维平面数字展示技术

静态二维平面数据显示方法的意义是将土家族地区傩文化的实物、舞蹈、仪式等，经过相机或扫描仪将展品显示成数据的方式，借助图像处理软件处理采集到的图像，并通过出版物或网络形式向外传播、展示给观众。

（二）数字二维动画技术

数字二维动画技术是现如今较流行的一种技术，利用它能做出很多动态的东西（最常见的学习这门技术的软件就是 Flash 动画设计软件）让原本很死板的东西变得生动形象，丰富多彩，吸人眼球。若利用这门技术把土家族地区傩的相关知识动态化，再利用音频听觉技术音频化，那将会博得更多观众的注意，让更多的人了解到关于土家族地区傩文化的知识。

（三）数字影视媒体技术

将数字影视技术应用到土家族地区傩文化的数字化保护、传承和传播，能够真实地记录事件和当时的真实场景，并把影视展示和现场实物展示联系起来，让观众身临其境地去感受土家族地区傩文化的内涵。

（四）数字二维平面交互技术

借助网络这一便利的平台，运用数字二维平面交互技术，将土家族地区傩文化以互动的方式呈现在观众面前，使观众可以足不出户就能够通过网络了解土家族地区傩文化。

二 三维交互体验设计

（一）虚拟现实技术

1. 虚拟现实技术的概念

虚拟现实（Virtual Reality，VR）是一种先进的沉浸式 Human-Computer Interaction Techniques 技术，这种技术结合了虚拟仿真学、计算机图形学、计算机图像学、人工智能、现实感知技术等学科的最新研究成果。VR 基本原理是通过将计算机软硬件与 Human-Computer Interaction Techniques 模拟产生三维空间，可以较为逼真地还原使用者在真实世界中的视觉、听觉以及触觉的感受，用户可以感受到融入现实生活中的效果。

2. 虚拟现实技术的主要特征

虚拟现实技术的主要特征可以概括为三方面，即沉浸感、交互性和构想性①。首先，沉浸感是指使用者或用户能够在生成的虚拟环境中产生与现实世界高度相似的、逼真的感受，犹如身临其境，如图 6-15 所示。再者，Interactivity 是指用户可以在三维世界中对不同事物进行了解，在获取反馈后控制虚拟对象，从而获得非常确切的感受，仿佛身处于真实环境中。最后，VR 技术的构想性也被称为自主性，主要是 VR 技术赋予体验者或用户以丰富的想象力，通过体验者身在其中的感受和想象，在虚拟环境中激发用户的主观能动性，有助于解决在现实世界中无法解决的问题。

图 6-15 赛车游戏中采用的虚拟现实技术

(二) 虚拟漫游技术

1. 虚拟漫游技术概述

身为 VR 技术的构成要素之一，虚拟漫游技术已被普遍运用在建筑设计、航空航天、文化遗产数字化、旅游、游戏等不同领域。虚拟漫游技术的基本原理是利用不同信息技术设计出与真实环境十分相似的三维虚拟环境，通过漫游系统的作用，使用者能沉浸在该

---

① 李峻峰：《虚拟现实技术与虚拟校园的研究与实践——以潍坊学院虚拟校园建设为例》，《工程图学学报》2011 年第 3 期，第 62—68 页。

三维模拟环境，利用图文、声感并茂的感受，与其中的虚拟三维事物有一定的交流行为。

从漫游情境的差别这个层面上说，虚拟漫游技术被区分为想象的虚拟环境和模拟的真实环境，前者通常被应用在三维交互式游戏中，而后者的漫游环境是真实生活中已有的实物，如建筑物、景区等，模仿现实生活的建筑是根据现实生活中的真实事物的准确数据（可利用三维扫描设备来收集建筑物、景区等的三维数据），但是，漫游方式则是建立在真实数据基础上的虚拟漫游。真实的旅游景区的虚拟漫游一般采用模仿真实场景，文化遗产保护和数字博物馆既有采用模仿真实场景的也有采用想象的虚拟场景。

2. 文化遗产数字化中的虚拟漫游技术应用

在我国，清华大学等知名高校、故宫、上海博物馆等机构已经开始了虚拟漫游技术在文化遗产保护和传播中的应用研究工作，并取得了一些研究成果，例如，北京市科委建成了"虚拟奥林匹克博物馆"项目；《紫禁城天子的宫殿》则是一部典型的虚拟现实作品，用户只需操控手机的无线遥控器即可实现在虚拟故宫中的漫游，如图6-16所示。然而，相对于发达国家，我国的研究还是处在相对分散的、独立的状态，内容比较简单，形式不够丰富，无法

图6-16 故宫虚拟漫游中的部分场景

持久地吸引用户，发展较为滞后。

(三) 360°全景漫游技术

1. 360°全景漫游技术的概念

目前，由于较高的设备价格和复杂的场景制作流程，导致虚拟现实技术及虚拟漫游的实施主要集中在一些高端行业，限制了其广泛的、大规模的应用。由于数字图像技术和压缩技术逐渐进入人们的视线，在真实图像和数字照片的基础上虚拟现实技术，由此360°全景漫游技术便随机而生。360°全景漫游技术拥有无与伦比的真实体验感，能够通过互联网实现快速传播，其应用的广度和深度与日俱增。

作为360°全景漫游中最为核心的、基本的技术，360°全景技术利用专业数码相机来捕捉整个现实环境中的图像信息，借助专业软件将多张不同角度的图片结合在一起，实现将平面照片或数字化图片转变为360°的全景景观，360°全景技术的展示类型分为圆柱形、立方体形和物体形，如图6-17、图6-18和图6-19所示。

无缝拼接360°拍摄的多张平面照片形成360°全景图，进而借助Flash等软件构建成可以用鼠标或键盘控制观看效果的多媒体形式，在媒体中可以事先规定热点区域，用户点击热点区域即能实现场景的变换和全方位观看。另外，我们还可以依据实际需求添加文字加以阐述、细节图片、语音解说和视频等交互式多媒体元素，利用互联网、移动互联网、触摸屏等媒介展示给使用者和用户，能给

图6-17 圆柱形360°全景图

图 6 – 18　立方体形 360°全景图

图 6 – 19　物体形 360°全景图

人以非常真实的三维立体空间感觉，使用者或用户能够沉浸在这一虚拟的三维世界中并进行交互式的漫游。

2. 360°全景漫游技术的特点

虚拟漫游技术主要通过两种形式呈现，即在照片或图像的基础上产生的全方位全景漫游技术和在三维多边形的基础上产生的虚拟漫游技术。从实际效果来看，360°全景技术在文化遗产的交互式展示中表现出较为突出的优势，包含：采用相机拍摄实际场景，真实感很强；清晰度高、画面质量高；对软硬件要求不高、数据量小，常用计算机和手机即可播放虚拟漫游，具有较强的适用性；与 Flash 等技术无缝结合，具有良好的交互可操作性；相对于三维制作，耗费的时间和成本较低。

（四）土家族地区傩文化数字化展示平台中的三维交互体验设计

1. 土家族地区傩文化虚拟漫游系统的设计与实现

根据土家族地区傩文化数字化展示平台的特点及实际需求，土家族地区傩文化虚拟漫游系统可以划分为四个主要的功能模块，分别是三维建模与重构、三维自动漫游、三维交互式漫游和三维虚拟场景优化。

（1）三维建模与重构模块。本模块的工作，首先，利用三维建模软件 3Ds Max 对虚拟场景中的主要三维实物、建筑物等进行基础建模。其次，用实景照片贴在三维模型的表面完成三维几何模型的纹理映射，用以展示细节特征，虽然纹理映射需要采集和处理大量的场景图片，但是能够减少建模的工作量，同时使模型显得生动逼真以更加真实地再现客观世界。最后，根据需要还可以用游戏引擎 Unity3D[①] 对虚拟场景中的天空和地形进行建模。

（2）三维自动漫游模块。设计三维自动漫游模块的主要目的是节省用户的时间，帮助用户快速了解整个三维虚拟场景的总体情况。当三维自动交互漫游被使用之前，需要在三维虚拟场景的特点中进行三维漫游路径规划，利用合理路径的规划，系统会主动沿固定三维路径漫游来纵览全局。

值得注意的是，为避免在漫游时三维场景产生突然跳跃或视觉抖动，需使用一定的方法对三维漫游路径进行平滑处理。当前，主流的平滑技术包括插值、逼近和拟合，从本质上来说，在计算机图形学的范畴中，插值和逼近都属于曲线的拟合问题。我们利用被广泛使用的 Hermite 曲线来设计自动漫游路径，设置插值将各个目标点连接成一条平滑的三维路径曲线，最终实现曲线路径的平滑三维漫游。在设计三维自动漫游路径曲线的过程中，采用三次 Hermite

---

① 马仁源：《基于 UNITY3D 平台的中国汉代服装展示设计与实现》，硕士学位论文，北京工业大学，2015 年，第 3—50 页。

样条曲线生成的曲线并不一定满足实际需要，这时必须调整目标点的位置；在 Unity3D 软件中，通过编写一定的程序算法来控制预先设置的多个离散的目标点，以达到将这些目标点拟合成一条比较平滑的路径曲线。

此外，为方便用户漫游，采用 Unity3D 软件中的摄像机功能设计了可以观察全景的小型导航地图。利用 Unity3D 软件制作小型导航地图时，必须借助至少两个摄像机，一个是主摄像机，用来掌控整个场景，剩下的可以定义为顶部摄像机，可制作 small map；其次，制定相机的旋转角度让它与 XOZ 平面垂直，最后，通过调整 Normalized View Port Rect 属性的 4 个数值就可以使小型导航地图在适当的位置显示全景的三维漫游场景。

（3）三维交互式漫游模块。三维交互式漫游模块的主要功能有：利用鼠标或者键盘等交互方式来控制漫游的位置和方向，通过碰撞检测来判断是否遇到障碍物，小型导航地图能够辅助用户查询目标。

三维交互式漫游的关键是路径寻找算法，优秀的路径寻找算法能够使使用者迅速找到目标最佳选择路径，其中，普遍被使用的为启发式搜索算法，其核心思想是：通过计算来预估全部需要搜索的位置，并找到最优位置，在此基础上，接着搜索下一个最优位置。我们采用了一种非常典型的启发式搜索算法——A∗寻路算法，同时，将障碍物的位置值设置为很大，既加快了最优路径搜索速度，又能够绕开障碍物。

三维交互式漫游的另一个关键技术是用户使用输入设备（鼠标、键盘等）来控制角色的虚拟漫游。例如，用户点击三维虚拟场景中的某个位置，场景中的角色就能够自动移动到该位置；主要功能键包括按键"↑"表示向前移动、按键"↓"表示向后移动、按键"←"表示向左移动、按键"L"或"l"表示向左旋转、按键"→"表示向右移动、按键"R"或"r"表示向右旋转、按键"H"或"h"表示拉高视角等。

在三维交互式漫游时，由于场景中有建筑物、雕塑等大型对象，因此，角色会与其他对象发生碰撞，Unity3D 软件能够很好地解决碰撞检测问题，具体来说，就是用 Unity3D 软件自带的三种方法实现碰撞监测：一是当刚体之间发生接触时，调用 OnCollisionEnter（）方法来检测接触瞬间；二是在刚体与刚体的碰撞过程中，调用 OnCollisionEnter（）方法；三是调用 OnCollisionExit（）方法检测刚体与刚体的碰撞结束瞬间。

（4）三维虚拟场景优化模块。在三维虚拟场景优化模块中，主要是优化漫游场景、提高系统的响应速度，以解决画面不流畅、抖动等问题。首先，以不影响细节观察效果为原则，利用细节层次模型（levels of detail，LOD）技术，先判断场景中对象离观察位置的距离；其次根据距离实时调用并展示相对应细节层次的三维模型，这可以大大提高运行速度，具体的实现方法是：利用 Unity3D 软件中自带的组件 LodGroup，提前将不同细节层次的模型集成在三维虚拟场景的不同位置，通过简单的程序设计即可实现各种细节层次模型的实时、动态交替式变化。然后，在 Unity3D 软件中编写程序，通过程序控制，动态地给三维虚拟场景中的设定对象添加纹理图片，根据距离的变化动态加载、显示不同分辨率的纹理图片，进一步提供系统运行速度，实现三维虚拟场景的优化。

2. 360°全景漫游系统设计与实现

360°全景漫游能够弥补虚拟漫游场景不太逼真的缺陷，其设计及实现需要经历四个步骤，即全景照片的拍摄与收集、照片的全景无缝拼接、构建交互式漫游和多媒体发布。

第一步，全景照片的拍摄与收集。利用 360°全景拍摄技术采集全景图片，在拍摄场景（土家族地区傩文化实体博物馆的室内、室外或实物的某一面）中选择一个中心，并将相机固定在该中心，缓慢旋转相机以拍摄各个角度的照片，这个过程中，需转换相机的拍摄角度，以达到 360°的全景拍摄，值得注意的是，每张照片的两侧要提前分配足够的空间（约占照片总宽度的 20%—30%），此外照片的上下部分也要预留大约 20% 的区域，以便于后续拼接工作的开展。

第二步，照片的全景无缝拼接。目前，较为常用的图片处理软件有很多，例如，在对土家族地区傩文化相关资源的360°照片进行全景拼接时，使用 Photoshop 软件的插件"Photomerge"（图片拼接功能）即可完成。Photomerge 能自动将连续两幅图片的重叠位置标记为透明色或半透明色，能够很方便地观察图像的重叠效果是否是合理的、符合真实场景的，然后利用裁剪功能可去掉照片中的重叠部分和多余部分。

第三步，构建交互式漫游。用 Photoshop 等软件完成静态360°全景图的拼接后，可用 Flash 等交互式技术构建交互式全景漫游环境（建构方法可参阅 Flash 相关书籍资料），用户则能够进行实时的交互，例如，当光标移动时（或按键盘的方向键）全景图也会跟随着移动，呈现动态的、各个角度的全景效果，还能够缩放漫游环境；当单击漫游环境中的热区链接，能以弹出方式展示详细的信息（如文字、图片、音频和视频等），这种体验式的交互设计能够让观众感受到很大乐趣，极大地提升观众的观看兴趣，并能使土家族地区傩文化得到传承和发扬。

第四步，多媒体发布。利用 Flash 技术完成交互式全景漫游图制作后，可将文件保存并发布为 Flash（.swf）格式（即漫游动态），用户在安装 Flash 播放器的网页浏览器即可体验全景虚拟漫游和互动。

目前，由于 Flash 动画可以在很多软件调用和播放，同时，几乎所有的电脑、手机和触屏机都通过网页浏览器上网，而且 Flash 播放器已经成为网页浏览器的基本配置，所以，用户只要能上网即可非常方便地访问和感受土家族地区傩文化360°全景漫游系统，为土家族地区傩文化的传播提供最为便捷、流行的网络访问方式，必将极大促进土家族地区傩文化的开发。

三　资源查询设计

土家族地区傩文化极其丰富，涵盖傩具、傩祭、傩戏、傩坛、傩画、傩仪、傩神、傩舞、傩面等，可以预见，其数字资源的数量必将十分巨大，设计面向这种海量资源的查询功能，为用户提供更快、更便捷、更高效的服务已成为土家族地区傩文化数字化传承和传播的重要内容。

大数据时代，在海量信息中准确而快速查询出所需的资源非常关键，土家族地区傩文化的资源查询设计应该符合大数据时代的发展趋势，即应该向如下几个方面发展：一是实用、友好、人性化的查询界面，便于用户通过可视化的方式实现快速查询；二是集成多种形式的查询方式如文本、图片、音频、动画、视频、三维等，满足用户各种的检索需求；三是记录用户的查询行为和习惯，通过大数据挖掘和分析，提取出用户感兴趣的信息并提供智能化的自动推送服务，满足个性化需求。

（一）全文检索技术

1. 传统文档系统信息检索功能的缺陷

从以往的检索方式来看，对文档系统中的信息检索大致上是匹配和检测文档信息的外部特点，比如文章标题、作者、摘要、关键词等，而文档管理一般是以文档的关键词为主要检索途径，建立系统时对文献进行分类，并给出关键词，但是，这并不能真实地、完整地反映出文档的所有内容，查全率和查准率都比较低，检索效率不高。另外，传统关系型数据库容量有限、扩展较为困难，阻碍了信息查询功能的提升。

2. 基于 NoSQL 数据库的海量文档全文检索

如前所述，非结构化数据库 NoSQL 非常适用于大数据存储和处理，土家族地区傩文化数字化资源的存储采用了 NoSQL 数据库，因此，我们采用基于 NoSQL 数据库的海量文档全文检索技术。首先，NoSQL 数据库能高效管理海量文档信息，克服传统关系型数据库的弊端，通过提取文档本身的信息，并建立基于文档内容的全文索引，提高系统的检索效率。其次，由于受限于单台服务器存储空间的容量，如果要对海量文档进行全文检索[1]，必须利用分布式搜索引擎，综合比较后，采用了当前主流的、成熟的、开源的平台 ElasticSearch。ElasticSearch 是基于 Lucene 的、面向云计算和云存储的分布式搜索引擎[2]，能够实现对海量土家族地区傩文化数字化资源的实时的、快速的搜索，而且，ElasticSearch 的性能稳定、可靠，使用方便、可扩展性好。

3. 海量土家族地区傩文化数字化资源的全文检索设计与实现

海量土家族地区傩文化数字化资源的全文检索系统基于主流的 J2EE 技术方案，采用模块化设计和面向服务的系统架构，根据用户的需求，系统总体被分为四个关键层，即基础设施层、模块化引擎层、服务平台层与展示平台层，如图 6 – 20 所示。

展示平台层
服务平台层
模块化引擎层
基础设施层

图 6 – 20　海量土家族地区傩文化数字化资源的全文检索系统架构

基础设施层为全文检索系统运行的基础环境，采用 J2EE 技术，能够兼容所有主流的操作系统（如 Windows、Linux 和 Unix）和标准 Web 服务器，数据管理能兼容传统的关系型数据库（无缝集成原有数据）和非结构化数据库。

模块化引擎层采用 Equinox 作为底层的实现框架，Equinox 涵盖了 OSGi R4 规范核心框架、一系列基于 OSGi 标准的服务组件以及

---

[1]　张帅：《全文检索技术的研究和应用》，北京邮电大学，2005 年，第 5—24 页。
[2]　王振风：《基于 Lucene 的分布式全文检索技术的研究与应用》，东华大学，2015 年，第 3—57 页。

基础构件，能够快速实现模块化引擎所需的功能。

全文检索系统业务的服务功能由服务平台来实现，服务组件主要构成元素为土家族地区傩文化的文档上传、文档存储、文档提取、全文索引和查询五个组件。同时，还包含了其他的一些辅助组件；这些服务组件按操作系统模块化的规范进行设计和封装，能够方便地为展示组件层中的组件和其他组件提供支撑服务。

展示平台层为土家族地区傩文化全文检索系统的展示框架，为用户提供便捷、高效、个性化的交互界面。

海量土家族地区傩文化数字化资源的全文检索系统采用上述四层架构，各层的联系通过服务之间预先定义好的接口和协议来实现，接口独立于实现服务的硬件基础实施、系统软件和应用软件设计语言，能够支持各种主流的软硬件配置，系统兼容性和通用性良好。同时，土家族地区傩文化全文检索系统使用文本提取算法，提取出文档内部的信息，然后，使用相关分词算法建立分布式的全文索引（而不是人为设定用于检索的文档外部特征），能够辅助用户快速、准确地检索土家族地区傩文化文档信息，大幅提高了查询的准确性。

（二）基于语义的检索技术

1. 基于语义的信息检索的概念

全文检索技术功能较为强大、应用普遍，但其还需克服一个不足，即：信息检索是用户利用检索工具在其个人知识领域内检索感兴趣信息的过程，通常情况下，各个使用者有不同使用需求，现有全文检索技术暂时无法实现用户个性化的信息检索服务需求。

针对上述问题，目前，基于语义的信息检索是全文检索领域中最为热点的研究方向。基于语义（或概念）的信息检索[①]的基本思想是：采用基于语义的处理方式事先从原文文档中提炼出关键的语

---

① 余传明：《基于本体的语义信息系统研究》，博士学位论文，武汉大学，2005年，第2—43页。

义（或概念）信息并建立起知识库，然后可从知识库中检索出与用户需求匹配的信息。因为使用分析、理解和处理自然语言的特点，加之能够为知识库完成自动更新操作，在语义的信息检索的基础上能够使使用者体验到越发智能化的服务，且可以增强查准率和查全率，因此，应用前景广阔。

2. 基于语义的信息检索系统设计与实现

基于语义的土家族地区傩文化信息检索系统总体架构如图6-21所示，系统由基础数据层、信息资源语义层、信息检索业务层和信息展示层共四层组成。

信息展示层	
信息检索业务层	信息资源语义层
基础数据层	

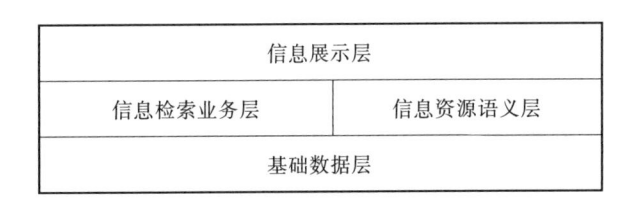

图6-21 基于语义的土家族地区傩文化信息检索系统总体架构

基础数据层是信息检索系统的根基，完成对基于语义的信息检索系统中的土家族地区傩文化数据的整体性存储和管理，同时提供基本数据给上述的逻辑层。此外，该层既能支持MySQL、SQL Server等传统的关系型数据库，又能无缝对接NoSQL等非结构化数据库以支持大数据管理。

信息检索业务层实现检索业务逻辑的管理，其中信息检索逻辑是按照用户输入的关键词的匹配模式处理的，关键词匹配主要采用等值精确匹配或模糊匹配。

信息资源语义层实现对土家族地区傩文化信息资源的语义形式化管理与系统总体结构中每个元素之间的土家族地区傩文化信息资源的语义集中。在信息检索的进程中，信息资源语义层先以语义分析、语义推导来安排检索行为，然后利用对基础数据层中土家族地区傩文化信息资源数据的语义提取、语义匹配完成人机检索交互。

信息资源语义层是信息展示层与基础数据层的关键层，从信息展示层来看，信息资源语义层必须分析使用者的检索行为；但对于基础数据层，信息资源语义层依据用户检索行为的语义信息，联合信息检索业务层完成土家族地区傩文化信息资源的语义检索，最终借助信息展示层将语义检索的结果呈现在用户面前。

信息展示层是土家族地区傩文化信息检索系统对用户提供检索信息和检索结果呈现的交互式界面，该层获取土家族地区傩文化信息检索系统反馈的与查询条件高度匹配的结果。

（三）基于内容的图像检索

随着新一代信息技术的广泛应用，各种现代化的信息采集日益丰富，身处于大数据时代的土家族地区傩文化，其信息资源数据库中的图像和照片必将迅速增长，如何迅速、准确地检索出用户所需的土家族地区傩文化图像和照片是必须加以重视和解决的重要问题。

1. 基于文本的图像检索技术

基于文本的图像检索技术①，其英文名为 Text-Based Image Retrieval，一般缩写为 TBIR，这种技术起源于 20 世纪 70 年代，其处理检索请求的核心流程是：首先将图像的属性，如形状、颜色、纹理等用人工方式标注多个图像关键词；然后，将图像关键词存储在指定的数据库（通常为关系型）中，将图像和数据库中的关键字互相映射与关联，这样系统就能利用处理提交的关键词匹配的图像。

对文本的图像检索技术研究的历程，其核心是根据关键字标示文字来完成图像与其对应关键字的映射关联，然而，图像的颜色、形状、纹理等都属于低层次的内容信息，因此，这种技术具有非常先天性的弊端。

一是因为人的学识背景有差异，以至于对一个事物的看法也不

---

① 吴介、裴正定：《底层内容特征的融合在图像检索中的研究进展》，《中国图象图形学报》2008 年第 2 期，第 189—197 页。

一样，所以对同样的图像，每个人有不一样的标示关键字，造成标示的关键字很难形成一致，具有不可避免的主观性和很大的歧义性，如图 6-22 所示，就有可能有"傩文化舞蹈""傩文化传统节日""傩文化面具"等各形各色的标注形式。

图 6-22　图像关键词标注的歧义性

二是由于这种技术目前只能借助人工处理的方式完成图像对应关键词的标注，在图像数据规模不大的小范围应用中还能应付。但是，在大数据时代，图像一般都呈现为大量，根据文本的图像检索技术所需人力极其庞大，也极易出现标示差错，采用人工方式来标示图像的关键字几乎很难完成。

大数据时代的到来，面对大量图像的级数式暴增，亟须一种全新的、更高效的图像检索技术来弥补根据文字的图像检索技术存在的以上弊端，因此，根据内容的图像检索技术登上了历史舞台。

2. 基于内容的图像检索技术

Content-Based Image Retrieval（CBIR）翻译为中文即基于内容的图像检索技术，该技术以弥补基于文本的图像检索技术缺陷为目标,20世纪90年代被提出,其核心思想是:采用计算机自动的方式提取图像的底层视觉特征,在数据库内建立视觉特点与图像本身的一一对应索引;客户提出信息检索请求时,首先要向系统上传一张照片或图像,系统提取该照片或图像的关键视觉特征,接着将这些关键视觉特征与存储于数据库中的视觉特征进行基于相似性的匹配,最终把相似性距离符合部分匹配要求的图像提取出来并显示为检索结果。

这个技术最大的优势就是,检索系统根据图像本身的内容进行检索,检索过程都是由计算机根据算法程序自动完成的,基本上克服了人工标注的主观性和不统一性,可以帮助使用者高效、快捷地检索出高度匹配的图像资料。当前,百度、谷歌、淘宝等网络平台都已经提供了基于内容的图像检索服务,用户只需要提交照片,就可以查询出与之相似的图像,如图6-23所示。

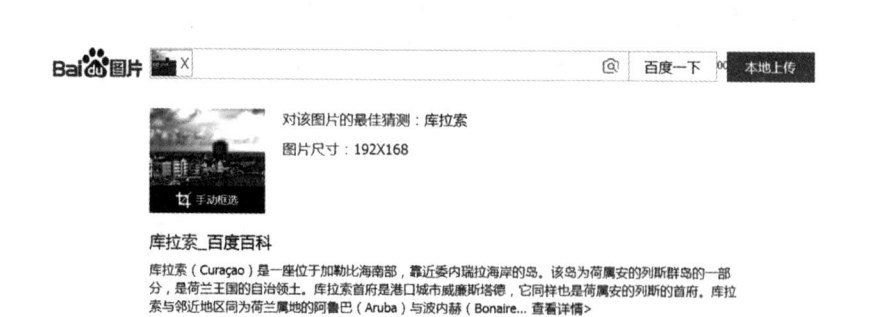

图6-23 用"百度识图"对照片进行检索并得出结果为"库拉索"

3. 基于内容的土家族地区傩文化图像检索系统设计与实现

基于内容的土家族地区傩文化图像检索系统总体架构由五个功能板块构成:用户检索处理模块、图像视觉特征信息提取模块、图像与特征信息的映射模块、图像相似性检索模块和用户检索信息反馈模块,如图6-24所示。

(1)用户检索处理模块。本模块采用多种检索方法供给用户服务,例如:客户可以直接上传图像给系统执行查询,也可以将图像

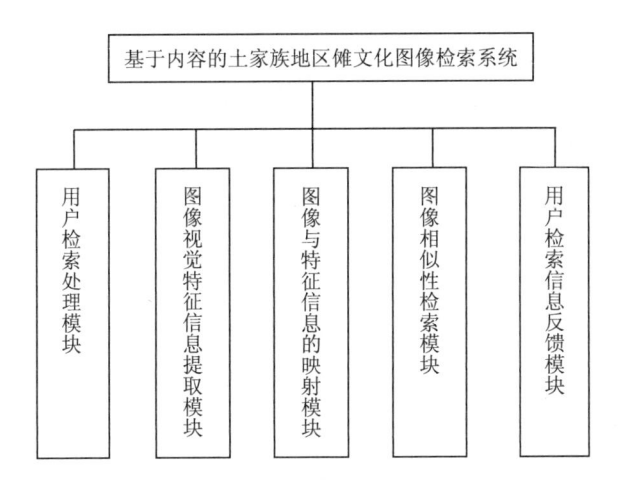

图 6-24　基于内容的土家族地区傩文化图像检索系统架构

大小、色彩、图案等图像属性作为查找条件执行查询。

（2）图像视觉特征信息提取模块。该模块负责两方面的工作，一是提取每张图像的视觉特征信息，并将这些信息上传到图像视觉特征数据库；二是提炼出每张图像中含有的低层视觉信息。该模块的一个关键技术是土家族地区傩文化图像的多粒度拆分及特征提取和融合，具体来说，就是将土家族地区傩文化图像拆分为粗、中、细三种粒度，对三种粒度分别提炼出各自的视觉特征，然后把这些特征整合在一起，形成对土家族地区傩文化图像全面综合的描述。

（3）图像与特征信息的映射模块。该模块的大体工作包括：一是构造映射图像数据库和图像视觉特征信息对应关系的索引，并存储到数据库内；二是选取出与视觉符合特征信息的图像。

（4）图像相似性检索模块。本模块实现在图像库中根据视觉特征检索所需要的图像信息，具体执行中，用户向系统提交图像后，系统提取该图像所涵盖的多粒度视觉特征，然后将提取得到的视觉特征与特征数据库中已有的特征信息实施相似性匹配，依据相似性匹配程度对特征信息进行排序，最终把已排序的特征信息对应的图像展示给用户。

（5）用户检索信息反馈模块。该模块内，系统根据用户采用的检索行为，采取反馈方式将查询结果及分析数据反馈给使用者，进一步提升检索系统的准确率。

（四）基于内容的视频检索

1. 基于内容的视频检索技术

传统的视频检索方法依靠人工输入文字的方式标注视频的标题、属性和主要内容等，其主观随意性太强且费时费力。为解决这一问题，许多科研人员开展了深入的探究，在微软亚洲研究院任职的研究员张宏江博士在1994年首次在全球发表了有关基于内容的图像查询和视频检索方法的论文，这种技术通常称之为 Content-Based Video Retrieval（CBVR），其中文含义是基于内容的视频检索技术，该技术研究视频的顺序结构，以帧与帧之间的内容改变大小区别视频的改变大小，能够解析与处理视频的内容并实现基于内容的视频检索。

视频的本质是连续图像序列，例如一秒钟视频画面是被24帧的静态连续图像所构成，因此，图像的形状、颜色、纹理等视觉特征也自然而然地被引入智能视频分析和视频检索的研究中，经过研究人员多年的努力，基于内容的视频检索技术不断发展，已经能够达到商业应用的水平。

2. 基于内容的土家族地区傩文化视频检索系统设计与实现

根据土家族地区傩文化视频（舞蹈、仪式等）的特点，结合基于内容的检索需要和网络访问的需求，采用模块化方法设计基于内容的土家族地区傩文化视频资源检索系统，系统总的架构分为用户检索模块、视频特征分析及提取模块、检索处理模块，如图6-25所示。

（1）用户检索模块。本模块主要完成土家族地区傩文化视频的检索功能，可以根据视频属性如视频名称、分类等来检索，也可以通过图像的大小、色彩等视觉效果实现特征匹配式的查询，还能够提交一段子视频并根据视频的相似性匹配来实现基于内容的视频检索。

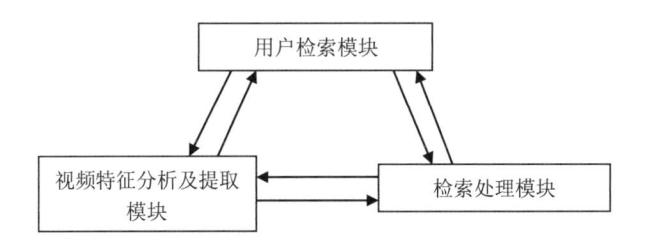

图 6-25 基于内容的土家族地区傩文化视频资源检索系统总体架构

（2）视频特征分析及提取模块。视频数据库中不仅存放视频对应的路径及文件名，通过视频特征分析及提取模块，抽取出所有视频文件的结构分析与特征数据（称为视频数据的逻辑表示），并将这些信息上传数据库以支持土家族地区傩文化视频的检索，由于数据库存放了视频的各种特征，有时称这种数据库为特征数据库。

（3）检索处理模块。该模块将用户的检索信息以格式化形式转换为特征数据库所兼容的模式，然后与特征数据库中的模式进行相似性匹配，以达到视频的内容定位和检索的目标。

（五）基于内容的音频检索

1. 基于内容的音频检索技术

基于内容的音频检索技术的关键是提取音频数据的特征（本质上是音频特征的形式化表示），用户借助音频特征检索算法，即可在音频媒体数据库中检索出相似性程度符合特定条件的音频。[1]

2. 基于内容的土家族地区傩文化音频检索系统设计与实现

在基于内容的土家族地区傩文化音频检索系统内，该系统功能的设计遵循通用流程，涵盖音频特征提取、音质块分割、音频识别

---

[1] 肖健宇：《多媒体数据库系统设计的关键技术研究之一：特征的提取与索引》，《系统仿真学报》2001 年第 A2 期，第 511—516 页。

分类和音频索引检索等过程，如图6-26所示。

```
采集到的音频数据流 → 音频特征提取 → 音频块分割 → 音频识别分类 → 音频索引检索
```

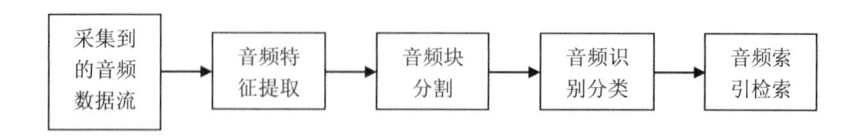

图6-26 基于内容的土家族地区傩文化音频检索关键步骤

其中，音频特征提取目标是建立起音频信息的表示模型，并在音频信息里提取出人类听觉器官能够分辨的生理听觉效果，如声调、响度等。音频块分割将音频数据流切片为大小不同的音频信息块，音频块之间的分割点一般选择产生音频效果骤变的位置。音频识别分类就是将不一样的音频块划分到提前预定义好的特定语义类（根据检索需求划分语义类）。音频索引检索即构建语义类（已完成识别分类）所对应的索引，提高检索效率。

在基于内容的土家族地区傩文化音频检索系统中，用户向系统提交一个绑定属性值的音频实例，系统提取音频实例的特征矢量，对该特征矢量实施模糊聚类，系统最终把经过相似性比对并排序的特征矢量与聚类参数集所对应的音频呈现为查询结果。

（六）基于内容的三维模型检索

1. 基于内容的三维模型检索技术

传统基于文本标注的三维模型检索方法虽然简单，但是费时费力、很容易出现标注的歧义性并导致检索失败，不适合于结构复杂的、知识丰富的虚拟三维世界，而基于内容的三维模型检索技术具有正确率高、快速有效等优点，因此是现在的主流技术。

2. 基于内容的土家族地区傩文化三维模型检索系统设计与实现

基于内容的土家族地区傩文化三维模型检索系统由用户输入模块、三维模型展示模块、模型索引标记模块、模型检索处理模块、模型属性观察板块和检索结果呈现模块等构成，如图6-27所示。

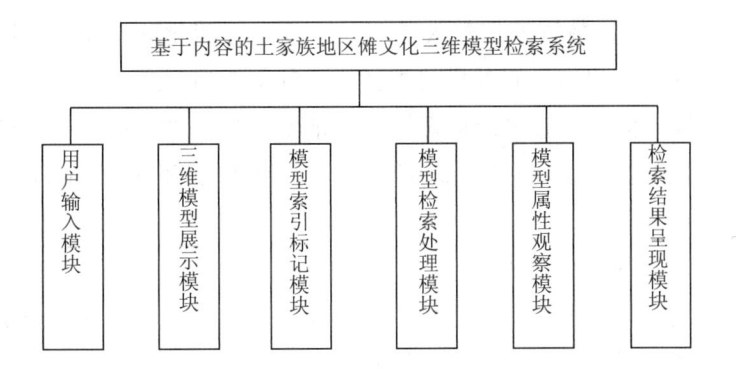

```
              ┌─────────────────────────────────────┐
              │基于内容的土家族地区傩文化三维模型检索系统│
              └─────────────────────────────────────┘
   ┌────────┬────────┬────────┬────────┬────────┬────────┐
   │用户输入│三维模型│模型索引│模型检索│模型属性│检索结果│
   │  模块  │展示模块│标记模块│处理模块│观察模块│呈现模块│
   └────────┴────────┴────────┴────────┴────────┴────────┘
```

图6-27 基于内容的土家族地区傩文化三维模型检索系统架构

（1）用户输入模块接收检索请求，支持多种检索方式。

（2）三维模型展示模块，主要提供虚拟三维模型的查看、缩放和旋转等展示功能，保证用户可以从不同的角度、以不同的大小观察三维模型不同的细节特征。

（3）模型索引标记模块对数据库中的每个三维模型添加检索描述标记，在本模块中还采用了基于小波压缩算法的索引方法，能够在很大程度上提高整个检索系统的稳定性、准确性与检索效率。

（4）模型检索处理模块是从索引数据库中查询出符合检索条件的三维模型。

（5）模型属性观察模块，用户可以通过该模块检索模型的相关属性，如顶点数、线条数、面片数等，能够增加用户使用系统时的体验感。

（6）检索结果呈现模块，将检索结果反馈并展示给用户，由于检索算法无法做到百分之百的检索准确率，因此，采用了模糊匹配方式，根据相似度匹配程度呈现检索结果。

四 用户访问行为分析和个性化主动信息服务

（一）个性化信息服务的基本概念

面对网络信息的暴增，如何从海量数据中快速而准确地检索出有用信息已成为大数据时代颇具挑战性的难题。针对这个难题，利用"点击流"、数据挖掘等大数据技术构建智能化的、面向不同用户需求的个性化信息服务模式提供了一种全新的理念。

个性化信息服务可简单理解为"能给用户提供个性化喜好的信息",其核心特征是"主动式服务",优点主要体现在以下四个方面:

1. 信息服务的针对性

系统采集使用者的操作、偏好等数据,以智能化的方式分析数据,让使用者体验到更加具有针对性的服务。

2. 信息服务的可定制性

客户操作系统时,能够根据自己的喜爱动态地选择使用界面、信息类型和服务方式等,从而获得个性化需求的"私人定制"信息服务。

3. 信息服务的主动性

在以前的风俗的被动服务模式下,特点是"人找数据";而个性化信息服务打造了经过优化的自动服务模式,变成了"数据找人",自动向用户推荐其可能喜欢的内容。

4. 信息服务的智能性

个性化信息服务综合了深度学习、推荐系统等先进的人工智能技术,根据采集使用者的"点击流"数据,构造数学模型,分析用户的心理和爱好等,挖掘出用户潜意识感兴趣的内容,达到智能推荐兴趣内容的目的,再加上垃圾信息的智能过滤,能够极大提升系统的服务质量。

(二)个性化信息服务的主要技术

通过对相关文献的分析,从理论成熟度与实际应用效果两个方面来看,个性化信息服务的技术大致有两类:基于数据挖掘的个性化主动信息服务技术与基于信息推荐的个性化主动信息服务技术。

第一,基于数据挖掘的个性化主动信息服务技术现今使用得最广泛的是 WEB LOG 挖掘,即分析与挖掘 WEB Cookie 中的数据以辨别用户的请求与检索方式。具体来说,经过研究 Cookie 中的数据能够获取用户在页面的点击信息和用户在页面上的浏览偏好等重要数据。根据土家族地区傩文化数字化资源数据、用户的访问数据和用户个人数据等，利用 ETL 技术对这些数据进行清洗，再利用聚类分析和关联分析等核心算法，找出用户感兴趣的文化资源，为其推送满足其个性化需求的信息。

第二，基于信息推荐的个性化主动信息服务技术属于典型的信息自动发布技术，也被业界称为 PUSH 技术。该技术具有自动获取数据的功能，能够对使用者访问数据与检索数据进行研究，并依据数据建立客户兴趣数据库，将相应的数据和这两个库中的数据经过相似性的比对，通过智能筛选，以智能推荐方式向使用者发送其喜好的信息。

（三）土家族地区傩文化的个性化主动信息服务系统设计与实现

土家族地区傩文化的个性化主动信息服务系统以用户的满意为宗旨，旨在满足使用者的个性化主动信息服务和智能化的交互性诉求，系统总体架构分为四部分：人机交互界面层、主动信息服务层、技术支持层、信息数据层，如图 6-28 所示。

人机交互界面层
主动信息服务层
技术支持层
信息数据层

图 6-28　土家族地区傩文化的个性化主动信息服务系统总体架构

1. 人机交互界面层

总体研究思路是方便使用者操作和使用，可向使用者提供两类资源，即事先分类好的土家族地区傩文化数字化资源和为用户推荐满足其他兴趣偏好的资源，后者体现个性化主动信息服务模式。

2. 主动信息服务层

根据土家族地区傩文化数字化资源的特点，主动信息服务层收集和处理两个方面的数据，第一类是使用者主动提交的数据，如使用者个人信息、对资源的评价等；第二类是使用者行为数据，如检索的关键词、访问网页的点击流和停留时间等。主动信息服务层通过这两类数据获取使用者的偏好和兴趣等信息，采用个性化推荐技术在系统中检索与使用者偏好和兴趣模型匹配（用相似度进行评价）的土家族地区傩文化资源并向使用者推荐。主动信息服务层总体思想是针对使用者特征的信息智能过滤和相似度比对，但是，由于该层得到的数据都涉及使用者个人隐私，所以该层还必须采用安全性保护技术来避免使用者私人信息泄露。

3. 技术支持层

该层为信息数据层中的数据的清洗、加工、整合等操作提供技术支持，综合运用了 NoSQL 数据库、数据挖掘和信息主动发布（或 Push）等高新技术。

4. 信息数据层

该层是系统的基石和数据来源，主要存储两大类的基础数据信息：土家族地区傩文化数字化资源和使用者信息，如前所述，使用者信息由使用者主动提交的数据和使用者行为数据共同组成。

第六节　本章小结

本章首先从原真性、完整性、连续性、交互性、可持续性等几个方面介绍了土家族地区傩文化的数字化传承原则。其次，讨论了我国文化遗产数字化传承需要着力解决的问题。再次，通过研究大数据在文化遗产数字化传承中的应用现状，讨论了大数据背景下的土家族地区傩文化数字资源管理的思路。最后，详细介绍了土家族地区傩文化的智能化交互式展示平台的设计思路、总体架构和平台所涉及的二维展示技术、三维交互体验设计、多种形式的资源查询设计，以及如何利用用户访问行为分析与个性化主动信息服务为土家族地区傩文化的数字化传承提供更加智能化技术支持。

第七章
土家族地区傩文化数字虚拟博物馆设计构建

博物馆的产生源于人们对文化传承保护和对文物进行收藏的意识。国际上对博物馆通常界定为"博物馆是一个不追求营利的、为社会和社会发展服务的、向公众开放的永久性机构,为研究、教育和欣赏的目的,对人类和人类环境的见证物进行搜集、保存、研究、传播和展览"①。我国博物馆在《省、市、自治区博物馆工作条例》中明确规定:"博物馆是文物和标本的主要收藏机构、宣传教育机构和科学研究机构,是我国社会主义科学文化事业的重要组成部分。"②"博物馆通过征集收藏文物、标本,进行科学研究;举办陈列展览;传播历史和科学文化知识;对人民群众进行爱国主义教育和社会主义教育,为提高全民族的科学文化水平,为我国社会主义现代化建设做出贡献。"③

数字信息化时代的技术革命不断改变博物馆的存在形态,传统的实体博物馆纷纷介入互联网技术,为博物馆建设和网络推广提供了网络多媒体技术支持。在实体博物馆网站建设过程中,大有借助多媒体展示技术手段再到目前虚拟数字博物馆构建的发展趋势。比如,贵州傩文化博物馆建设的网站(如图7-1所示),

---

① 徐士进:《数字博物馆概论》,上海科学技术出版社2007年版,第11页。
② 国家文物局:《中国文化遗产事业法规文件汇编(1949—2009)上》,文物出版社2009年版,第89页。
③ 《省、市、自治区博物馆工作条例》,江西历史文物1980年版,第2—4页。

重在对实体博物馆的宣传使用户单方面接受信息，是一种单向的呈现和展示。而本书探索构建的土家族地区傩文化数字虚拟博物馆（如图7-2所示），重在对土家族地区傩文化的信息传播，使用户通过数字可视化得到仿真的体验，是一种双向的交互体验。目前，大众往往对实体博物馆与数字虚拟博物馆在网站建设认识上存在诸多的混淆，原因之一是由于两者均以互联网为传播载体，然而两者之间有着较大的区别。比如，在展示的技术和载体、展示的方法与手段，信息传播的载体和路径、信息资源的整合和利用以及服务的对象等方面。前者注重于在实体博物馆实现收藏展示、教育研究、网站传播等，仅仅是采取了极其有限的馆藏展示功能。后者却在信息采集的管理方式、展示形式、内容信息的收集和整理、加工存储、传播利用和受众体验上都有互联网多媒体技术与数字化技术的全程参与，强调以网络虚拟现实数字手段，实时体验身在其中的真实感。换句话说，土家族地区傩文化数字虚拟博物馆为公众提供了一种更为便捷更为优质地了解土家族地区傩文化的信息通道。常规博物馆网站更多地是停留在实体博物馆内容的延伸介绍与宣传推广上，仅仅是对博物馆某些相关信息内容进行了数字化处理而已。数字虚拟博物馆通过虚拟现实技术，让人在视觉、听觉、触觉上有着身临其境的真实体验，在仿真性和体验性上是实体博物馆无法比拟的。"数字博物馆是以数字化技术和形式向社会公众传播自然或文化遗产相关知识的信息服务系统"[①]，这也说明了数字博物馆更多地体现了传播实体的虚拟化、信息资源的数字化、传播途径的网络化、资源利用的共享化、信息获取的智能化、展示传播的多样化，与传统实体博物馆比较而言，更多地强调数字化、体验性和交互性，是实现傩文化遗产资源数字化保护传承和开发利用的数字信息服务系统。

---

① 徐士进：《数字博物馆概论》，上海科学技术出版社2007年版，第14页。

第七章　土家族地区傩文化数字虚拟博物馆设计构建　　·251·

图 7-1　贵州傩文化博物馆宣传网站首页界面

图 7-2　土家族地区傩文化数字虚拟博物馆欢迎界面

第一节　傩文化数字虚拟博物馆设计的相关理论

土家族地区傩文化数字博物馆设计的相关理论应用涉及计算机

网络技术、多媒体信息技术、虚拟现实呈现技术（三维图形图像、立体显示系统、互动娱乐、特种视效）、数据库技术、人机交互技术、人工智能技术、分布式数字信息资源系统库等。这些理论的运用可以将土家族地区傩文化资源以三维立体的虚拟现实方式完整呈现给大众。

具体说来，就是通过数字信息技术来获取土家族地区傩文化的信息数据源。比如，利用高像素、高精度的相机和扫描仪对傩文化非物质文化遗产资源进行采集、获取、修复、复原，生成傩文化的图形信息、二维与三维的数字图形，再转换成数据信息进行保存、展示、传播、共享；利用现代数字三维扫描设备对土家族地区傩文化实物道具的三维信息进行扫描获取，对祭祀活动中的数字影音进行记录采集，对活动表演技艺的数字视频进行摄录采集等；利用数字建模技术、虚拟再现技术、后期编辑处理等数字技术手段，来实现傩文化的虚拟展示和人机交互，完整地展示傩文化的信息空间。再将传统博物馆的功能及业务范围与计算机互联网活动紧密结合，构建虚拟数字博物馆所需要的信息传播交换，可以把枯燥的信息数据变成鲜活的图形图像、三维仿真模型，引导公众在数字博物馆的虚拟环境中交互式体验，引发大众浓厚的兴趣，达到民间文化传播的目的。数字博物馆信息虚拟化、资源数字化、传递网络化、利用共享化、提供智能化、展示多样化等特性可以将土家族地区傩文化数字博物馆的数字功能发挥到极致，可以借助数字信息技术手段，将傩文化的非物质文化遗产资源虚拟再现，从而达到最大化的传承保护和最大范围内的传播推广。

目前，关于土家族地区傩文化的数字博物馆界面设计研究已经有了理论雏形（如图7-3所示），在VR系统中的四类不同数据来源和所起作用的数据生成平台已基本构建。虚拟现实系统的虚拟场景漫游由视频、图像、光谱、扫描仪等数据采集设备和虚拟三维建模软件共同协作完成。在土家族地区傩文化数字虚拟博物馆建设中需涉及计算机网络技术、虚拟现实技术、多媒体信息技术、资源数据库技术、人工智能技术、人机交互技术等数字技术，从而构建分布式数字信息资源系统的技术群（如图7-4所示），用户可在漫游场景过程中，通过鼠标或操纵杆等命令键入方式，调度和控制模型数据以锁定漫游视点，进行虚拟漫游体验。

图7-3 土家族地区傩文化数字虚拟博物馆首页（分类资源）界面

DM:土家族地区傩文化数字虚拟博物馆
1.计算机网络技术
2.多媒体信息技术
3.虚拟现实技术
4.资源数据库技术
5.人工智能技术
6.人机交互技术
7.土家族地区傩文化数字信息资源系统

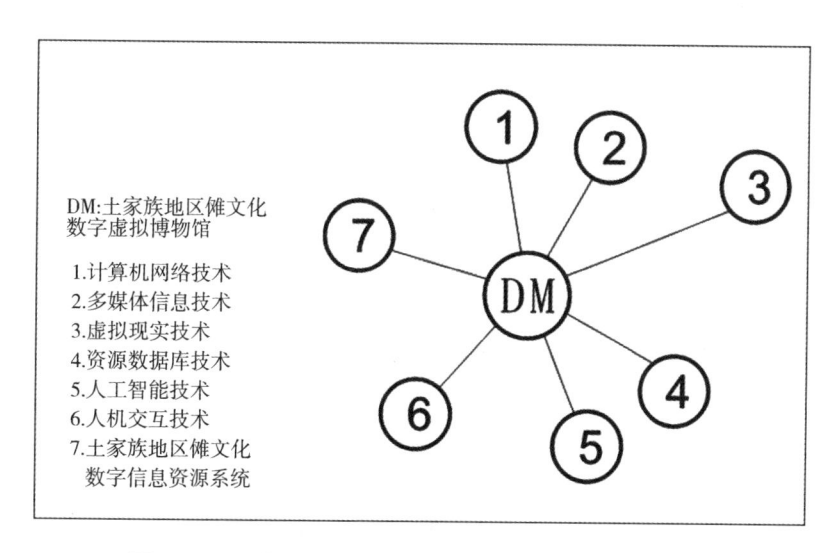

图7-4 土家族地区傩文化数字虚拟博物馆实现技术群

一 数字虚拟博物馆的技术支持

（一）基于计算机网络技术的虚拟现实技术

虚拟现实理论是美国 VPL Rasearch 公司的创始人 Jaron Lanier 在 1989 年提出的，就是利用数字图形图像生成系统和各种控制操纵软件，生成虚拟的现实场景，给受众提供可交互体验和沉浸的技术，包含虚拟（Virtual）和现实（Reality）两部分，虚拟现实（Virtual Reality，VR）一词随后成为学界的专业名词。虚拟现实技术之父 Ivan Sutherland 认为虚拟现实技术的根本就是人与计算机的交互交流，人可以通过计算机这个屏幕感受到一个虚拟的世界，而这个虚拟的世界可以使人在视觉、听觉、触觉、嗅觉等都感受到真实的体验。"虚拟现实（VR）是以计算机技术为核心，结合相关科学技术，生成与一定范围真实在视、听、触感等方面高度近似的数字化环境，用户借助必要的装备与数字化环境中的对象进行交互作用、相互影响，可以产生亲临对应真实环境的感受和体验，虚拟现实是人类在探索自然、认识自然过程中创造产生，逐步形成的一种用于认识自然、模拟自然，进而更好地适应和利用自然的科学方法和科学技术。"[①] 基于虚拟现实（VR）技术的数字虚拟博物馆设计，目前在国内尚处起步阶段，数字虚拟博物馆建设是一个系统的多技术整合工程，需要多种科学方法的介入，虚拟现实技术是其中最为重要的一种数字技术，因此，虚拟现实技术理论是数字虚拟博物馆建设中要用到的最重要的理论。

土家族地区傩文化数字虚拟博物馆的建设，主要是通过土家族地区傩文化遗产的信息进行以数字化获取、存储、处理、展示和传播共享，将博物馆与新媒体、数字化、新技术相结合，实现存储数据化，展示虚拟化，交互网络化。利用互联网综合技术＋综合性服务可以为用户提供土家族地区傩文化数字化虚拟现实展示与传播、

---

① 赵沁：《虚拟现实综述》，《中国科学（F辑：信息科学）》2009 年第 1 期，第 2—46 页。

知识教育、后续研究以及开发利用的信息服务。其中，虚拟现实技术与可视化技术的结合则是最大化服务于用户的仿真体验（如图7-5所示）。所以，数字虚拟博物馆在土家族地区傩文化的保护与传承、传播与共享上具有重要的意义。

土家族地区的傩文化作为中国民间土生土长的原始民间信仰，在很大程度上只局限于当地少数民众和傩文化工作者这一小群体中，如果要让傩文化实现传播与弘扬，土家族地区傩文化数字虚拟博物馆的构建将起到极为重要的作用，将从虚拟馆藏展品的数字虚拟展示和虚拟场景的仿真体验等方面推动土家族地区傩文化遗产的数字化进程，为土家族地区的民间文化遗产提供最大限度上的原真形态和数字化保护做出贡献。

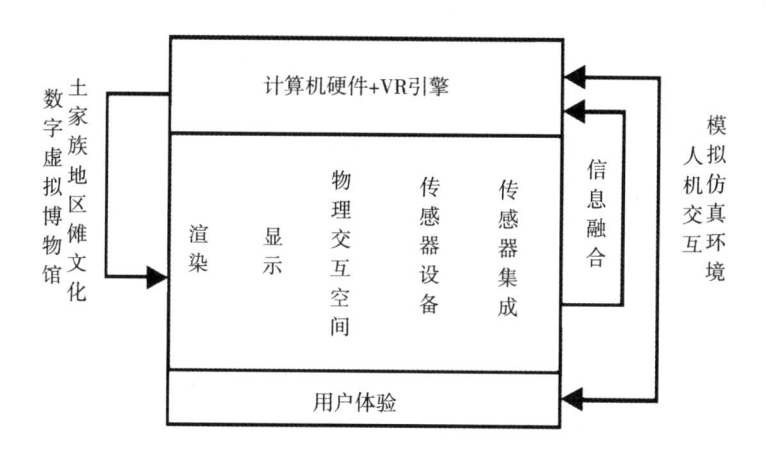

图 7-5 土家族地区傩文化数字虚拟博物馆虚拟现实技术实现原理

（二）多媒体人机交互技术

人机交互（Computer Human Interaction，CHI）也称 HCI（Human Computer Interaction），是研究人、计算机及其相互影响的技术，其核心是人机界面，它是计算机与人之间通信和对话的接口，是计算机系统的重要组成部分。① "多媒体从普遍意义上讲也包含多媒体技术,从狭义来看,是指人类用计算机或类似设备交互处理多媒体信息的方法和手段(如 I/O、传输、存储、处理等),广义上讲,则指的是和信息处理有关的所有技术与方法的一个领域(包括广播通信、家用电器、印刷出版等)。"② 土家族地区傩文化数字虚拟博物馆信息内容展示主要运用狭义含义的多媒体交互技术。

多媒体展示方式能够调动人类对信息感觉的综合感受力,以便能更好地进行信息沟通。人们往往可以通过多媒体交互技术的展示来理解文化语言、文化图像以及其他的文化信息,这是因为多媒体人机交互技术跨多个学科,涉及计算机、图形学、数字通信等多个领域,内容包括多媒体计算机技术、网络数据库、网络通信、多媒体信息组织和多媒体表现等技术,是融合计算机图文处理、影音视频技术、虚拟现实展示、智能交互为一体,从而实现多媒体人机交互的数字展示。

在土家族地区傩文化数字虚拟博物馆设计的建设中,多媒体界面展示技术是数字虚拟博物馆设计的重要环节,包括多媒体集成技术、智能化技术与界面模型技术,是将文字、音频、图形图像、影音视频、动画等多种形式为一体,生成动态的、与时间有关的多媒体界面,能将土家族地区傩文化的数字信息按时间序列呈现给受众的一个界面窗口,受众可以有效、快速、安全地浏览、查阅、搜索、分享这些数据信息。利用土家族地区傩文化数据库能提供对土家族地区傩文化数字媒体信息进行编辑、查询、检索、讨论、分享等。总之,多媒体交互技术可以有效实现人与计算机的对话,它可以将博大精深的傩文化体系与土家族地区的民俗信仰及多种民间技艺更加生动立体地呈现出来。

---

① 杨帆、赵立臻:《多媒体技术与信息处理》,中国水利水电出版社 2012 年版,第 300 页。

② 吴玲达:《多媒体人机交互技术》,国防科技大学出版社 1999 年版,第 14 页。

二 数字虚拟博物馆 VR 应用的必要性和可行性

自 21 世纪互联网技术飞速发展并介入人们日常生活以来，一种全方位数字化的生活序幕就此展开。众所周知，博物馆是集收藏、研究、陈列、保护和传播展示人类历史和见证物的机构，它由展品、设施设备、从业人员及持续向社会开放等有机构成，但在承担的社会功能和展示的技术方式上，不同地区和不同文化背景的博物馆有一定的差异。但随着数字技术的发展，数字虚拟博物馆成为博物馆发展中的一种新兴技术的代表，正如 2002 年澳大利亚博物馆界对博物馆的新定义那样："博物馆通过利用实物（objects）和概念（idea）展现过去和现在并展望未来来帮助人们认识世界，是一个为大众利益而建立并长期服务于大众的永久的非营利机构"[①]，2015 年年底，以"互联互通·共享共治——构建网络空间命运共同体"为主题的第二届世界互联网大会召开，明确了互联网是未来世界发展的推动力量，各行各业都介入到互联网发展中来，在会上，专家学者，以及互联网大佬们一致认为，虚拟现实（Virtual Reality, VR）是将来互联网产业、泛娱乐行业、科技界发展前景看好的数字应用技术。

基于 VR 技术对土家族地区傩文化数字虚拟博物馆进行设计，是对土家族地区傩文化的"静态保护"与"活态传承"的数字化信息技术实现的重要方式，是建立一个更为开放和包容的数字信息技术为基础的土家族地区傩文化综合数据研究平台，为傩文化的保护传承、开发利用提供更为优质的服务。概括地说，土家族地区傩文化数字虚拟博物馆的工作内容：一是傩文化（傩祭、傩戏、傩舞、傩艺为基本载体的一种典型民间民俗口头曲艺、仪式表演、民俗活动、原始技艺等）的相关资料细分，即文献分类、主题标引、著录和目录索引等；二是傩文化三维信息个性化表达，尽量完整地采集和存储土家族地区傩文化遗产源；三是对傩文化尤其在傩文化

---

① 徐士进：《数字博物馆概论》，上海科学技术出版社 2007 年版，第 11 页。

民间民俗口艺表演、仪式演出、民乡民俗演出、原始技艺方面实现数字化的呈现方式；四是傩文化的全球互联网传播、信息共享。

在现代博物馆功能已经从原来对文化收集保护典藏为主逐渐转变为利用现在技术手段对信息资源进行全方位展示、传播和复制分享。土家族地区傩文化数字虚拟博物馆的设计实现将为中国非物质文化遗产保存以及对学术研究与产业化发展提供具有价值的现实案例，并将推动整个民族文化产业的可持续发展。

三　数字虚拟博物馆 VR 应用实现

VR 在土家族地区傩文化数字化虚拟博物馆中主要有如下几个方面的应用。

（一）傩文化展品资源的数字化整合

土家族地区傩文化数字虚拟博物馆最显著的特征，就是对傩文化有关的信息进行数据存储和数字展示。将傩文化活动中所用到的面具脸谱、书籍文字、傩具傩器等，以及在仪式空间呈现的祭祀活动、傩歌傩舞、民间演艺等文化信息，综合运用数字虚拟展示和多媒体交互技术，再以互联网络为传播渠道进行展示。因此，傩文化展品资源的数字化整合，除了文本信息之外，或以多角度拍摄的高清图像图片，或以一段祭祀活动、傩歌傩舞的视频动画，或是一个逼真的实物道具三维模型等多种数字形态进行系统整合，可以任由用户通过与计算机进行人机交互，利用鼠标控制旋转、放大，或以多角度立体的观赏浏览。

利用虚拟展示和交互技术可以将这些大容量的傩文化数字信息给予规范有序的存储、组织和管理，并在网络上超越时空的推广和传播。同时，互联网技术在信息的存储、信息的组织、信息的检索和信息的传播方面能迅速地提高展品的利用效率，能极大地拓宽信息传播的领域。将丰富多彩的傩文化数字展品资源，采取灵活快捷的获取方式，使得用户能够更加便捷地在网上浏览和查阅他们感兴趣的信息，而不必受到实体博物馆在时间和地点上的限制。换句话说，土家族地区傩文化数字虚拟博物馆的虚拟现实与参与分享式功能,就是把使用者作为中心,成功地解决了人们在任何时间、任何地点,以任何网络工具连接互联网的数字设备来访问傩文化的相关知识和信息的问题。

(二)傩文化遗产的虚拟展示和交互

土家族地区傩文化数字虚拟博物馆能打破时空的限制,不受时间地域空间的约束。从时空性来看,用户可以在不受时空限制的情况下,随时随地在网络环境中检索、浏览傩文化相关的信息;从展示形式来看,可以不受建筑面积或陈列空间的限制,将整个傩文化系统收藏、存储的信息作为展示对象进行最大化的虚拟呈现和展示(如图7-6示);从展示范围来看,除了土家族地区傩文化数字虚拟博物馆的馆藏展品外,还可以通过超链接功能和信息检索分析功能,对展品信息资源在相关数字资源平台之间进行任意切换、延伸,从而达到多层次、多维度的虚拟再现陈列展示效果。例如,采取三维建模技术与图形图像处理技术,能够把傩面具的内部结构、形态特征、参用方式和该面具的角色特征,形象逼真地模拟展示出来,给受众带来视觉上的逼真和心灵上的震撼;又如,通过链接技术将傩文化研发设计出来的相关创意产品与网络购物消费链接,使用户可以自行选择购买关于傩的文化创

图7-6 土家族地区傩文化数字虚拟博物馆三维展厅界面设计

意产品。虚拟博物馆的虚拟展示与交互功能使用户能在仿真情境中体验真实感，用户能够更加方便、不受时空限制对傩文化信息进行点击获取，同时，还可通过智能交互技术来完成彼此沟通交流、互动分享。

（三）傩文化信息资源的人性化服务

数字虚拟博物馆的开放性、交互性已成为土家族地区傩文化数字虚拟博物馆区别于贵州傩文化博物馆网站功能的明显特征。利用计算机虚拟技术生成逼真的博物馆虚拟展示环境，作为土家族地区傩文化数字资源的"馆藏地"，这不仅能够提供很强的交互性虚拟展览，同时还能通过用户平台对用户的各种需求进行分析，将得到的需求信息在线与其他用户进行数字资源之间的互动交流。比如，登录土家族地区傩文化数字虚拟博物馆的用户可以与同时在线的其他用户进行虚拟参观和在线交流，分享体验，利用沉浸其中的虚拟交互仿真环境、对展品实现点击获取、虚拟漫游、交互体验，可以使更多的用户参与其中，并提供更加直观、个性化的资源共享服务。

从信息传播效果来看，根据人们的视觉经验而言，视听效果俱佳的视频图像更优于抽象文字与静态实物展示。从选择信息效果来看，人们能够凭借自身的关注点，在大量的展品信息里直接查找调阅，能高效地达到对个性化的信息需求，很大程度上减少对无关目标信息时间、精力上的浪费。从参观用户体验舒适度来看，数字博物馆很好地避免了实体博物馆人满为患的极差体验效果，还可以避免观众舟车劳顿之苦，足不出户就可以免费参观和查阅资料。观众在参观虚拟展厅的时候也不需要下载安装任何客户端软件，整个操作过程仅仅靠鼠标的移动点击即可完成，使用户可以舒适地获取所需的目标信息。

四 数字虚拟博物馆的建设内容

（一）土家族地区傩文化数字资源库建设

土家族地区傩文化数字虚拟博物馆的资源建设，主要采用数字技术对傩文化进行数字化采集储存、修复还原、展示传播、交互分享的数字化资源平台建设，其中包括对傩文化展品的数字化虚拟再现，以及对傩文化生存空间的数字化模拟重建。一般来说，土家族地区傩文化的数字化形态展品都要对应其展品的信息属性，因此，就有必要对傩文化展品的信息属性进行界定，如名称、类别、特点描述（如外观、形态等）以及相关背景资料的介绍等。土家族地区傩文化数字化形态的展品收集主要是对这些展品进行数字化成像采集、整理编辑，制作与其背景知识相关的图形图像、动画特效、视频影像、音频、微电影等数据资料。对于比较珍贵的面具脸谱、道具法器等，则可以利用三维建模技术对其进行三维重建，通过逼真的纹理映射获得真实的三维拟真效果。

土家族地区傩文化数字化虚拟博物馆将展品资源分为两大类，一类为面具、服饰、法器道具实物类，一类为傩仪、傩技、傩舞、傩艺等仪式场景类。通过多个虚拟展厅在线展出，如图7-7所示。

图7-7　土家族地区傩文化数字虚拟博物馆多媒体虚拟展厅导航界面

（二）土家族地区傩文化数字系统平台建设

土家族地区傩文化数字虚拟博物馆作为传播傩文化的新型载体，担负着对该地区傩文化馆藏资源实现数字化保护、管理、共享和动态展示的功能。为了实现对分散的土家族地区傩文化数字典藏资源进行集中式展示，提供信息资源集中展示和信息集成服务的技术支持，保障土家族地区傩文化数字资源的共享，这就需要一个开放性、灵活性和可扩展性的数字系统平台，来支撑虚拟博物馆的功能实现，以提供浏览、检索、体验、交互等相关的信息网络服务。这个系统平台的建设，首先要满足便于内部的管理编辑使用，还要便于外界用户能够进行顺畅的交互和信息的分享。

土家族地区傩文化数字虚拟博物馆系统平台建设包括硬件建设和相应的支撑软件建设。硬件包括服务器和各种信息输入输出设备以及互联网络，这是构成土家族地区傩文化数字虚拟博物馆运行的硬件基础。相关支撑软件平台包含土家族地区傩文化展品资源的采集录入、存储管理、展示再现和交互利用的整个过程，是土家族地区傩文化数字虚拟博物馆对外发布展品、展示藏品、实现资源共享的服务支撑平台。其中，包括土家族地区傩文化数字化展品资源管理系统、土家族地区傩文化最新展品动态发布系统、土家族地区傩文化展品数字版权保护系统等。土家族地区傩文化数字虚拟博物馆的数字网络信息平台作为傩文化信息资源整合与傩文化信息门户的展现，在设计功能上，包括土家族地区傩文化展品资源管理功能、土家族地区傩文化展品信息检索查询功能、土家族地区傩文化展品数字化资源版权保护功能以及面向网格环境的傩文化最新研究动态信息拓展服务功能。

（三）土家族地区傩文化数字资源描述规范建设

土家族地区傩文化数字展品资源描述和处理是土家族地区傩文化数字虚拟博物馆建设的核心内容。傩文化展品资源的完整信息描述和信息处理，包含资源信息发现、资源信息描述、资源信息处理及资源人机交互的体系标准，并承担对外提供标准数据访问和融合的接口功能。针对土家族地区傩文化的特殊性，数字虚拟博物馆的数字资源包括傩文化仪式空间、实物道具、傩仪傩技的信息描述。通过数字化采集的图形图像、影音视频、三维动画、虚拟模型、文本文字等数据资源进行加工整理、规范描述和数据处理，再通过数字信息技术，将傩文化信息进行数字化转换，形成文本图像、图形图片、活动影像、影音视频、三维模型以及数字文档等多种形式，再进行数据资源的存储、管理、查询、检索和发布，使这些资源能够在网络上传播与共享，从而达到最大限度地保护与传承利用。

（四）土家族地区傩文化数字虚拟博物馆信息资源开发

土家族地区傩文化数字虚拟博物馆是傩文化实体博物馆在信息时代的拓展和发展，它不仅仅是将傩文化实体博物馆中的展品进行简单数字化后存放在互联网上，而是将实体博物馆的功能加以扩充，并融合先进的科学技术、将各个时期各个区域的傩文化资源进行整合，向用户提供综合的信息资源查询、检索、研究、共享的服务。因此，土家族地区傩文化数字虚拟博物馆的建设并不只是简单的傩文化展品数字化，而是基于傩文化资源的数字信息服务，这才是土家族地区傩文化数字虚拟博物馆的关键价值所在。然而，这些数字信息服务的实现和支撑需要一系列关键技术的研究开发，包括提供多元化展品资源展示方式的数字博物馆三维动态布展技术；支持跨领域多馆协同的数字博物馆信息资源检索技术；支持数字化展品资源快速定位查询技术；支持展品数字信息资源元数据交换的数据交互操作技术，并且解决信息服务的数字博物馆网格技术等。通过这些关键技术的运用，才能最大化地完成傩文化数字资源的开发和利用。

第二节 傩文化数字虚拟博物馆建设框架

一 数字虚拟博物馆建设需求分析

（一）社会发展的需要

2015年，在中国有两个重要的会议召开，一个是以"互联互通·共享共治——构建网络空间命运共同体"为主题的第二届世界互联网大会，另一个是以"推进公共文化服务——博物馆的信息化之路"为主题的第六届北京数字博物馆研讨会，其中，在数字博物馆研讨会上对几个分议题："让文物活起来——博物馆的数字化创意""记得住乡愁——文化遗产数字化及保护""共享利用新常态——博物馆资源数字化开发与共享利用"有着深入的探讨。① 这些会议对互联网、对博物馆、对数字化及信息化的关注和热议,说明了当下公共文化建设潮流和未来发展趋势,其热点关键词为信息化、数字化、交互虚拟现实等。傩文化在学术界、艺术界有着"中国古文化的活化石""中国戏剧文化的活化石"的美誉,说明了傩文化在中国传统文化中的重要地位,包含傩仪、傩歌、傩舞、傩戏、傩艺等丰富的民间民俗文化遗产,负载了土家族地区丰富的人文历史和珍贵的民俗风情。但是,依靠传统实体博物馆的文化传承和保护方式已经远远不能满足时代的要求,所以就需要建设一个适合当前"互联网+"背景,更加有效地利用数字化、虚拟现实技术等手段对土家族地区傩文化数字化的虚拟博物馆,来对土家族地区傩文化担负起保护传承、濒危抢救、传承发展的功能。

（二）传承保护的需要

在信息匮乏时代,土家族地区的人们面对自然、社会、人生际遇中的很多无法解释的现象时,寄托于神秘的傩,希求通过傩的活动获得心灵的慰藉,因此,大家都崇拜傩、推崇傩、繁荣傩,傩成为人们最好的心灵寄托和文化生活。然而,随着历史的发展、社会的变革、经济的繁荣,互联网的进一步普及,曾被学术界、艺术界誉为"中国原始文化的活化石""中国古文化的活化石""中国戏剧文化活化石"的傩文化,其生存与发展都不容乐观。尤其是受现代快餐式的文化消费观的影响,在很大程度上影响了人们的思维方式和价值观念。从某种程度上,也动摇着傩文化所蕴含的神秘感。傩文化曾经风光无限的超能力已渐渐褪去,徒留有傩的表演形式而淡化了原有的精神价值,其生存空间越来越狭小。虽然得到政府、学界的关注也不少,但是要使其持续发展,仍然任重道远,尤其是

---

① 倪思洁：《第六届北京数字博物馆研讨会召开》,《中国科学报》2015年6月16日（第4版综合）。

傩文化传承人的断代问题尤为严重。如何避免"人亡歌息""人去艺绝"的文化传承危机，已成为当前土家族地区傩文化保护与传承面临的巨大压力。

因此，对于傩文化遗产资源的传承保护与开发利用，运用先进的数字信息技术建立土家族地区傩文化数字化虚拟博物馆是目前最为有效的解决办法。土家族地区傩文化数字化虚拟博物馆的建立，能够很好地解决傩文化资料易老化失真，难以保存的难题。比如，采用数字信息技术，把文字资料、唱腔伴乐、面具脸谱、仪式影像、传承谱系等数字编辑转化成数字化格式，生成虚拟场景，以打破时间与空间的限制，最大限度地在虚拟展厅中将傩文化进行动态的展示，便于人们更加直观、全面、清晰地从多角度去了解傩文化。

（三）传播发展的需要

1. 信息传播媒介发生新旧交替发展

传统媒体向数字媒体的转型发展标志着文化信息传播介质的更加丰富、便捷、迅速。土家族地区傩文化数字虚拟博物馆的建设为土家族地区傩文化知识传播提供了一种崭新手段，比如，按数字博物馆的建设要求来组织数字资源，再通过数字博物馆强大的综合智能信息服务，可以实现土家族地区傩文化知识体系进行展品资源的检索，还可以实现跨学科、跨领域、跨馆藏对傩文化进行多方检索查阅，这就使得用户可以在任何时间地点，只要进入土家族地区傩文化数字虚拟博物馆系统，就可以便捷地获得所需要的与傩文化有关的目标信息资源，从而极大地保存、传播和推广土家族地区的傩文化丰富资源。

2. 信息传播展示方式动态交互发展优势

如今，利用网络多媒体、虚拟现实与信息资源管理等技术，使土家族地区傩文化数字虚拟博物馆以立体、动态、交互的非线性方式组织傩文化信息的呈现，将极大地改善傩文化的实体博物馆以平面、静态、线性展示方式的不足之处。这种技术手段既可以将分散在各傩文化实体博物馆的馆藏品综合起来进行数字化展示，也可以采用文本图片、图形图像、影音视频等手段将民间还未收藏的傩文化遗产进行综合展示，把线性和平面的傩文化知识转化为三维和非线性的立体傩文化信息系统，以全面、科学地表达傩文化展品所承载的内涵信息。土家族地区傩文化数字虚拟博物馆不仅对傩文化实现虚拟再现，传播和分享功能，还能够避免枯燥的说教式、静态化的呈现效果，营造出轻松愉快的体验环境，使人从灿烂神秘的土家族地区傩文化体验中激发出对本土文化的热爱，使大众更好地达到对傩文化知识内容的理解和掌握。对土家族地区傩文化数字虚拟博物馆虚拟展厅中所用的全景图片和三维模型，采用直观性和参与性的动态交互浏览方式，还能使大众更好地感受土家族地区傩文化艺术意蕴，体会到民间传统文化的无穷魅力。

二 数字虚拟博物馆系统结构设计

在土家族地区傩文化数字虚拟博物馆的系统结构方面，采用了当前诸多数字博物馆建造所普遍使用的体系架构，这个结构的设置能有效地帮助土家族地区数字虚拟博物馆发挥其功能作用，即将多层面土家族地区傩文化数字信息采集形成土家族地区傩文化综合数字信息资源库，便于系统地管理，方便访问与查询，即时发布与传播，有效地保护数字资源的安全。

为满足土家族地区傩文化数字虚拟博物馆作为非物质文化遗产传承载体的特殊性，将虚拟博物馆管理系统设计为四个层级，分别是：土家族地区傩文化数字信息存储层；土家族地区傩文化展品情况描述层；土家族地区傩文化展品查询及虚拟展览服务层；用户交换使用应用层。这四个层次的关系是逐级递增，存储是最基础的层级，描述层建立在存储层之上，服务层建立在描述层之上，应用层是基于存储、描述、服务这三个层级之上，如图7-8所示。

（一）数字虚拟博物馆数字资源存储层结构

在土家族地区傩文化数字虚拟博物馆的存储层结构中，大量的土家族地区傩文化的遗产资源将被作为数据以文字、音频、图像、视频的形式进行保存，构建傩文化数据资源库。比如，图形图像通

```
应用层 ─────┬─ 用户
           │  普通用户/管理用户

服务层 ─── 页面导航 │ 二维立体虚拟展示 │ 虚拟展厅布展 │ 系统管理
           土家族地区傩文化目标信息检索 │ 土家族地区傩文化数字资源版权保护

描述层 ─── 土家族地区傩文化数字虚拟博物馆
           傩文化数字资源元数据描述

存储层 ─── 多媒体形态的土家族
           傩文化数字资源库
```

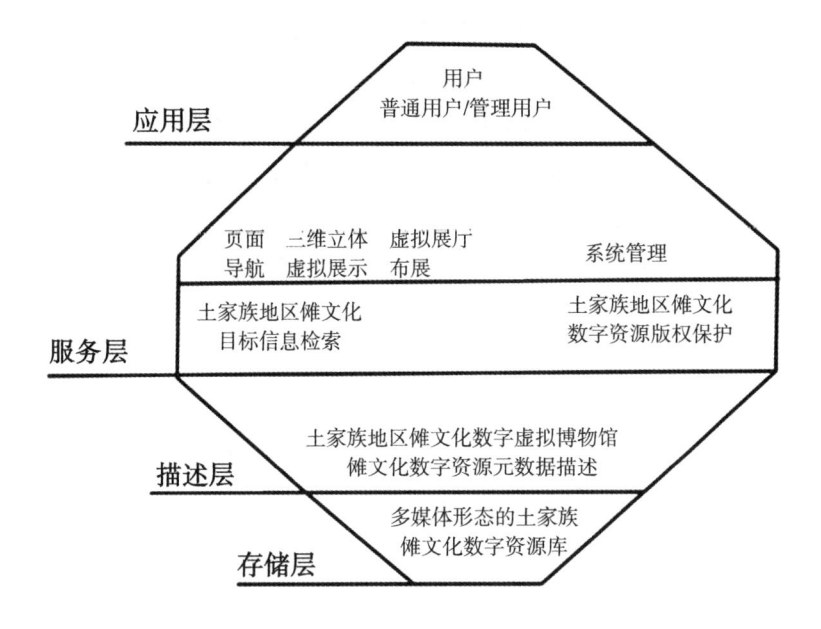

图 7-8　土家族地区傩文化数字虚拟博物馆系统架构

过浏览器进行点阅浏览，傩仪式活动的表演视频录像通过数字影音播放器播放，傩面具的手工雕刻过程被以 Flash 动画进行演示等。建立数据信息资源库是实现傩文化数字化保护的前提条件，是傩文化得以实现传承，传播与共享的基础环节。

（二）数字虚拟博物馆数字资源描述层结构

在土家族地区傩文化数字虚拟博物馆的描述层结构中，提供了对存储层数据资源库中元数据的详尽描述，这些描述内容包含了傩文化展品本身的特性和媒体资源的属性。由于大量的、各种形态的傩文化资源都可以存储在数据库，为了有效、科学地管理这些数据资源，就需要对这些数据的特征和属性进行描述，以便人们高效地获取、检索与回溯，因此，采取对傩文化信息资源进行描述，其实质就是对大量的傩文化的信息进行加工、分类、管理的过程，使其更加规范、准确和全面，便于人们对信息的查询和获取更加高效快捷、科学准确。

（三）数字虚拟博物馆数字资源服务层结构

土家族地区傩文化数字虚拟博物馆的数字资源服务层，主要包括傩文化数字共享平台对外提供的信息服务模块和接口，这些信息服务主要是对土家族地区及其他地区的傩文化资源检索与定位、系统资源管理、多馆协同进行信息检索，土家族地区傩文化版权保护与访问控制，土家族地区傩文化数字展品更新在线动态布展等。

（四）数字虚拟博物馆数字资源应用层结构

土家族地区傩文化数字虚拟博物馆应用层是真实生动地展示和传播土家族地区傩文化的各类资源信息。展示方式主要以文字结合图片、音频、视频、动画、多媒体三维交互等表现形式，综合运用多种数字信息技术，提供给终端用户在互联网网页上进行学习浏览和文化交流。终端用户主要以展品目录浏览、主题浏览和虚拟场景浏览的三种方式来参观土家族地区傩文化数字虚拟博物馆。

三 数字虚拟博物馆系统功能设计

土家族地区傩文化数字虚拟博物馆建设，其实质就是对终端用户进行信息服务的门户系统。它可以独立一个站点进行运营，也可支持多个不同数字博物馆系统的各种信息处理功能。换句话说，土家族地区傩文化数字虚拟博物馆门户系统是一个具有协同功能，能为用户、管理者和建设者提供网络信息服务的平台。那么，我们需要不时地变换服务功能，针对三种不同的使用对象提供更好的服务。如提供给受众用户（资源享用者）的服务功能，主要包括登录服务（区分用户权限）、浏览服务（包括傩文化馆藏综合信息，傩文化多媒体数字化信息，虚拟博物馆傩文化的各种主题展览）、检索服务（所有傩文化馆藏信息检索，特定的傩文化内容检索）、助研服务（为客户办理傩文化辅助的科研相关信息服务）、信息定制服务等；为技术文化管理人员开设的服务功能，主要包括用户管理、运行管理、资源建设的监控和统计、版权管理；提供给资源建设者的服务功能，主要包括数字化录入系统（保证数字资源的规范化和便于发布）、馆藏精品的版权控制机制（对馆藏精品进行数字水印嵌入和检测水印）、制作展品的多媒体展现效果（根据傩文化展品的展示特点制作动画、采集视频、音频进行后期制作配字幕等多媒体资料）、利用布展系统、进行相关主题的展示组织（定期制定傩文化主题展览的虚拟空间，并从数据资源库中提取相应的展品进行虚拟展示和对外发布），如图7-9、图7-10、图7-11所示。

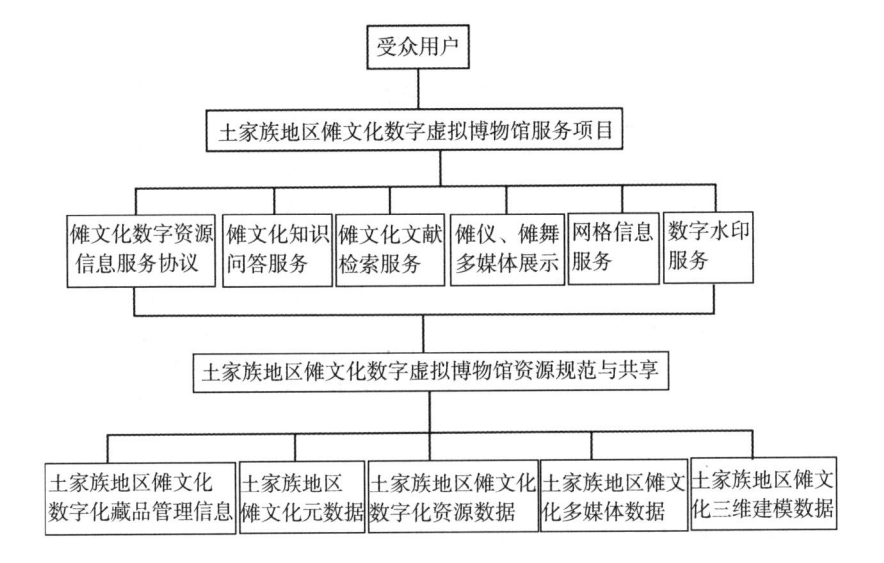

图7-9　土家族地区傩文化数字虚拟博物馆信息系统用户功能模块设计

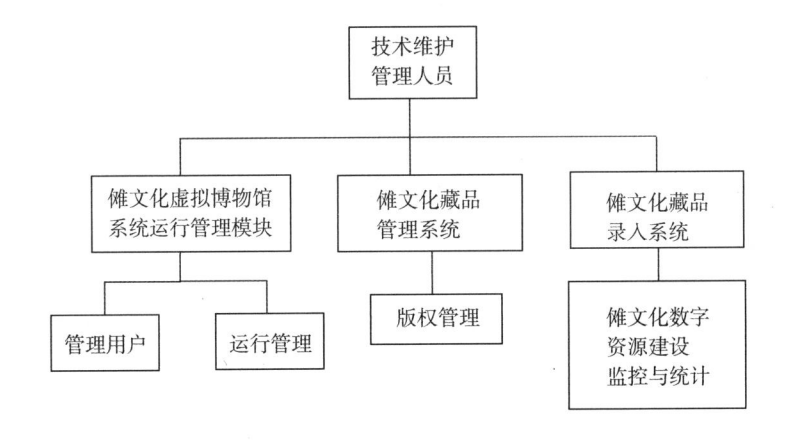

图7-10　土家族地区傩文化数字虚拟博物馆系统管理功能模块设计

```
                    ┌──────────────┐
                    │  资源建设者  │
                    └──────┬───────┘
                           │
                    ┌──────┴───────┐
                    │ 傩文化藏品   │
                    │   录入系统   │
                    └──────┬───────┘
            ┌──────────────┼──────────────┐
    ┌───────┴──────┐ ┌─────┴──────┐ ┌─────┴──────┐
    │ 三维傩物傩具 │ │傩文化数字  │ │多媒体文件  │
    │   建模系统   │ │资源文本录入│ │ 整合系统   │
    └───────┬──────┘ └─────┬──────┘ └─────┬──────┘
            │              │              │
    ┌───────┴──────┐ ┌─────┴──────┐ ┌─────┴──────┐
    │ 傩文化多媒体 │→│傩文化虚拟  │→│傩文化多媒体│
    │ 展示制作系统 │ │展览布展系统│ │展示播放引擎│
    └──────────────┘ └────────────┘ └────────────┘
```

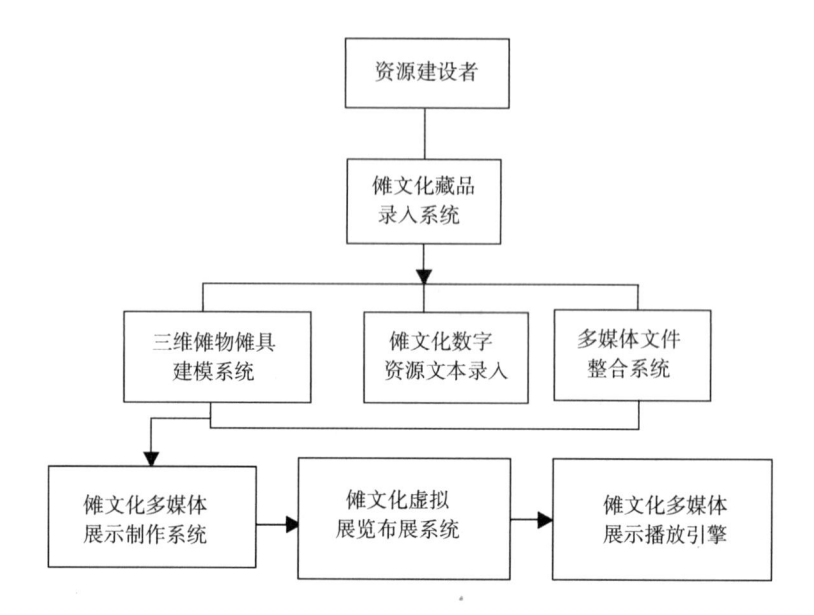

图 7-11　土家族地区傩文化数字虚拟博物馆数字资源建设功能模块设计

四　数字虚拟博物馆数据库建设

在现代信息全球化的背景下，非物质文化遗产慢慢地被揭下了神秘的面纱，失去了原有的神秘色彩，被逐步同化或渐渐遗忘甚至丢弃，原有的社会文化功能被新的文化功能所代替，而土家族地区的傩文化是生存于土家族人民特殊的生活环境、民族习俗、宗教信仰的"活态"空间，有其存在的土壤和生存的空间是土家族地区傩文化得以延续的根本，尤其是传承的主要载体——人是"活"的文化中的重要的部分。因此，以数字化信息技术存储手段来解决傩文化遗产的濒危保护和传承发展，以及对传承人信息的搜集与记录就显得至关重要，对土家族地区傩文化数字化虚拟博物馆数据库的建设将有效解决民间艺人日益减少，傩文化遗产传承出现断层或消失的危机。

在土家族地区傩文化数字化虚拟博物馆数据库内容分类上，以土家族地区傩文化虚拟展馆的内容进行划分，可分为文本文献类、民间曲艺类、傩仪傩技表演类、传统技艺类、民俗活动类、民间故事类、傩面道具类等。

（1）文本文献类：各类与土家族地区傩文化相关的经书古籍、仪式文书、经忏表文、经卷文牒、仪式剧本、歌本唱词、各类手稿等。

（2）民间曲艺类：各类与土家族地区傩文化相关的口头曲艺，如口头说唱、各种传说、民间歌谣、唱腔唱词等口头曲艺，以及薅草歌、采茶调、花灯戏等各种唱腔小调。

（3）傩仪傩技表演类：与傩相关的祭祀仪式活动。如傩坛戏、傩堂戏、傩愿戏、鬼脸壳戏、师公戏、端公戏、阳戏、阴戏、地戏、土戏、坛灯戏、提阳戏、作道、船神、庆坛等；傩技的表演活动，如口衔红铁、翻叉、上刀梯、吞刀、履火、走高跷、舞狮、耍龙、打闹歌、打花棍等。

（4）传统技艺类：各类与土家族地区傩文化相关的传统雕刻技艺。如傩面具、傩神像、傩乐器、傩法器等的雕刻制作工艺，以及傩活动中涉及的木雕、泥塑、纸工扎染、剪纸刺绣传统技艺等。

（5）民俗活动类：与傩相关的一切民俗活动等。如年岁节庆、诞生礼仪、婚丧嫁娶、祭祖敬神等各种民俗事象。

（6）民间故事类：凡与傩文化相关的各种民间故事传说。比如，傩戏中的《跳小鬼》《引兵土地》《开路将军》《勾薄判官》等，神话传说的《桃山救母》《降孽龙》《钟馗斩鬼》等，历史题材的《关云长斩蔡阳》《杨家将》《桃园结义》等，民间故事有《甘生赶考》《安安送米》《郭老幺借妻回门》《王大娘补缸》《傻二赶场》《审捅》等。

（7）傩面道具类：根据扮演角色，分为正神、凶神和世俗神。傩公傩母、和合二仙、当方土地属于正神面具；凶神面具有开山莽将、雷公雷母、判官、钟馗、魁星、牛头马面、小鬼等；世俗神面具有甘生、傻二、王大娘、郭老幺等民间常见的人物形象。

根据傩文化形态，按其内容进行分类，再利用现代数字技术进行傩文化元数据的信息采集和存储，建立傩文化数据库平台，从而起到抢救、保护、传承与发展土家族地区傩文化的目的。

土家族地区傩文化数字化虚拟博物馆数据库平台建设技术实现，主要以公共支持平台、扫描仪、算法、公理系统、渲染算法、人机交互设备等生成器对土家族地区傩文化相关数字数据进行数据库平台的生成，如图7-12所示。

相关数据	生成器
土家族傩文化平台数据	公共支持平台
土家族傩文化模型数据	扫描仪、算法、公理系统
土家族傩文化感知数据	渲染算法
土家族傩文化控制数据	人机交互设备

图7-12　土家族地区傩文化数字虚拟博物馆建设四类数据及生成器

土家族地区傩文化数字虚拟博物馆的数据库平台建设，将土家族地区傩文化的"静态"保护与"活态"传承相结合，从技术层面上，解决了傩文化遗产的保护、展示、传播、研究、教育的技术实现。

五　数字虚拟博物馆交互体验设计

土家族地区傩文化的数字虚拟博物馆是基于实体博物馆中的一种虚拟文化体验，是以数字信息技术和虚拟现实为基础，借助互联网技术和交互界面组成的一个仿真虚拟空间，以用户能够使用网络加入其中，尽情欣赏，相互探讨为目的，从而实现为傩文化的学习交流和资源共享提供交流平台和资源空间。

在土家族地区傩文化数字化虚拟博物馆网页交互设计上，虚拟展厅主要以3D漫游、全景游览、数字展厅三种方式，实现土家族地区傩文化数字虚拟信息的文化体验。

其中，3D漫游虚拟仿真交互，在3D虚拟现实环境中所体现的高互动性和真实性，与实体博物馆展厅的场景类似。3D漫游展馆利用多媒体视频、配音讲解、图文介绍、仿真还原、3D建模等技术虚拟再现傩坛的实际场景，再通过人机互动等技术手段，全方位、立体式的展示傩文化信息，配合虚拟现实技术实现高度互动，让用户拥有"身临其境、畅游无限"的参观感受,如图7-13、图7-14所示。

720全景三维虚拟展示交互,主要是通过计算机三维建模,渲染导出全景图像,用FLASH等软件进行动画合成,用户在360°全景虚拟展馆在浏览中,可以对傩文化图像进行放大、缩小、移动、旋转,调整观看角度,仅仅用鼠标即可进行控制操作,还可以融入音频、视频、动画等功能。借助编程技术,不仅能连接展馆场景的热点,还能在多个场景之间通过缩略图导航和雷达方位导航等功能实现交互体验。

数字展馆将采集到的土家族地区傩文化信息进行数据化处理,通过合理的数字资源系统结构,运用精美的网页界面设计和丰富的动画效果,将傩文化所包含的仪式表演、傩仪傩技、实物道具、故事传说以及传承人信息等所要展示的资源信息进行数字虚拟展示。这种数字虚拟展示平台的操作界面简洁直观,便于用户浏览观看、点击搜索、交互共享。同时,通过数字多媒体技术,将音频、视频、动画元素有机融合,提高土家族地区傩文化数字内容的展示效果,便于用户全方位、多维度立体地浏览傩文化的资源信息。

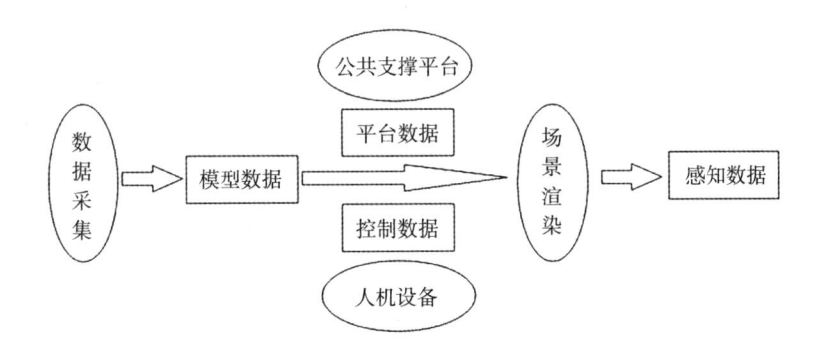

图7-13 土家族地区傩文化数字虚拟博物馆场景漫游虚拟现实系统设计

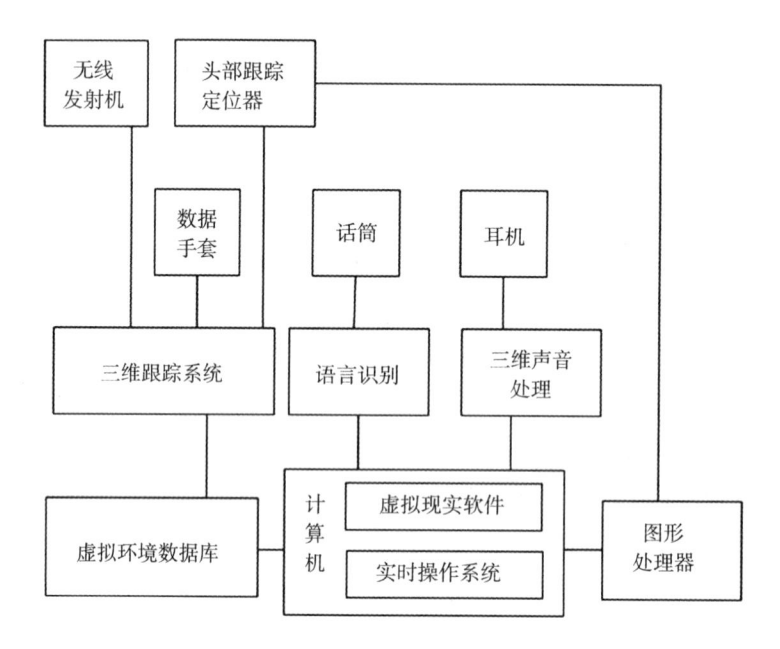

图 7-14　土家族地区傩文化数字虚拟博物馆虚拟现实交互设计

第三节　傩文化数字虚拟博物馆展示系统

带有文化个性色彩的地标性建筑和符合人们视觉参观的展示空间，是博物馆视觉设计的重要内容。观众不管是对数字虚拟博物馆的网络虚拟体验，还是在实体博物馆进行实地考察参观，都需要博物馆展示出一个简洁美观的视觉展示空间，供给人们以舒适愉悦的体验，从而使人印象深刻。正如英国学者肯尼斯·赫德森对此评价道："一座建筑和它所容纳的东西的微妙关系，是博物馆吸引观众的诀窍中最重要的部分，一个公众博物馆如果不注意到这一点，如果它的建筑所容纳的东西是不协调的，或者对其内容共鸣和支持不够，则不可避免地要失败，相反，如果建筑、主题和内容都协调一致，那么纵然博物馆的内容和技术不很理想，也就不会成为重要的问题，人们可以说，在某些好建筑里，即使是最笨拙的馆长也不会失败。"① 因此，土家族地区傩文化数字虚拟博物馆的模型设计，外形上突出浓郁的巫风风格，造型上用面具组合为建筑几何模型，内部设四个展厅，分别为土家族地区傩文化传承谱系及传承人信息虚拟展厅，土家族地区傩文化表演仪式、习俗活动虚拟展厅，土家族地区傩文化实物道具虚拟展厅，土家族地区傩文化技艺虚拟展厅。具体主要从傩文化的传承主体——传承人（包括传承谱系、口述资料、传承人的影像资料等）信息进行虚拟展示，从傩文化的各种仪式及民俗活动（包括仪式活动、人物角色、唱词唱腔等）方面进行虚拟展示，对傩文化的各种实物道具（包括书籍剧本、演出服饰、表演脸谱面具、法器道具等）进行虚拟展示，还对傩的技艺（包括上刀山、下火海、煞铧、踩铧、化骨吞签等傩仪傩技）进行虚拟展示。

一　数字虚拟博物馆展示特点

从博物馆的数字虚拟属性来看，数字虚拟博物馆与实体博物馆的区别在于数字虚拟博物馆除了集合实体博物馆的所有优势之外，对数字信息技术的运用是实体博物馆无法比拟的，在时空的延展和空间的距离上都有着更宽广的发挥空间，如下所述。

（一）超越时空性

与实体博物馆相比，数字虚拟博物馆是将傩文化的所有信息进行数字化转换为数据信息存储到数据库，再利用网络多媒体技术及数字信息平台来展示。这就摆脱了传统实体博物馆空间和时间的限制，用户可以随时随地通过网络浏览参观。换句话说，数字虚拟博物馆可以利用图片展示、音频讲解、视频动画、虚拟现实、交互展示等技术手段，让受众参与其中，实景体验，既具有传统博物馆的实景参观体验，还可以足不出户就能方便快捷地获取信息、了解知识。

数字虚拟博物馆还不像传统博物馆那样需要占用场地和搭建展

---

① 胡骏：《博物馆纵横》，中国青年出版社1989年版，第124页。

台，完全可以通过数字化的虚拟展示空间完成展品的全方位展示，使用户可以通过网络点击浏览，参观体验，完全摆脱了传统博物馆在时间与空间上的制约。

（二）呈现的统一性

按照博物馆展品分类方法，对土家族地区傩文化数字虚拟陈列品在类型上、形式上进行信息空间的分格布局，比如传承人虚拟展厅、傩戏傩仪虚拟展厅、傩具傩器虚拟展厅、傩艺傩技虚拟展厅。在各虚拟展厅的展示过程中，陈列内容与展示空间统一，陈列展品与文字说明统一，背景音乐与展示主题内容统一。考虑到人们容易在数字网络虚拟空间中产生视觉疲劳的特点，在子系统分展厅设计页面过程中，尽可能设计以现代简约风格对三维立体空间在体量上进行切割，在用户的视觉体验上适当加强对比，采用扁平化平面布局形式。在虚拟博物馆总体风格上，营造"走进傩的世界"的神秘鬼魅空间，使人仿佛穿越历史去探秘神秘莫测的古傩世界，让人们揭开傩的神秘面纱。通过虚拟展厅在设计风格上的统一呈现效果，极大地丰富了傩文化展示内涵，从陈列展品、虚拟动画、音频讲解中感受和重现古傩文化的神秘魅力。

（三）浏览的体验性

在数字博物馆的虚拟展示过程中，计算机平台将多媒体信息进行综合处理和传送，让人从视觉、听觉、触觉方面进行全方位多维度的体验。比如，虚拟展厅配上不同主题的背景音乐，根据不同的展品配上解说词，利用图形图像、文字说明、影音动画等技术呈现方式，借助虚拟交互技术将展示的信息多角度多维度呈现为用户进行交互体验。数字博物馆为了便于浏览和交互，一般都在界面上设置功能菜单键，用户在虚拟参观浏览过程中，可以随时利用功能键的菜单键点击放大、720°旋转观看。每个功能键点击开后都是针对用户在参观过程中将可能产生的问题进行解决和帮助，比如，点击帮助键是帮助用户如何更好地进行浏览的方法；点击全屏键是让用户浏览页面扩至电脑全屏模式；操作模式键点击开后有两个浏览模式可供选择，一个是自动浏览模式，另一个是手动鼠标操作模式；

点击音乐键是可以选择播放背景音乐，也可以停止背景音乐的播放；暂停键的设置可以帮助用户随时停留驻足观看自己感兴趣的展品和更加详细地了解展品信息内容；作品目录键为用户提前浏览整个展厅的展品明细，可以降低选择的困难度；互动交流功能则是针对用户方便分享，留言、评论或需要虚拟语音讲解员等需求而设置。浏览功能菜单的动态设计，让用户对虚拟参观路线更加清晰，能更合理自然地引导用户的浏览走向和合理利用浏览时间，如图7-15所示。

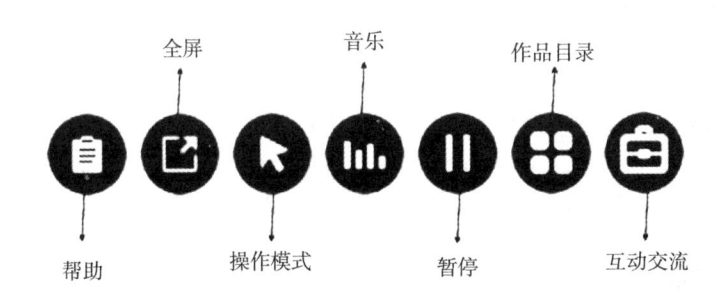

图 7-15　土家族地区傩文化数字虚拟博物馆参观功能菜单

（四）展示的丰富性

相对传统博物馆展示技术单一而言，土家族地区傩文化数字虚拟博物馆展示手段多样，呈现内容丰富，且效果更加精彩，这是传统博物馆无法比拟的。数字虚拟博物馆借助 VR 虚拟技术、网络多媒体技术、交互数字技术与三维建模技术将傩文化的展品信息从多角度、立体的完美呈现，这种集图形图像、声音视频、文字解说为一体的虚拟展示方式，能将傩文化涉及的人、物、活动空间、精神内涵进行综合表达和全方位展示。傩文化数字虚拟博物馆展示的手段多种多样，展示的内容丰富多彩，可以让用户更为全面地了解傩文化的历史底蕴和丰富的文化信息。

（五）展览的数字化

土家族地区傩文化数字虚拟博物馆无论是数据资源的采集，还是展示的内容、形式或采用的展示媒介均以数字形式存在。

数据采集的数字化。是将土家族地区传承谱系、留存的实物道具或相关文本等资料信息通过高清扫描、数字摄影或三维模型虚拟建模等数字技术手段，将仪式、傩戏、傩技等表演活动通过数字摄影摄像，制作成影音视频文件，将采集到的数据进行加工和交换，再进行数据存储。根据用户需求进行数据分类编辑，结合博物馆信息查找检索功能等，为用户提供一个分享和使用傩文化知识信息资源的空间。

展示内容的数字化。土家族地区傩文化数字虚拟博物馆的展示方式大致有虚拟式展示和主题式展示。虚拟式展示就是利用虚拟现实3D漫游交互沉浸和虚拟实景技术，将虚拟展厅的图像在互联网空间进行数字化呈现，或者将博物馆实体展览放在虚拟空间来呈现，为用户提供虚拟现实的空间，使用户不走出家门就能带来极致的体验效果。主题式展示则是以傩文化展品中的某类物品或相关研究成果为主题，定期以数字图像配合文字解说形式在互联网中进行主题展示。

远程教育的数字化。土家族地区傩文化数字虚拟博物馆具有远程教育的功能，借助数字化技术将傩文化信息通过网络平台实现传播、分享和科普，让用户了解傩文化的知识，对傩文化活动中的仪式表演活动进行讲解引导，去伪存真，引导受众认知傩文化，对掺杂的巫术活动进行辨别，了解傩文化背后蕴含的积极意义。博物馆的远程教育的数字化，其最大特点就是为用户提供自主、便捷、共享、互动的教育服务功能。即对土家族地区傩文化丰富的珍贵文献与实时更新的研究结果，经审核后通过数字资源整理，制作成数字教学资源，可以通过网络分享下载和线上互动进行交流。这样，对土家族地区的傩文化就能起到最大化的保护和传承利用。

（六）实时交互性

实时交互性是指虚拟博物馆在网络的各个终端都能实现双向与多向的探讨互动，能即时浏览、检索、探讨、互动。这种交互功能使用户在浏览过程中，对所浏览的内容产生强烈的兴趣，并使用户了解自己的目标信息所在，据此调整自己需要获取知识的侧重点，来提高信息的可读性和适用性。在对傩文化虚拟博物馆浏览过程中，土家族地区傩文化的信息数据由图形图像、音频视频、三维模型和虚拟场景进行全方位、多层面的立体展示。因此，展示的内容丰富生动，用户可以根据自己的需要进行点击搜索查询，还可以将自己植入虚拟场景中，沉浸其中，参与体验，还可以通过网络与其他用户实现实时互动交流，如图7-16所示。

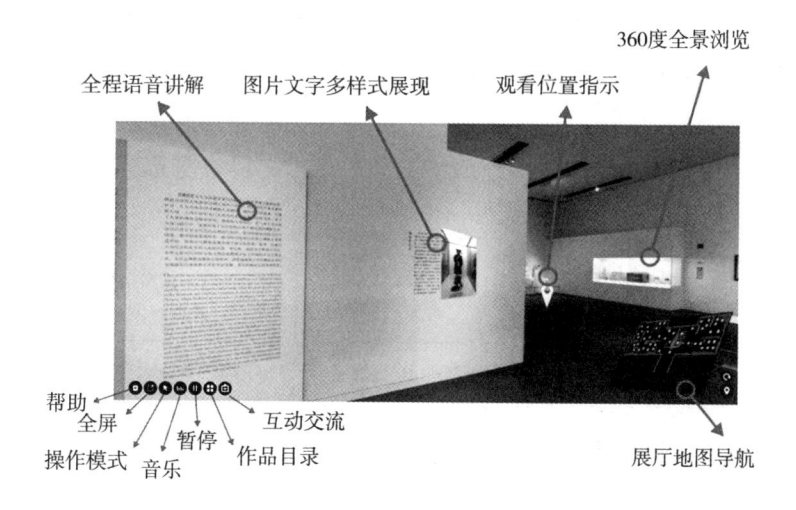

图7-16 土家族地区傩文化数字虚拟博物馆参观功能菜单

二 数字虚拟博物馆展览交互

土家族地区傩文化数字虚拟博物馆的虚拟展览交互建立在一系列的工作流程之上，虚拟展览交互工作流程有：傩文化数字信息的整合链接→数字技术输入到傩文化数据库→傩文化数字信息转化→傩文化视觉呈现→进行人机互动。在经过傩文化数字信息整合链接后输入土家族地区傩文化数字虚拟博物馆展品数据库，主要供用户在浏览过程中能与傩文化数据信息系统产生互动关系，使用户在电脑终端实现人机交互，用户可以根据需求选择性地进行音频、视频、画面图片等视、听效果的人机体验，沉浸其中，获得真实的体验感受。

互联网与虚拟现实技术支撑着展览形式的多元化发展，使展览不仅仅是孤立的展示，而是用户可以足不出户就可以达到身临其境，通过网络实时地实现交流与线上互动，在互动中给用户带来视、听、触觉等多种传感通道的体验。通过互联网资源链接整合，用户可以实时获得丰富信息，将获得信息与电脑终端进行人机交互，在交互过程中，用户既是参与者又是创造者。即通过菜单功能键参与到譬如图片、语音、视频等数据以及这些数据背后的信息的组织过程，整合了视觉、听觉、触觉等多维感官空间，创造了用户对傩文化从未有过的新感受，获得了新体验，如图7-17所示。

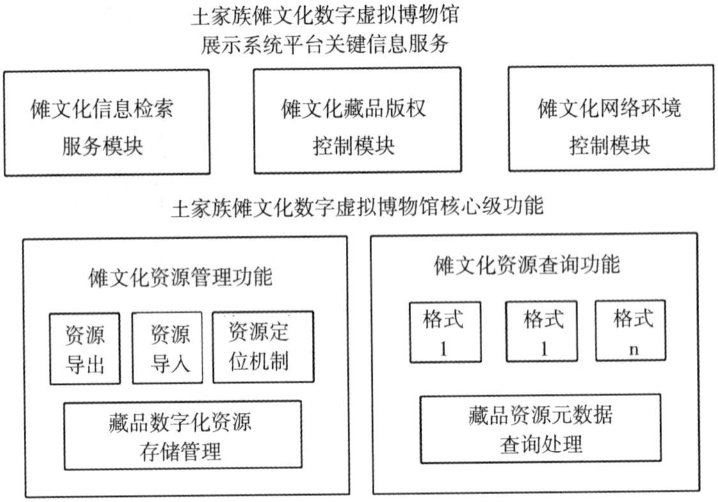

图7-17 土家族地区傩文化数字虚拟博物馆展示系统平台关键信息服务功能

土家族地区傩文化数字虚拟博物馆虚拟展览交互呈现主要有三种方式：一是虚拟现实3d漫游交互（见图7-18），是将用户植入虚拟展厅进行场景漫游体验，可以点击浏览三维展品的信息，体验傩文化的虚拟世界，产生沉浸感。二是360°全景三维交互展览（见图7-19）。利用数字技术在虚拟的三维空间进行仿真体验，使

图7-18　土家族地区傩文化数字虚拟博物馆虚拟现实3d漫游交互展览形式

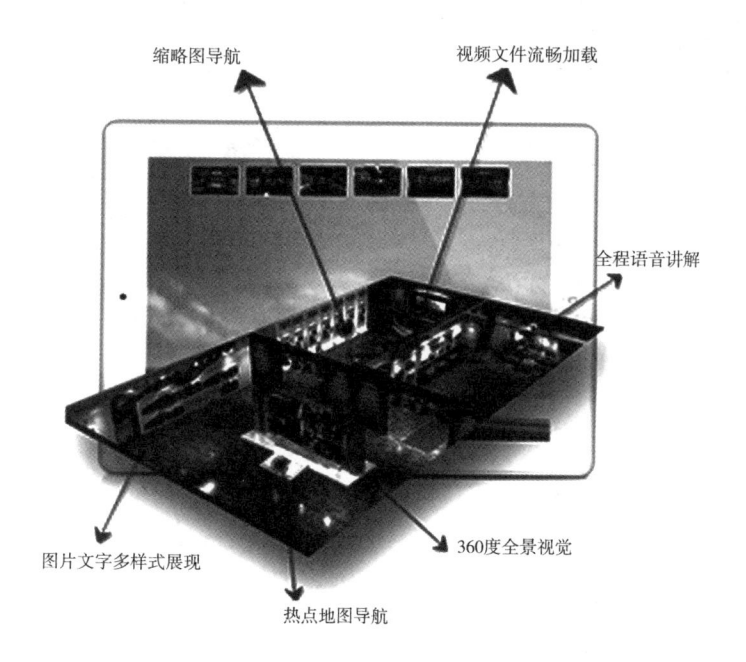

图7-19　土家族地区傩文化数字化虚拟博物馆360°全景三维交互展览形式

用者可以通过控制键任意操纵图像、影音、视频,还可以增大减小,快进慢进以及向各方向移动进行虚拟浏览参观。三是数字交互展览(见图7-20),主要是满足用户及时互动、沟通交流的展览平台。通过高清屏幕显示、便捷的触摸模块操作、直观互动的信息呈现、多方的数据共享和人性化的数据交互,提供用户进行实时交流、互动的平台。

图7-20 土家族地区傩文化数字化虚拟博物馆数字交互展览形式

三 数字虚拟博物馆展览可视化

土家族地区傩文化数字虚拟博物馆展览的可视化,是指建立在土家族地区傩文化语境下的心理模型(mental model)和心理图像(mental image)的基础上,综合运用二维和三维图像技术的视觉展示方式,将土家族地区傩文化数据信息转换为可视的图形图像或影音视频,通过显示屏或触摸屏进行呈现,使用户可以在二维或三维虚拟现实中进行交互体验的可视化技术。对土家族地区傩文化数字资源的有效分析和可视化呈现，是深入挖掘和发扬土家族地区傩文化的遗产资源，凸显土家族地区傩文化价值所在的有效途径和全新方式。在新媒体语境下，对土家族地区傩文化的传承谱系、傩文化的发展脉络、傩的道具器物等进行数字可视化呈现，而实现傩文化的主要载体优化可视设计的同时，对其不是实体的、隐形的傩文化遗产资源进行充分挖掘和显现，以便更加全面、完整地展现土家族地区傩文化丰富的遗产资源，达到传播土家族地区傩文化非物质文化遗产的目的，起到拓展衍生土家族地区傩文化品牌的作用，增强该族群的民族文化认同，让傩文化成为促进土家族地区经济文化生长的强大动力和精神保障。

对土家族地区傩文化数字资源的可视化建设，主要从土家族地区傩文化的传承人、土家族地区傩文化的傩技傩仪活动、土家族地区傩文化的实物道具这三方面进行可视化呈现。

对土家族地区傩文化数字虚拟博物馆展览可视化的设计从三个角度考虑，一是将土家族地区傩文化传承人从事傩活动的信息进行可视化展示；二是将土家族地区傩文化傩技傩仪活动仪式空间进行可视化展示；三是将土家族地区傩的实物道具进行可视化展示。

（一）土家族地区傩文化传承人信息的可视化展示

对于傩文化这种非物质文化遗产的保护与传承来说，对传承主体——人的保护显得尤为重要，如何将民间艺人或传承人的数据信息进行可视化展览，易于被大众了解接受，主要从三个方面进行实现，一是将采集的传承人信息数据进行二维化展示，如图7-21所示；二是将传承人图形图像资料通过文字说明进行二维可视化展示，如图7-22所示；三是将传承人的傩技傩仪表演通过视频进行动态三维可视化展示，如图7-23所示。

图 7-21　土家族地区傩文化传承人信息数据可视化展示

图 7-22　土家族地区傩文化传承技艺图文介绍二维可视化展示

图 7-23　土家族地区傩文化传承人表演活动的视频动态可视化展示

（二）土家族地区傩文化仪式活动的可视化多媒体综合技术运用展示

土家族地区傩文化仪式活动主要包括傩祭、傩戏、傩舞、傩艺为载体的典型民俗事项，具体包含了民间口头曲艺、仪式演出、民俗活动、传统技艺等，主要靠借助传承人的口耳相传为文化发展链接而延续的文化事象。因此，借助数字化采集、修复、存储、展示等现代多媒体综合技术，实现傩文化的活态传承，构建全新的土家族地区傩文化保护传承的现代保护方式与途径，能有效防止"人亡歌息""人去艺绝"的继承危机。利用数字资源可视化要素分析来设计傩文化的视觉呈现方式，首先对土家族地区傩文化中的具有典型代表性的傩祭、傩戏、傩舞、傩艺进行分析，然后依据其历史起源、发展脉络、代表人物、形态类型、傩具傩物、特色产业六个方面，采取合适的数字多媒体技术进行视觉呈现，以此完成傩文化仪式活动的动态可视化展示，如图7-24所示。

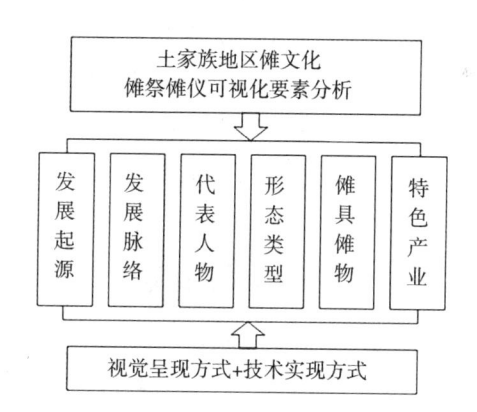

图7-24 土家族地区傩文化仪式表演可视化资源展示设计流程

（三）土家族地区傩文化的实物道具的可视化展示

土家族地区傩文化实物道具展示区域主要展示民俗文物类、民间绘画类、工艺品类等。如面具、神案、傩画、法器、服饰道具等，以及传承人的手稿、剪纸绘画等。数字化技术对傩文化实物道具的可视化表达，将直接改变傩文化展品的封闭、静态的陈列方式，而变得更加开放、包容与互动。由于土家族地区的傩文化实物道具多属于民间艺术范畴，对其进行数字可视化展示，就能更好地体现其地域性、民族性和非物质性。这是因为，将土家族地区傩文化实物道具的形成和发展的空间特征与当地的乡土情感和人文环境结合进行可视化展现，能很好地展示其非物质部分的地域文化内涵。而民族性则更多地体现为土家族地区人们的群体意识，包括对事物的判断、精神的追求和对生活的观念。土家族地区傩文化的产生和发展与当地人们的生活方式是相一致的，即是满足当地人们在精神功能上的追求和愉悦，或通过器物装饰来表达祈求神灵的庇护和对生活的吉祥希冀。非物质性是指通过有形的载体映衬出有形载体隐含的表达需求，比如通过傩神像、神案等道具法器，利用焚香点烛来营造一个傩的神秘世界，一个虚无缥缈的神灵空间，达到人神沟通，祈神还愿的精神诉求。

　　土家族地区傩文化数字博物馆虚拟展厅的建设，使傩文化能够通过图、文、声、像等数字多媒体手段和虚拟呈现技术，将傩文化在网络多媒体中得到立体、全面、多维的虚拟展示。运用三维成像、3D 建模等数字技术，集声、光、电产生直观多维展示效果，全方位、多视角地向受众进行可视化展示，如图 7 - 25 所示。

图 7 - 25　土家族地区傩文化实物道具的数字可视化展示

第四节 本章小结

　　土家族地区傩文化数字虚拟博物馆是对土家族地区傩文化信息资源的整理加工和有序组织，为公众消费提供了一个较为便捷有效的展示环境，它摆脱了实体博物馆在展览上所耗费的时间和空间成本，成为保护传承、开发利用土家族地区傩文化资源的最新数字技术手段，这对推进土家族地区傩文化的保护与传承起到了积极作用。土家族地区傩文化数字虚拟博物馆对傩文化遗产以数字化形式收藏，所占用的空间和消耗成本都较低，在资料存储的数量和容量上能得到更佳的质量，突破时间的限制，使其得到永久性的保存，在陈列和展示方面也可打破空间和时间上的约束，在实时体验和交互方面具有传统博物馆无法比拟的优势。因此，数字虚拟博物馆的建设是真正意义上实现傩文化遗产的"活态"保护和长效传承的重要途径。

　　土家族地区傩文化数字虚拟博物馆通过开放数字化资源进行分享，开发特色傩文化主题，让大众更加自由地吸收民间传统文化的养分，受到传统文化的启迪。数字虚拟博物馆具有的这种开放自主式的知识分享功能，可以让最新的傩文化研究成果成为信息发布交流平台，还可以起到促进文化交流和融合，让民间文化资源实现真正意义上的保护传承与共享开发。

第八章
土家族地区傩文化的数字化传播与利用

作为中国土生土长的民间文化之一,土家族地区的傩文化也遇到了与其他民族民间文化同样的情形,就是在本地区虽然有一定的影响,但这种影响在很大程度上只局限于本地区的少数民众,或只局限在傩文化工作者及这一小众群体中,这对傩文化的传承乃至传播和利用都非常不利。然而,傩文化所提倡的对人、对物,以及对待自然的态度,在很大程度上是人类社会长期发展的经验总结,是历史长河中人类文明和民族文化因子高度融合的具体表现。可以说,傩文化的存在、延续、传承与发扬,对传承传统文化和延续中华文明都有着特别重要的意义。就土家族地区傩文化的传承而言,与历时的傩文化延展有很大的关联,而对于土家族傩文化的传播来说,则不仅与傩文化本身,也与其所涉及的时代、地域、思想观念有着千丝万缕的关系。可以说,正是土家族地区傩文化在现代社会所遭遇的状况及社会背景使得土家族地区傩文化的传播才有了可能。

第一节 傩文化的传播属性

一 傩文化的传播内涵

所谓"传承",从字面上可以理解为流传和承接,包含有传播和继承之意,从土家族地区傩文化的传承内涵来看,既有纵向的时间因素，它横跨数千年文化因子的文化链条，又有横向的空间因素，包括人们对傩文化的认同感和价值观。可以说，"传"和"承"都各有侧重，如果说"传"倾向于主动的话，那么"承"更倾向于受动。对于土家族地区傩文化的传承，其更多的是傩文化的精神因素，将传承的主体和客体摒除出去后，那就是一种精神因素的纵向延续，从而使傩文化的意识形态得以流传。对于土家族地区傩文化的数字化传承而言，主要是指在数字化背景下，借助数字信息技术，将傩文化遗产资源数字化、信息化，以此构建全方位、立体化、互动性的"活态"传承空间，使其在更广泛的受众中得以传播和分享，实现非物质文化遗产资源的传承和发展目的。因此，要更好地理解傩文化传播的内涵，就需要在当代社会发展背景下，从技术层面、文化层面、受众差异等方面进行分析。

（一）技术层面

傩文化的传播从其技术层面上来看，不仅包括傩文化传播的载体，也包括与傩文化有关的一切技术手段，这些技术手段中科技的发展是傩文化能够得到迅速传播的主导诱因。"作为一种历史文化形态，傩祭、傩仪、傩舞、傩戏等曾长期融汇于人民群众的生产生活之中，在相当长的一个历史时期内，对国民的观念意识产生过深远的影响，并且在广袤的乡村有着与之相适应的生存土壤。"[①] 在这与之相应的土壤上，傩文化得以迅速传播必须依靠先进发达的科学技术手段，也就是说，科学技术手段是影响傩文化是否得以迅速传播的关键因素。随着社会的发展和科学技术的进步，区域之间的横向传播渠道得到了很好的拓展，利用现代数字化技术，使傩文化在传承人之间、受众之间，进行有意义的信息传递、交流活动，傩文化的传播得以迅速进行。因此，科学技术的发展是支撑傩文化能在时空中得以传播的动力。

（二）文化层面

"作为一种传承了几千年的古文化现象，傩文化中沉积了不同

[①] 杜建华：《城市化、信息化进程中巴蜀傩戏、祭祀戏剧的嬗变》，《民间文化论坛》2005年第6期，第37页。

历史时期、不同地域的多重文化因子，因此，傩学研究必然是一个多学科、多视野观照下的探索。"①对于傩文化而言，传承的核心就是傩的各种文化因子的组合再现，既有历时性的传承，又有共时性的传播。随着社会的发展，不同时期对精神文化有不同的需求，傩文化在历史性传承和共时性传播过程中，往往人们会根据时代的要求，对傩文化中沉淀的多重文化因子进行选择性的扬弃，符合时代要求的文化因子给予保留，不符合时代要求的文化因子就会逐渐丢弃，直至消失，因此，凡经过千百年来流传下来的傩文化因子，都是符合时代的要求，符合人们精神的需求，是经过岁月的洗礼和时间的考验的，代表了傩文化的精华。傩文化的传播就是要大力挖掘傩文化的核心文化因子，以原汁原味、原生态为前提，反复论证、去伪求精，将傩文化进行继承和发扬。

（三）受众层面

在土家族傩文化的传播中，"传承"与"传播"的呈现方式是以文化继承的方式而存在。傩文化的传播是在一定的社会受众和文化制度背景下的传播和延续，受众对傩文化的感知能力和理解水平，受其文化水平、个人喜好以及地方民俗文化所决定和左右。这种差异化对傩文化的传播产生很大的影响。比如，从来没有接触过傩文化的受众，对傩文化的历史背景和文化内涵不甚了解，在接受傩文化时，对傩文化的内涵和功能就难以领会；再如，部分受众存在文化水平的差异，对傩文化内涵理解不多，这就需要傩文化的传播形式和表现手段进行差异化表达。傩文化传播涉及的领域众多、覆盖面广泛、内容较为复杂，这不仅与土家族傩文化所处的地区及其地理自然环境有密切关系，而且也与这一地区傩文化的人文因素关系密切，所面对的受众也是千千万万，有着千差万别的需求，而傩文化的传播主体又是人，人们在傩文化的传播中扮演着重要的角色，因此，傩文化的传播就不得不考虑因受众的差异化对传播结果

---

① 龚德全：《多维视野下的傩戏傩文化———中国·遵义黔北傩文化国际学术研讨会综述》，《遵义师范学院学报》2009年第6期，第85页。

二 傩文化的传播模式

(一) 傩文化的传播现状

"传统的中国民间艺术传播方式其特点与优势在于传播展示手段直观,观众身临其境,记忆深刻,因此传播效果好。"① 这种直观的展示手段最能展现民间艺术的原始形态,能使人感知其最真实的文化内涵,但这种保持原始状态的展示方式也有很大的局限和弊端,依靠口传身授的传播方式和原样保留传统展现方法已经不适应时代的要求,傩文化的传播需要一套系统科学的传播方式。当前,正面临数字化时代,利用数字网络多媒体技术,将民间传统文化通过文字、图形、音频、视频等数据信息进行数字加工处理,再利用网络信息技术进行传播、互动,甚至可以利用数字化技术进行再创造,促进民间传统文化的即时交流和广泛传播。

(二) 傩文化的传播主体

傩文化的传播主体包括从事傩文化研究的所有工作者、民间傩艺人以及傩的受众群体。傩文化传播主体的文化背景和知识层次直接对传播的内容发生影响,这是因为其传播主体除了专门从事研究的工作者外,还包括制作傩文化道具的艺人,从事傩戏表演的表演者以及傩文化的其他参与者,在这些群体中,文化背景不一,文化层次参差不齐,每个人对傩文化的理解也会有所差异,因此,傩文化的传播效果既受制于传播的主体,却又要依托传播主体得以发扬光大。

傩文化传播主体中发挥最为重要作用的是传播机构和傩文化的继承者。首先,传播机构作为专业的传播团队,使得傩文化在内容、理念和形式上都得到广为传播和发扬。但值得注意的是,傩文化作为一种社会软实力,为当地经济发展做出了贡献,在以经济实

---

① 李春霞:《多维的传播——论现代多媒体技术与中国民间艺术的传播》,硕士学位论文,南京艺术学院,2007年,第4页。

力作为核心竞争力的时代，文化需要为经济发展搭建平台，专业的传播团队在"文化搭台，经济唱戏"中起到举足轻重的作用。其次，对于傩文化的创造者和传承者，对傩文化的传播和发扬更是必须要考虑的，因为，比经济报酬更为重要的是民族精神，它关乎整个土家族意识形态和价值观的延续。

（三）傩文化的传播客体

如果说傩文化的传播主体是关于傩活动中的一切人的话，那么傩文化的传播客体则是关于傩文化的一切活动。傩的传播客体就其形式上可以划分为：傩呈现的形式、傩表现的内容、傩采用的物质材料、傩依赖的技术条件。

首先，傩文化传播的呈现形式，比如代表各个神灵的面具系统，其背后所代表的权力意识以及阶级差别，面具本身已不仅仅是一个简单的符号，而是活生生的意识形态展现。其次，傩文化传播的表现内容，主要展现的是傩文化的巫术意识，这与原始宗教与图腾崇拜有很大的联系，由此人们可以通过傩文化中的诸多因子窥探远古时代的思想状况。再次，傩文化传播采用的物质材料是傩文化得以广为流传的必要条件，因为它是承载傩以及傩文化的最原始条件，毫不夸张地说，没有傩文化中的物质材料，就没有展现在我们眼前关于傩文化的一切。最后，傩文化传播的技术条件，是继承和传播傩文化的关键因素，可以说技术条件使傩文化在现当代社会环境下获得了新生。因为技术的改进使得傩文化在长时间的保存上具备了可能。同时，技术因素也使得傩文化在制作和传播上得到了发展。因此，对于傩文化的数字化传播，其客体是承载传播的必然因素。

（四）傩文化的传播媒介

傩文化的传播媒介是傩文化传播的载体，包含物和人两方面，物是指传递信息的技术和手段，即传播信息的物质载体；人是指传递信息的组织和机构，人既是传播的服务对象，又是传播信息的主体。傩文化的传播主要涉及人和人、人和物之间的信息传播。无论人与人还是人和物之间的信息传播，最终目的都是达到人与人之间的传播。

传播中的物质载体主要受现代科学技术发展水平的决定，现代信息技术所涉及的一切硬件条件，比如电脑、手机以及现代网络通信的发达程度，决定了傩文化传播的速度、范围和效率，而传播中的机构组织与人们的文化背景、知识水平和意识形态，又决定了傩文化传播的内容和倾向。人们对物质条件的利用，使得傩文化的传播从消极的、静态的展示方式转换为积极的、动态的传播方式，通过这种积极、动态的传播方式，可以达到对傩文化内容的永久保存、快速复制和动态展示等系列要求。

（五）傩文化的传播模式构建

傩文化的传播模式可以通过文化模式、人员模式、机构模式以及经济模式等来尝试构建。第一，文化模式，傩文化作为文化形式必须彰显其文化内涵，展示傩文化在社会中的作用和影响，使其成为当地的文化品牌，因此，对文化模式的构建，使傩文化成为一个文化系统，有机地协调各种文化因素，以此达到文化传播的目的。第二，人员模式，人员模式的构建是建立在文化模式构建的基础之上，并为人员模式提供必要的人员配置，以人员之间的相互协作作为傩文化制作及传播的主体，从而使地区文化和人员素质及文化理念联系起来，提高整体素质。第三，机构模式，从人员模式的基础上成立机构模式，可以说是傩文化传播团队合作的策略之一，机构的成立与人员配置，使得傩文化传播成为整体传播系统，在这个系统中，傩文化作为传播的客体，使文化、人员、机构成为傩文化传播的产业链，在这个产业链中，文化为人员提供理念支撑，人员为机构提供物质和思想保障。第四，经济模式，经济模式的构建为文化模式、人员模式和机构模式提供物质保障，使得文化的传播有了经济的支持，使创作者有了经济的保障，使机构有了存在下去的物质基础。因此，经济模式是上述三种模式的物质基础，也是这三种传播模式可以循环、前进的动力。

第二节　傩文化的数字化传播

一　傩文化的数字化传播含义

在现代社会背景下，网络多媒体信息传播方式是傩文化数字化传播的主要方式，"一般认为，数字化是指将客观对象抽象，转变为一系列计算机可识别的二进制代码，形成数字对象，并可通过数字技术、网络技术对其进行加工、存储、处理、表现、展示和传播"①。傩文化的数字化传播方式是现代科技技术快速发展下的时代策略，是适应文化信息保存的一种新型方式，通过对傩文化的数字信息传播，使其在快节奏的社会生活中不至于消亡、不会曲终人散、不至于"人亡歌息""人去艺绝"。所以说，傩文化的传播需要现代经济技术方式对其进行纵向延展，使其文化脉络能够在历史发展中继续下去。"信息传播方式的多样化，特别是数字影像、三维立体成像、全媒体与宽带网络技术研究与应用的发展，推动了当代文明的发展进程，也创新了传统文化的保护方式。"② 但是，信息技术的极大发展是一柄"双刃剑"，既为傩文化的横向传播和纵向传承带来发展的契机，同时也使传承人逐渐式微。因此，对于傩文化数字化网络多媒体传播既要对其有深刻的认识，也应善于利用，使其能够为非物质文化的传承做出贡献。

（一）傩文化的数字化传播方式

傩文化数字化网络多媒体传播包括构建数据信息库、搭建立体化传播途径、发展创意产业、建立健全网络传播的相关法律制度等方面的内容。

第一，建立傩文化信息的数据库。傩文化"数据库的建立既可以作为资源信息库，也可以作为经济信息库，即是为了更好地传承

---

① 李国庆、张泊平：《河南省文化资源数字化传播研究》，《产业与科技论坛》2014年第2期，第118页。
② 常凌翀：《互联网时代西藏非物质文化遗产的数字化传播路径》，《中央民族大学学报》2014年第3期，第169页。

和保护非物质文化遗产"①。因此，傩文化数据库的建立不仅可以将这种传统的民间文化遗产的传播从静态传播方式向立体交互的传播方式转变，而且还可以将傩文化遗产传播的内容通过图文并茂、虚拟现实、交互体验的方式，使傩文化的传播通过视、听、触等感官体验向全方位立体式呈现。

第二，在数字化背景下，积极发展傩文化及其创意产业，特别是数字网络技术产业，将傩文化元素应用于文化产业中，不仅可以使傩文化重新获得活力，而且可以使傩文化的传播水到渠成。

第三，积极发展傩文化创意产业，争取社会、政府、民间等各方支持则是从外援上对傩文化进行扩展，使傩文化与地方经济发展、国家大政方针、群众爱好相结合。

第四，对于构建立体化传播途径，主要考虑传播载体和受众之间互动的角度，提高传播载体、传播受众的文化素质。

第五，建立健全网络传播相关法律制度，确保傩文化规范持续发展。因为傩文化在现当代社会中已然失去了主流文化的地位，在人们逐渐倾向于快餐文化和科学技术的今天，为了避免在网络上非法传播具有神秘气氛的傩文化，必然需要政府对网络多媒体等数字传播途径的政策制约和法律监管。综上所述，通过傩文化的数字化网络多媒体的多重传播方式，能够促进傩文化的发扬及传承。

（二）傩文化的数字化传播渠道

傩文化的数字化传播渠道，主要有以下几种形式可供参考。

（1）引入娱乐化元素，以人文纪录片形式展开傩戏的传播，能够使傩戏的演出符合当代社会人们的审美情趣。因为，傩及傩戏作为当地人们的民俗文化，是"人体的或心灵的习惯，同时也是在活态地、有效地满足着'人类的需要'"②。所以，不论是傩戏、傩舞、傩歌，还是傩祭，都是人们精神的需要或意识的诉求，蕴含着

---

① 周子渊：《非物质文化遗产的数字化传播研究》，《调查与研究》2012年第3期，第19页。

② 陶思炎：《民俗艺术学》，南京出版社2013年版，第128页。

当地人们的精神追求以及对时代审美情趣的追求，以人文纪录片对傩戏进行展示或者在网络上传播，更加符合人们的审美需求。

（2）制作与傩戏相关的微电影，在传播者与受众间的互动中展开传播。微电影对于习惯快节奏生活方式的人们具有一定的吸引力，人们会主动将其在微博、微信、评论及朋友圈扩展开。传播者与受众之间的互动使傩文化的微电影形式得到扩散和传播，在随意的转发中使傩文化得到了迅速地扩散。在数字化网络多媒体高速发展的今天，一方面傩文化在网络上将得到快速的传播；另一方面，随着网络的传播，也会迅速地被各种信息湮没。因此，傩文化的微电影制作不仅需要构思精巧，还要能长久吸引眼球。

（3）举办傩戏、傩舞、傩歌、傩祭等影像艺术展，利用数字化网络多媒体进行传播。影像艺术展不仅能通过传统的平面二维图片展览中展出，还能利用网络多媒体，通过三维成像技术使傩文化中的傩歌、傩戏、傩舞、傩祭得以虚拟实现展现。

（4）建立傩和傩戏数据库及网站，利用互联网平台展开传播。建立傩文化数据库及网站，在网络平台上进行展示。利用互联网的信息传播优势，使得傩文化的传播不仅仅是静态、平面式的图片传播，还能通过动态、三维立体的影像传播，使这种非物质文化遗产的传播得到全面、快速的展现。

二 傩文化数字化共享

傩文化的数字化共享是基于傩文化的数字化传播的实施。"从传播学的角度来看，信息的流通只有凭借符号才能实现，符号总是负载着某种信息，而信息总是表现为某种符号。"[1] 傩文化的数字化资源共享中，符号作为影像、声音、图片等信息的载体，在信息传播中承载着傩文化的内涵和价值。在傩文化数字化资源共享的过程中，其符号承载的文化内涵和价值观念会自觉或不自觉地对受众进行影响。傩文化的数字化共享，除了强调傩文化的资源共享要具

---

[1] 陶思炎：《民俗艺术学》，南京出版社2013年版，第291页。

有特定的价值观念之外,在根本上还要具有强烈的创造新价值和传播新观念的传播行为。

(一) 实现傩文化数字化共享的初衷

从非物质文化的角度来讲,如果说网络多媒体的使用使傩文化的资源得以共享的话,那么还不足以表达"传承"这一概念。究其实质价值,即数字化共享为使更多的民众了解傩文化,而了解傩文化的终极目的不仅在于形式上获得扩散,也在于对傩文化本身的保护与传承。传承这一概念只是表达了对于傩文化的最终目的,而在达到这个目的的过程中,强调的是如何使传承人和传承主体及受众者的相互关联上。也就是说,对可持续的文化传承所作的一系列举措能够对傩文化的传承和传播体现出策略支持。所谓可持续的文化传承,就是依照生态哲学的理念,重点关注人和自然的文化生态平衡关系,在这里,则指的是傩文化传承人与外部环境及自然条件的均衡关系,在傩文化数字化资源共享的过程中,每个环节都考虑了人和物之间的关系,而尽量减少这个关系中的不利因素,则是实施数字化资源共享途径中的重点。因为,传统模式的文化传承方式与方法,是以静态的点对点连接为基础,而实现傩文化数字化资源共享的现实初衷,则是全面、高效、立体的传播。因此,以人为本的实施策略,是数字化资源共享的初衷,因为"在数字化文化遗产的资源共享的整个流程中,信息经过数据的计算机科学方面的获取、解析,再经过图形设计方面的数据呈现和优化处理,最后经过信息可视化技术和人机交互技术的交互设计"[①],每个环节都需考虑人机互动的效果,即从最初的构思起步,以全局的眼光看待整个资源共享实施过程中的每个步骤,以发展的眼光实现傩文化数字化的资源共享。

(二) 实现傩文化数字化共享的途径

实现傩文化数字化资源共享的途径主要有以下几点。

---

① 覃京燕:《文化遗产保护中的信息可视化设计方法研究》,博士学位论文,清华大学,2006年,第104—105页。

第一，资料采集。傩文化的资料采集，包括傩戏、傩舞、傩祭、傩歌、傩艺等。傩戏的资料采集主要包括傩戏表演者的服装、头饰、傩戏的服装和戏服以及傩戏的唱词，同时还有傩戏表演者的个人资料、傩戏的戏目等内容；傩舞则包括舞蹈演员的服装、头饰、舞蹈的节奏、舞蹈的表现题材、舞蹈的表现内容等；傩祭主要包括祭祀的主体、受众、祭祀的主要方面——表现的题材以及祭祀的物品等；傩歌则主要包括歌词、唱腔、声调、节奏、题材、乐器等；傩艺主要表现在面具、服饰、工具等方面。

第二，资料汇总。在资料采集的基础上进行分类、汇总，以材料、材质、种类、大小等项目进行分类，在此基础上对材料进行梳理，从而为第三步资料上传打好基础。

第三，资料上传。首先做好网站页面设计，对平行类目进行分列和梳理，将主要内容和次要内容进行区分，从而在版面的大小上进行布置。其次对文字进行设计，傩文化中包含很多文字信息，而文字字号的大小直接决定了傩文化系统中各方面的主次位置。另外，对图片的优化与设计，也是决定网页设计合理与否的主要因素。因此，对图片的修改以及对图片排列组合的设计直接影响页面设置的合理与否。

第四，信息反馈。信息的反馈是整个资源共享制作过程中最关键的一步，前三步的设计、优化，都是为最后这一步做的准备工作。因此，信息反馈是决定傩文化资源共享成败与否的关键。

（三）实现傩文化数字化共享的效用

实现傩文化数字化共享的效用，表现在诸多方面。首先，传承人通过资源共享使自己所从事的事业得到承认，这种承认不仅表现在经济方面，即家庭收入的增加，同时也表现在精神上的自我实现，根据马斯洛的需要层次理论，傩文化的传承人试图通过这种方式来获得生存的同时，进而渴望得到尊重并实现自我价值的需要。其次，传承主体可以通过资源共享使大众增加对傩文化内涵的了解，展现其原始文化所蕴含的古老、神秘气息，实现傩文化的当代社会价值、文化价值及历史价值。再次，对于传承受众而言，通过傩文化的资源共享，一方面可以了解中国文化形式的多样化，从这种文化形式中感受中国文化的博大精深；另一方面，受众通过傩文化的资源共享，对傩文化本身的反馈使傩文化朝着更为优化、符合大众审美趣味的方向发展。最后，传承效果。如果说传承过程中受众是整个资源共享中另一积极因素的话，那么传承效果则是传承人、传承主体和传承受众对文化主体所共同实现的效果，传承的效果即傩文化的兴衰与否、延续与否、发展与否的主要体现。因此，传承效果是检验傩文化数字化传播共享的有效评估。

第三节 傩文化数字化开发利用研究

傩文化通过傩祭、傩仪、傩歌、傩舞、傩戏、傩艺、傩技等形式来展现。在民间傩戏中，主要以祭祀、婚、丧、嫁、娶等为依托进行表现，其表现形式呈现多样化的特征。对傩文化进行数字化开发和利用，既是对民间传统优秀文化的传承，也是在当下社会对传统民间文化资源的再生利用，因为，傩文化根植于民间，其资源是客观存在的，这就使得傩文化的开发和利用具有了现实的基础。尤其是在我国现代经济快速发展和科学技术极大进步的今天，快餐文化的盛行，人们对古老的傩文化的关注已经失去了往昔的社会基础，因而，对于傩文化的开发显得尤为重要。

一 数字化技术在傩文化开发中的利用

随着时代的发展和文化的变迁，特别是新技术利用，对民间非物质文化遗产的保护、研发利用也正面临着新的挑战。比如，全球经济一体化对民间传统文化的冲击、城镇一体化的推进和对山区林业资源的无休止开发、贫困落后地区经济条件和对文化保护意识的淡薄等，都对非物质文化遗产保护力度产生消极影响。同时，非物质文化遗产的传统保护方式也是造成非物质文化遗产渐趋消亡的原因。因此，对非物质文化遗产的保护和研发利用已迫在眉睫。随着社会的进步和科学技术的发展,数字化技术已越来越被应用在社会生活的各个方面,利用数字化信息技术,可以从傩文化的基本属性、主要组成要素、自身所属的文化层次、传承形态等角度进行数字化技术的开发利用,建立傩文化数字资源库的体系分类,创建傩文化资源的数据采集标准,探讨傩文化的数字可视化表达方式,构建傩文化遗产数字技术综合运用系统,搭建傩文化多媒体交互体验平台,构建傩文化数字化保护与传承技术体系等方面进行分析和探讨。

(一) 建立数据资源分类体系

建立数据资源分类体系是对傩文化开发和利用的前提。自"20世纪90年代以来,以信息技术、网络手段为代表的数字化技术得到了长足的发展,数字化技术不仅在各种工业领域得以广泛应用,而且给文化遗产保护事业开辟了新的途径"[①]。对于傩文化的保护研究,我国政府及专家学者已经做了大量的工作。然而对于傩文化的数字化保护,却刚刚起步。究其原因,一方面是由于傩文化大多是人们长期在生产生活中的经验积累,内容繁杂,表现形式丰富多样;另一方面是在流传过程中主要靠民间艺人的口传身授、言传身教,因此保护难度较大。数字化技术为傩文化的保护提供了许多全新的技术手段,但是在数据采集中涉及图文扫描、全息摄影、三维扫描、动作捕捉等技术手段,采集到的数据需要建立数据库利用网络多媒体进行有效存储和管理,因此,就需要建立数据资源的分类体系便于数据的管理、检索和分享。

(二) 创建数据采集标准

创建数据采集标准是对傩文化进行开发和利用的基础。创建数据采集标准,使傩文化的各分支系统数据标准化。傩文化作为文化形式包含了物质形态和非物质形式,对这两方面的形式进行数据采集,需要建立采集标准,以确保采集的数据能真实地反映傩文化的

---

① 黄永林、谈国新:《中国非物质文化遗产数字化保护与开发研究》,《华中师范大学学报》(人文社会科学版) 2012 年第 2 期,第 51 页。

原生形似和本真内涵。比如，利用2D、3D数字动画技术，再现傩文化已消失的文化形态，解读傩文化的文化现象，展现表演场景，讲述经历的事件或发展过程，实现傩文化的虚拟再现、知识可视化及交互展示等，这都需要建立一套客观、规范的采集标准，以保证采集的数据信息能完整、全面、真实地反映这一文化现象和文化态势，尽可能地让人们全面了解傩文化，只有这样，才能达到对傩文化的开发利用目的。

（三）构建傩文化的可视化表达

数字化技术在傩文化中的开发和利用需要构建傩文化的可视化表达。由于土家族地区的傩文化属于民间傩，是民俗活动的载体，利用数字化技术对傩文化的开发利用，可以有两种不同可视化表达方式：一是将傩文化从民俗活动的主体和发生情境中分离出来，将其简化为一种图谱、文字符号进而开发为情境化艺术作品；二是将傩文化植入民间民俗活动中，与特定的社会环境、文化语境紧密结合，全方位、动态地开发和利用傩文化。

（四）利用数字综合技术手段

傩文化是经过长期的历史及实践检验传承下来的。它包括与群众生活密切相关的各种传统文化及民风民俗的表现形式和文化空间，仅通过记事文本、拍摄图像、视频或动画等数据形式难以将其错综复杂的关系完整地表达出来，通常会忽视傩文化赖以生存的文化空间和地域空间的特殊性，致使其在孤立的环境中渐渐失去文化本色。因此，在对傩文化数字化技术的开发和利用中需要将多种数字技术手段综合运用到傩文化的保护和传承及开发利用中，构建傩文化的数字化开发利用体系。

（五）搭建网络多媒体交互平台

"传播者系统和受传者系统的主体都是人，所以图形传播必然会受到人的心理因素的影响，如观念、态度、需求、气质、能力、性格、情感、审美、经验、习惯等，传播者按特有方式解读信息，还原信息本意，受传者接到信息后做出或强或弱的反应，然后进入反馈系统，最终使信息传播形成循环网络。"① 由于当前土家族地区的傩文化发展呈现一种不均衡的状态，这种不平衡与区域经济发展有很大关系，当地传承人对数字化技术的认识往往局限在先进的科学技术和丰厚的经济利益，却忽略了数字化技术的理性、规范、批判和协作等精神。因此，需要利用知识建模、行为建模与交互可视化等技术对傩文化资源进行可视化表现，构建多媒体交互体系平台，实现傩文化可视化产品的开发与传播。

总之，随着数字化技术发展，特别是虚拟现实技术的出现，将数字化技术在傩文化保护与开发中进行应用，为傩文化的保护与开发提供了更加有力的技术支持，使傩文化遗产及傩文化保护与开发的途径得到了进一步拓展，不能不说这是傩文化传承的福音，同时也是非物质文化遗产文化保护最有力的手段。

二 傩文化的数字化开发利用需要注意的问题

数字化技术虽然对傩文化的保护与复原、虚拟与重建具有很重要的现实意义，但过度依赖数字化技术也容易造成傩文化失去本来文化形式的多样性和内容的丰富性，造成遗产数据化和模式化，即离开数据及网络资料对傩文化的保护性开发和利用就会处于一种瘫痪状态，这在一定程度上会损害傩文化的多样性，破坏整个傩文化的生态平衡，就像现代的人们离开网络和电子设备就会无所适从一样。常言道："任何事情都有两面性"，我们在利用数字化技术对傩文化进行传承保护的同时，也不应忽略其可能带来的负面因素。因此，对数字化技术在傩文化的开发和利用中需要注意以下几个问题：土家族的文化生态平衡问题；傩文化开发利用的多学科交叉融合问题；傩文化开发利用的人才的培养以及傩文化产业发展问题等。

（一）政治文化生态环境

在傩文化的开发利用中，应充分正确认识傩文化的开发利用与

---

① 季涛频:《数字化时代图形传播的未来模式》，《装饰》2007 年第 2 期，第 16 页。

政治生态及文化生态环境之间的关系问题。目前，存在的问题是过度依赖现代科技技术而忽视了政治、文化生态环境，过分推崇科技技术而忽视人文因素在传承中的作用，导致傩文化开发利用与政治、文化生态环境产生不平衡，甚至远离政府的指导和政策的支持，削弱人的因素在传承利用中的作用。因而，对傩文化的开发利用必须重视"政治生态"和"人文要素"。因为在傩文化系统中，政治因素与文化遗产之间的关系是统一的，文化因子与政治因子之间是相互融合、不可分割的关系。另外，尤其要注意傩文化与当地政治环境及国家政策措施之间的关联性，尽可能地利用政治环境中的有利因素，促进傩文化产业良性持续发展。总之，对于傩文化的开发与利用，运用当代科学技术不仅需要社会环境及文化环境的营造，而且要善于运用政治环境及政策的支持，充分利用政治因素来保护傩文化的多样性、政策性，从而促进傩文化的政治、人文生态平衡，达到合理开发和利用的目的。

（二）多学科的交叉融合

由于傩文化根植于民间，在民间文化的土壤中生根发芽，因而就与各种学科交织在一起。如傩文化作为社会科学中的一个分支，既归类于文化学范畴，又与艺术学相融合；既需要对当时人文环境进行研讨，又需要对其发展历史进行挖掘。对其开发、利用而言，既不能离开科学技术的运用，又离不开傩文化中各项因子的拓展。因此，在土家族地区的传承人、传承受众、传承机构等运作都需要多学科的交互研究。另外，对傩文化的开发、利用，一方面避不开傩文化传承人这一"人"的因素，因为他们的存在决定了傩文化的存在与否；另一方面也避不开傩文化中"物"的要素，如傩文化中傩戏、傩歌、傩艺、傩舞的物质载体，同时，也包含了傩文化之外的各种物质条件。可以说，傩戏的开发、利用必须考量多学科的交叉作用，必须在综合各种因素、条件、学科范畴中进行开发，使之能够为人所用。

（三）数字化人才的培养

当前，现代科学技术运用在傩文化的开发利用中，需要大量数字信息技术方面的人才。但是,在具体实践中,相关数字化专业人才的紧缺仍然是傩文化传播、开发利用所面临的棘手问题。对傩文化的开发利用是一项长期性、系统性、专业性很强的工作,许多有经验的技术专家和专业人才大多集中在自然科学及工程领域,非物质文化遗产保护的数字化人才相对贫乏。因此,数字化专业人才队伍的培养是傩文化开发利用中需要解决的问题,只有大力研发数字新技术,着重培养既懂傩文化又擅长数字化信息技术的人才,建立一支精通数字技术又懂傩文化的复合型文化人才队伍,才能使傩文化的数字化开发和利用得到持续发展,才能更好地做好傩文化的保护传承工作。

(四) 数字化产业的发展

数字化信息技术在傩文化开发利用中的应用,对推进傩文化的保护传承和创新发展产生了积极的作用。利用数字信息技术不仅可以提高傩文化开发利用的效率,研发出新的傩文化数字产品,还能增强傩文化产业在市场经济中的竞争力和生命力。傩文化的开发利用主要从两方面着手,一是挖掘傩文化的价值内涵,对傩文化的核心价值加以有效保护,使之成为具有经济价值和知识价值的文化产品,并将傩文化的资源优势转变为价值优势,创造出巨大的社会效应和经济效益,从而推动对傩文化的保护更好地向前发展。二是在傩文化的文化生态环境中,如何利用好文化因子与当地民族元素的融合,彰显傩文化数字产品的优势和价值,推动傩文化的数字产业持续发展。因此,在傩文化的数字化产业发展中,只有加强对傩文化的文化因子提炼,突出价值内涵,营造良好的文化生态环境,才能探索一套适合傩文化保护与开发的发展模式,促成傩文化数字化产业的持续良性发展。

第四节 傩文化数据共享与知识产权问题

"版权保护通过赋予作者和版权持有人以专有权利,来保护和调动作者的创作积极性,促进文学、艺术、科学的创作与创新,从而促进科学的与艺术的进步。"① 傩文化作为一种知识体系，对其所有的知识数据享有知识产权，傩文化的数据库共享与知识产权问题，就目前来看，还没有完全建立健全起来。首先，傩文化数据库共享与知识产权问题所关联的学科较多，这就需要与傩文化数据库的构建所涉及的相关专业紧密配合，也可以说，在现阶段，傩文化数据库共享与知识产权问题是一个比较迫切需要解决的问题。对傩文化数据共享与知识产权主要包含两个方面：即知识产权的保护意识和保护方法。

一 傩文化资源数据库的知识产权保护

（一）保护意识

从傩文化现阶段数据库建设的知识产权保护来看，对其保护意识较为淡薄。如从传承人的角度来看，由于傩文化传承人大多是初中文化水平，虽然他们后天也在宗教、艺术等方面进行了一定的学习，但是底子差，对文化本身的理解还不是很透彻，对知识产权的理解，还不能尽如人意。中国知识产权法在1983年才开始实施，而交通极为不便、经济发展较为落后的土家族地区对知识产权的理解更是可想而知。土家族傩文化传承人所处的自然和社会环境还不能从客观上使他们对知识产权有较为明晰的理解。当然，傩文化数据库的建设并不能仅仅从傩文化的传承人入手，还应包括参与傩文化数据库建设的所有人员。就目前来说，傩文化的保护还没有从各方面得到完善，而数据库的建设及其知识产权的保护也就还没有得到一定重视。这就要求傩文化的研究者能够从知识产权意识上对傩文化保护及数据库建设进行实践，只有增强知识产权的保护意识，才能加快傩文化知识产权的保护进程。

（二）保护现状

2005年，我国正式启动了国家知识产权战略制定工作，各级

---

① 李春茜：《数字化时代的知识传播与版权保护》，《情报科学》2000年第10期，第882页。

政府及相关单位也不断加大了知识产权保护力度。可以看出，我国的知识产权保护时间历程并不是很长，也就是说，对知识产权有一定的认识也就是近年来的事。因此，土家族地区傩文化资源数据库建设的知识产权保护现状更为堪忧，傩文化的传承主体还没有知识产权保护的意识，对傩文化的保护只停留在文字、图片和影像等方面，而对其自身知识体系乃至文化的传播也还没有深入认识。傩文化资源数据库建设的知识产权保护现状目前还处在一个较为初级的阶段，需要对整个傩文化链上的工作者进行相关知识产权理念的传输，只有让傩文化数据库资源建设各个环节的工作者认识到知识产权的重要性，才能使傩文化数据库建设得到良性进展，才能使其保护得到有的放矢。

二　土家族地区傩文化资源数据库知识产权的保护方法

土家族地区傩文化资源数据库知识产权保护的方法有很多种。主要包括图像数字水印技术、视频数字水印技术、三维数字水印技术等。从这三种保护方法来看，第一种属于静态、平面的水印技术形式；第二种为动态的水印形式；第三种则是动态、三维的水印形式。这三种水印形式在技术上是一个逐次提高，难度加大的过程。

（一）图像数字水印技术

"数字水印技术从正式提出到现在虽然只有短短几年，但由于它是应用于开放性网络上的多媒体信息隐藏技术，为解决版权保护和内容完整性认证、来源认证、篡改认证、网上发行、用户跟踪等一系列问题提供了一个崭新的技术研究方向"[①]，图像数字水印技术可分为可见水印（Visible watermark）和不可见水印（Invisible watermark）。可见水印在图像中模糊可见，但不清晰，在保证图像质量的前提下一般很难清除，主要用来预防图形图像、音频视频产品被用于商业用途。通过图像数字水印技术能够保证傩文化中图像、

---

① 计云倩：《基于可见水印的古籍图像版权保护技术研究》，硕士学位论文，苏州大学，2010年，第6页。

影像等文献资料得到很好的保护，从而不被盗用。可见水印是一种应用广泛的版权保护技术，被用在图像、影像视频中，外观上不易被察觉到，如果发生被盗用或版权纠纷时，版权所有者可以从中提取水印，从而证实版权所有。另外，"不可见水印又可分为易碎水印（Fragile watermark）和稳健性水印（Robust watermark），易碎水印在通常条件下不可见，能被普通的信号处理技术改变，当嵌入水印的载体数据被修改时，通过对水印的检测，可以对其是否进行了修改或进行了何种修改进行判定；稳健性水印在通常和特定感知条件下不可感知，经过普通信号处理和恶意攻击后，水印仍然保持在信号中，未经授权很难检测出水印"①。所以说，通过对图像数字水印技术的运用，土家族地区傩文化资源数据库的知识产权保护有了技术保障，同时防止了一些利用他人知识产权的非法活动的发生，保护了傩文化的知识产权。

（二）视频数字水印技术

视频水印技术为傩文化资源数据库知识产权的保护也带来了福音。视频水印技术是指在"原始视频中嵌入水印，按嵌入的域划分，可以分为在空间域嵌入水印和在频率域嵌入水印，在空间域嵌入水印，就是直接在原始视频数据中嵌入水印，一些静态图像的水印嵌入方法可以用于原始视频空间域水印的嵌入，由于空间域嵌入水印方法一般都是利用图像的冗余信息来嵌入水印，而视频压缩编码就是要尽量除去冗余信息以压缩数据量"②。就傩文化而言，可以通过视频数字水印技术将有关傩文化的视频信息嵌入水印中，使视频信息即便被盗用后还能通过这一技术来确认其产权。因此，对于傩文化的保护，视频数字水印技术不仅能够保障知识产权的所有，也丰富了傩文化的保护策略。

（三）三维数字水印技术

三维数字水印可以根据所处理数据的方式分为网格水印、参数

---

① 陶思炎：《民俗艺术学》，南京出版社2013年版，第291页。
② 刘连山、李人厚、高琦：《视频数字水印技术综述》，《计算机辅助设计与图形学学报》2005年第3期，第381页。

曲面水印、体数据水印和三维动画水印①，在傩文化资源数据库知识产权的保护中，三维网格数字水印和二维静止图像、视频以及音频一样，也都可以分为空域数字水印和频域数字水印两种。"三维数字水印可以根据所处理数据的表示方式分为：网格水印、参数曲面水印、体数据水印和三维动画水印，其中研究最多的就是网格数字水印技术。"② 因此，傩文化数据库建设及其图像的保护，只有形式的区别，没有本质的不同，只是从静态的嵌入图片到动态的嵌入图像、从平面到立体的转换，而无论是图像数字水印技术还是视频数字水印技术，还是三维数字水印技术都是知识产权保护的有力武器。

第五节　本章小结

综上所述，本章着重介绍了土家族地区傩文化的传播方式、传播策略以及传播模式等，使傩文化的保存、保护及其延展式传播在横向扩展上得到保证。另外，土家族地区傩文化的网络多媒体传播促成了傩文化在现实世界向虚拟网络空间的转变。同时，在此基础上对傩文化进行开发和利用能够为傩文化的传承人及当地的民众带来一定的经济利益，也能够使傩文化的传承人在意识的深层领域认识到知识保护的重要性。毫无疑问，在当代数字信息技术条件下，利用强大的数字技术优势可以拓展傩文化的传播和辐射的空间，可以加快传播速度，可以提高传播的效率，而且还能被反复复制和无限制传播。这有利于傩文化的保存、记录，有利于傩文化能够超越时空被人们所认识，能够满足受众对不同文化形态状态下的兴趣，开拓了傩文化的视野和深度。

土家族地区傩文化是当地民众观念意识、精神信仰的表现载

---

① 汪晶：《三维几何模型数字水印研究及在CAD产品版权保护中的应用》，武汉理工大学，2007年。

② 张谦：《三维网络数字水印技术研究及其在数字博物馆中的应用》，硕士学位论文，西北大学，2005年，第12页。

体，是我国具有民族特色和民族精神的文化形式。在新的时代条件下，借助数字化的传播媒介可以很好地推介土家族地区的傩文化，可以为傩文化的发展提供技术支持，为非物质文化遗产的保护提供宣传窗口，无论对于傩文化的数字化保护还是利用数字资源进行的传播和开发利用，都具有积极作用和深远意义。

第九章

土家族地区傩文化的数字化保护与传承对策研究

　　文化遗产属于珍贵的民族文化资源，是民族得以发展的文化基因，是研究民族文化的有形或无形的证据。土家族地区傩文化遗产主要存在于湘、鄂、渝、黔接壤的土家族聚居地区，该地区汇聚了中原汉文化、荆楚巫文化、巴蜀文化以及西南少数民族文化，属于多元文化碰撞和融合发展的特殊文化积沉带。土家族地区傩文化因受多种文化基因影响，具有鲜明的民族性、地域性、活态性、生态型、传承性、变异性等特点。在国家"创新、协调、绿色、开放、共享"的文化战略发展理念下，对土家族地区傩文化进行数字化保护传承，让古文明焕发新的生机，满足现代人民群众的精神文化以及时代新需求，这对增强民族文化自信和展示大国文明具有重要意义。

　　在社会发展和城镇化建设进程中，虽然湘、鄂、渝、黔接壤的土家族聚居地处于相对落后的边远区域，但是随着城乡一体化建设与现代经济信息的高速发展，现代经济社会对传统农耕文化日益产生颠覆性冲击，原有的生产方式和劳动观念发生了根本的变化。土家族地区傩文化隶属远古原始文化范畴，主要由多种民俗活动和民间技艺构成，从精神文化内涵讲，囊括了巫术和巫师思维语言、原始宗教图腾符号、万物有灵的自然崇拜和神灵崇拜以及礼仪节庆经验与知识等；从艺术领域层面，涉及美术装饰、民间文学创作、民间戏剧、曲艺表演等形式；从仪式构成来看，包含了傩祭、傩仪、傩歌、傩舞、傩技、傩艺等内容。傩文化的形式总是围绕精神内涵来表现的，由于"各种原始艺术和所有观念形态之共同的根源是劳动，是人们的劳动实践，随着人类和人类社会的发展，随着观念形态的复杂化，艺术的这一最早的根源自然是原来间接地以人类活动和关系的新生形式表现了出来，但无论自其本质、或自其内容看过去，各种手法的原始艺术总不外乎是表现人从劳动实践中得来的认识、情感、情绪和思想的一种形式"①。土家族地区傩文化的数字化保护与传承对策研究需结合当前的时代背景，参照非物质文化遗产保护传承已有的经验与存在的问题，遵循我国社会经济发展趋势，利用先进的数字化科学技术，来统筹推进土家族地区傩文化的数字化保护利用和传承发展。

在经济发展新常态下，土家族地区傩文化的数字化保护与传承对策研究，要契合社会主义核心价值观和保障人民群众文化基本权益，要统筹协调非物质文化遗产保护和社会经济的发展，要完善其传统文化的教育服务功能，并合理适度地开发文博创意产业，主动适应地方经济的持续发展和促进社会主义文明提升的需要。

第一节 数字化保护传承的背景分析

一 时代背景

随着互联网技术的快速发展，互联网的用户也在与日俱增，据统计，截至2016年上半年，全球互联网用户总数已达35亿多，2016年上半年的移动蜂窝连接数就达到了73亿多，移动终端互联网普及率上升到48.6%。中国互联网络信息中心发布的第37次《中国互联网络发展状况统计报告》中报告称："截至2015年年底，我国网民规模数达6.88亿，普及率为50.3%，手机网民规模

---

① [苏] 柯斯文：《原始文化史纲》，张锡彤译，三联书店1955年版，第182—183页。

数有6.2亿，使用手机上网的人群占90.1%，手机网民通过3G、4G上网比例是88.8%，通过Wi-Fi无线网络接入互联网的比例是91.8%，微信使用率达75.3%"。互联网使用率随互联网技术的发展日益剧增，近三年，我国总投资超过11000亿元来加快推进全光纤网络城市和第四代移动通信（4G）网络建设，预计未来还会持续加大投入。国民经济发展依赖互联网技术的大量应用，在数字经济产业化中，互联网与各产业进行深度融合，全球网络空间数据自由而有序地流动，全球网络市场衍生出很多新的经济模式。

  互联网技术的日益发展逐渐改变了人类的交流沟通方式。随着互联网技术的快速发展，全球互联互通为文化信息共享带来了新的机遇，为互联网技术介入非物质文化遗产的数字化保护、传承、传播和利用创造了先决条件。土家族地区傩文化的数字化保护在丰富网络空间文化交流的同时，也促进了土家族地区傩文化的多样性繁荣和发展，互联网技术在文化领域发展带来的全新推动力，让文化领域也迎来了互联网信息经济发展的黄金时代。如图9-1所示，2000—2016年上半年这10.5年间，互联网用户增长率突飞猛进，全球平均增长率为887.9%，这为信息时代背景下土家族地区傩文化的数字化保护提供了一种新的可能和解决思路。

World Regions	Population (2016 Est.)	Population % of World	Internet Users 30 June 2016	Penetration (% Population)	Growth 2000-2016	Users % of Table
Africa	1,185,529,578	16.2%	333,521,659	28.1%	7,288.0%	9.4%
Asia	4,052,652,889	55.2%	1,766,289,264	43.6%	1,445.3%	49.5%
Europe	832,073,224	11.3%	614,974,023	73.9%	485.2%	17.2%
Latin America / Caribbean	626,054,392	8.5%	374,461,854	59.8%	1,972.4%	10.5%
Middle East	246,700,900	3.4%	129,498,735	52.5%	3,842.4%	3.6%
North America	359,492,293	4.9%	320,067,193	89.0%	196.1%	9.0%
Oceania / Australia	37,590,704	0.5%	27,508,287	73.2%	261.0%	0.8%
WORLD TOTAL	7,340,093,980	100.0%	3,566,321,015	48.6%	887.9%	100.0%

图9-1 世界互联网使用与人口统计数据

数据来源于www.internetworldstats.com。

二 行业背景

随着互联网信息技术的繁荣发展，数字化技术被应用到各行各业，尤其在非物质文化领域得到更加充分的应用和发展，为文化遗产保护传承、合理开发提供了全新的数字技术实现模式。近年来，关于对非物质文化遗产的数字化保护与传承，联合国教科文组织和世界各国都进行了大量工作，特别是对非物质文化最有价值的部分，比如，对口头传说、社会风尚、节庆礼俗、传统工艺以及有关对自然界的认识和生活实践等进行了保护原则的确定。据此来看，对非物质存在的傩文化进行数字化保护与传承仍然任务艰巨，这是因为，傩文化中很大部分是依靠长期经验积累的非物质形态存在的一种文化遗产，比如土家族地区傩文化中傩仪、傩戏、傩技等活动，它传承方式主要还是靠口传身授、言传身教，具有很强的流变性和活态性，如果使用传统的保护传承模式，在保护成本、维护方式、传播途径等方面都面临很大难度。然而，如果用现代先进的数字化采集技术手段，通过虚拟博物馆进行数据储存和数字化展示，利用互联网的数字传播方式将是更好解决其活态性的现代保护传承方式。

土家族地区傩文化数字化保护与传承具有较高历史、文学、艺术、科学价值，在采取数字化保护传承过程中，应充分发挥数字化技术的核心作用，鼓励和支持社会各个层面积极参与，正确处理保护、传承以及合理开发利用的关系。

三 机遇分析

非物质文化遗产产业的保护性开发与生态持续发展必须坚持经济、政治、文化的协调发展。从经济层面来看，目前对非物质文化遗产的开发利用具体表现在三个方面，一是馆藏式的传统保护性开发；二是产业经济主导式的保护性开发；三是旅游经济发展式的保护性开发，但这些保护性开发模式各有利弊。从政策方面来说，中央及其地方政府均高度重视文化创意产业的可持续发展，先后制定并出台了《国务院关于进一步加强文物工作的指导意见》等一系列政策和措施，标志我国非物质文化遗产保护工作进入依法保护阶段。2016年4月全国文物工作会议在北京召开，国家主席习近平强调"文物承载灿烂文明，传承历史文化，维系民族精神，是老祖宗留给我们的宝贵遗产，是加强社会主义精神文明建设的深厚滋养。保护文物功在当代、利在千秋"①。这标志着非物质文化遗产保护传承工作在政治导向方面由上至下被越来越重视，这为土家族地区傩文化数字资源的保护开发从政策层面、政府方面都有比较完善的政治保障体系。从文化领域来看，数字新媒体文化产业的日益繁荣，将打破并重构旧有的文化产业格局，数字信息技术将更加广泛地被应用到文化产业。由于数字网络信息化拥有强大的数字信息资源，是土家族地区傩文化数字资源保护与发展中不可或缺的重要技术支持，因此在对非物质文化遗产进行数字化保护中起到重要且积极的作用。

第二节 数字化保护传承存在的问题

互联网技术是当今较为前沿的信息科学技术，随着互联网技术的广泛应用，特别是数字虚拟现实技术的出现，极大地推动了土家族地区傩文化资源在网络新媒体上的展示与传播。在对土家族地区傩文化进行数字化保护传承和开发利用的过程中，由于数字信息技术的参与，为土家族地区傩文化遗产的保护开发提供了有力的技术支持，使土家族地区傩文化遗产保护开发的途径得到了进一步拓展和衍生。但是，数字信息技术在对非物质文化遗产进行保护传承和开发利用中虽然存在着诸多的优势，却也难免会有如下问题。

一 文化生态问题

数字化技术虽然对土家族地区傩文化遗产的保护传承和传播利

---

① 潘婧瑶：《习近平谈文物保护工作的三句箴言》，2016年4月13日（http://politics.people.com.cn/n1/2016/0413/c1001-28273470-3.html）。

用具有重要的作用，但如果过度地依赖数字化技术手段也容易造成土家族傩文化资源的过度数据化，从而失去傩文化的本真内涵，造成傩文化数据资源的泛滥，在一定程度上有损土家族地区傩文化的多样性和文化生态性的平衡发展。因此，利用数字化技术在对傩文化遗产的保护开发中，要有一定的文化生态观念，根据傩文化的非物质属性，确保傩文化的生态性和多样性。这是因为，傩文化中物质因子与非物质因子所反映的文化属性是统一的，融合发展、互相促进、不可或缺的，既要重视物质文化的保护，更要重视非物质文化的传承。在数字化技术实施过程中，尤其要注意对土家族地区傩文化的生态保护，也就是最大限度地保留其文化中所具有的原生性，使其找到属于自己民族文化语境的生存环境和发展空间。

总之，对于土家族地区傩文化来说，利用数字化信息技术进行保护传承仅仅是一种现代手段，最终目的还是要保护土家族傩文化的原生性、活态性和多样性。一方面要宣传土家族傩文化传承发展的重要性，提高当地群众的保护意识，同时要对土家族傩文化进行深入解读，提高传承人自身的文化修养和对传承义务的认识，真正明白土家族傩文化作为文化遗产的价值所在。另一方面我们在进行数字化保护传承过程中，应该意识到土家族傩文化是在土家族地区的特定历史环境中发展和成长的，外部环境的变化必然带来保护对象的变化，只有我们抓住土家族地区傩文化中最为宝贵的精神内核，才能保证土家族地区傩文化的核心内涵在数字技术保护手段中不被流失，才能在真正意义上对土家族地区傩文化进行活态传承和生态发展。

二 多学科交叉问题

土家族地区傩文化遗产的数字化传承与保护，归根结底是在多学科交叉融合发展下推动非物质文化遗产文化数字化传承保护的一种新型手段。在数字化过程中，汇集了考古学、民俗学、社会学、民族学、艺术学、计算机科学、电子工程技术、信息技术科学等学科，具有跨学科交叉融合的属性。这就要求在对土家族地区傩文化的数字化保护过程中应当加强相关学科技术人才的技术整合，还要加强团队的建设与合作。土家族地区傩文化的数字化保护与传承所面对的研究对象、研究领域、需要解决的技术难点都具有较大跨度的交叉性和高度综合的集成性。对土家族地区傩文化非物质文化遗产进行数字化采取提取、数字化加工处理、数字化分类存储，制定相关规则等等，都需要有人类学、民俗学、社会学，以及传播学和计算机科学等相关领域的专家共同参与才能更好地完成。目前，数字化技术已介入土家族地区傩文化非物质文化遗产项目的保护与开发领域，这就需要我们以更加开放的多学科视野，突破各学科门类的界限，融合相关学科知识，开展学科交叉研究和数字化保护技术的创新，才能制定出科学合理的数字化保护新技术，逐步建立土家族地区傩文化的数字化保护框架，进一步加强跨行业的产业化文化战略研究，探索出一套适合土家族地区傩文化非物质文化遗产项目数字化保护与科学开发规律的管理体制和运行机制。

三 人才队伍建设问题

在土家族地区傩文化数字化保护工程中，培养能胜任土家族地区傩文化数字化保护工作的数字化复合型人才，是做好土家族地区傩文化数字化保护与开发的一项系统性、持续性的保障工作。目前，在土家族傩文化保护与传承方面普遍缺乏计算机方面的数字化技术人才，这就导致先进的数字化技术应用与土家族地区傩文化的内涵融合成为数字化保护过程中比较突出的薄弱环节。然而，拥有超强计算机数字化技术的专业人才队伍中，大多对人文、艺术等社会科学知识在深度上有所欠缺，不能更好地把握土家族地区傩文化的核心内涵。因此，加强人才队伍的培养是目前对土家族地区傩文化进行数字化保护与发展的关键问题。从事土家族地区傩文化保护传承的数字化人才除了要具备传统的科学研究所需要的专业学科背景之外，还要有跨学科研究的严格训练，这就需要政府与行业协会加强与相关专业院校、科研机构的对接，共同联合对土家族地区傩文化保护与开发的数字化技术专业人才队伍的培养，积极探索多渠道合作共建培养模式、多元化的评价方式、多层次的使用渠道、多样化的激励方法、多方位的服务模式,建立健全复合型人才的培养机制,逐步建立并完善一支懂土家族地区傩文化、懂非物质文化遗产管理方法、精通数字信息化互联网技术的复合型文化人才团队。

第三节 数字化保护传承的发展路径

互联网数字信息技术的快速发展和广泛应用,对传统文化产业的发展起到了助推作用。互联网信息技术从根本上改变了传统文化产品的生产方式、传播渠道和消费模式。利用互联网信息技术能够提高传统文化产品的原创力,能够开发适应现代社会大众群体的文化产品,能够增强传统文化在文化创意产业的竞争力和生命力。

从土家族地区傩文化产业发展来说,数字信息技术只是保护传承的手段,利用数字技术使傩文化能成为社会服务的文化产业,才是对传统文化保护与传承发展的根本目的。因此,对土家族地区傩文化的数字化保护传承的对策研究,重点放在文化创意产业的发展建设上。

联合国教科文组织对文化创意产业进行的界定是:"依靠创意人的智慧、技能和天赋,借助高科技对文化资源进行创造与提升,通过知识产权的开发和运用,产生高附加值的产品,具有创造财富和就业潜力的产业就是文化创意产业,它包含文化产品、文化服务与智能产权三项内容"。[1] 近年来,我国互联网信息技术产业飞速发展,为非物质文化遗产资源通过数字化技术手段进行合理开发与利用提供了更加广阔的前景,更容易形成数字传播、文化信息融汇的特色文化创意产业。土家族地区傩文化遗产的数字化产业发展,不仅是对土家族傩文化加以有效保护,更是使之成为具有数字再生利用和可持续发展的民族特色文化产品。只有这样,才能更好地促

---

[1] 张鸣:《文化创意产业集群理论与实践》,天津科学技术出版社2013年版,第9页。

进土家族地区傩文化资源优势转变为产业优势的进程，创造出巨大的经济效益和社会效益，从而推动土家族地区经济、文化更好更快地协调发展。

一　数字化保护传承与文创产业相结合

土家族地区傩文化资源的数字化保护与开发是当前互联网数字技术与新媒体大发展的时代产物，这对促进土家族地区傩文化生命力的提升与傩文化产业化发展有极大的帮助。从文化产业经济层面讲，土家族地区傩文化产业发展的实质就是促进傩文化经济化的过程，并进一步提升土家族地区傩文化适应其生存发展的能力。从对传统文化保护与传承来看，在构建社会主义核心价值观背景下，通过对土家族地区傩文化的资源进行数字化保护与开发，促进以傩文化为主线的相关特色文化创意产业可持续发展，增强民族自信，服务地方经济社会具有不可估量的现实价值。

近年来，在传统文化保护开发中衍生出来的文化产业门类众多，主要集中在文博特色旅游产业、影视制作新媒体传播产业、动漫网络游戏以及广告创意设计产业四个产业领域。其中，部分文化产业在开发利用过程中，由于急功近利，导致过度开发而遭遇发展困境。这为土家族地区傩文化数字化保护与文化产业提供了参考借鉴，在充分挖掘和研究傩文化非物质部分的文化内涵时，要注意"以物知史，以物见人"，以弘扬社会主义核心价值观为引领，对传统文化的优秀精华进行传播，倡导社会文明新风尚。

傩文化与新媒体文化产业相结合时，要兼顾民族特色文化的服务功能，要能彰显社会主义核心价值观。在数字文博产业方面，可以举办土家族地区傩文化艺术产品创意展览，可以制作土家族地区傩文化文物影视节目，可以出版和发行土家族地区傩文化图书读物，还可以开发土家族地区的傩文化文博数字游戏等。在文化创意方面，可以与动漫创意设计产业相结合，深入挖掘土家族地区傩文化资源的内涵价值和特色元素，打造土家族地区傩文化特色旅游产业，衍生傩文化的旅游纪念品，拓展土家族傩文化产业的发展空间。在文化教育方面，建立中小学生定期参观数字虚拟博物馆的长效机制，鼓励学校结合教学计划设置傩文化的相关课程，组织学生到土家族地区傩文化实体博物馆进行参观和示范教学，或者利用数字虚拟博物馆开展线上和线下的教学实践活动。鼓励文博单位和文化创意企业参与开发土家族地区傩文化原创文化产品，打造土家族地区傩文化创意品牌，将社会闲散资本引入土家族地区傩文化产品的持续研发、推广经营等活动中来。实施"互联网+土家族地区傩文化产业"行动计划，支持和引导相关科研机构和企事业单位通过市场方式激活土家族地区傩文化的生命活力，丰富土家族地区人民群众的物质文明与精神文明生活。

二 数字虚拟博物馆与社会服务相结合

土家族地区数字虚拟博物馆的建设运营是对傩文化信息资源的整理加工、有序组织和再生利用，为公众消费傩文化信息资源提供便捷有效的平台，它不仅能有效地解决实体博物馆在展览上所耗费的时间和空间成本，还是土家族地区傩文化进行数字化保护传承与传播利用的重要手段。土家族地区傩文化数字虚拟博物馆对土家族地区傩文化遗产以数据形式存储，在数量和容量上都具有传统博物馆不可比拟的优势，能够实现真正意义上的动态保护与活态传承。

土家族地区傩文化数字虚拟博物馆可以定期推出傩文化艺术主题的特色活动展览，通过数字博物馆这种自主开放的资源分享功能，能够让大众对土家族傩文化有更加生动和综合的了解。土家族地区傩文化数字虚拟博物馆对傩文化知识的自主开放和自由分享，是其成为傩文化研究成果的信息发布交流平台，能够很好地促进相关成果交流并发挥推广作用。搭建起偏远山区、民族落后地区、经济贫困地区的信息资源平等共享，真正做到土家族地区傩文化的信息传播服务标准化、均等化。消除文化区域差异和教育差距带来的对傩文化的不对等资源分享，实现数字虚拟博物馆真正意义上的公共文化服务功能。

将数字虚拟博物馆与社会服务相结合，有助于提升土家族地区数字虚拟博物馆展示的水平，拓宽土家族地区傩文化的数字化开发利用方式，推动土家族地区傩文化数字化保护传承与信息资源的开发与共享。以社会服务为导向的土家族地区傩文化的数字虚拟博物馆建设，还能推动土家族地区傩文化数字虚拟博物馆的馆藏信息由数量增长向质量提升的转变，完善信息服务标准，提升傩文化艺术展品陈列质量，提高数字藏品信息的利用效率，拓宽传播渠道，促进馆藏数字资源的共享交流。

第四节　数字化保护传承的发展模式

　　数字化虚拟博物馆建设与傩文化相关创意产业的融合发展，是土家族地区傩文化的数字化保护与开发对策研究中最为重要的部分。土家族地区傩文化的合理适度开发，实质是构建土家族地区特色的傩文化主题文化创意产业链，整合土家族地区傩文化创意群体和消费群体，形成良性发展，满足傩文化消费群体的需求。2016年的政府工作报告指出要"深化文化体制改革，……推动文化产业创新发展，繁荣文化市场，加强文化市场管理"[①]。在最近出台的"十三五"规划纲要中也明确提出"推进文化业态创新，大力发展创意文化产业，促进文化与科技、信息、旅游、体育、金融等产业融合发展。推动文化企业兼并重组，扶持中小微文化企业发展"。在这些国家政策的支持下，对建设土家族地区傩文化主题创意园区或创意基地有积极的推动作用。土家族地区傩文化创意园区建设重点是将土家族地区傩文化消费者纳入土家族地区傩文化创意产业链中来，推动土家族地区傩文化产业链构建，包括从事土家族地区傩文化题材创作的艺术家、文化经纪人、文化经营组织和终端消费者等等，全员参与进来。但产业链各环节的衔接工作仍旧需要政府、企业、行业、社会等多方面通力协作与相互支持，才能使土家族地

---

①　国务院研究室编写组：《十二届全国人大四次会议〈政府工作报告〉学习问答》，中国言实出版社2016年版。

区傩文化创意产业形成生态健康、持续发展的产业链。

当前，对非物质文化遗产数字化保护与开发可参照目前已有的文化产业开发模式，结合土家族地区傩文化产业的特点，按照政府主导、个人参与、企业经营的数字化保护与传承发展模式。

一 政府主导模式

政府主导模式，即经政府及其相关单位投入物力、人力、财力的文化机构，对土家族地区傩文化加以科学性的数据收集、平台展现，以及资源分享的新型文化运营形式。政府主导的开发模式能把控制主体的作用发挥到最大化，是目前我国在非物质文化资源数字化保护与开发模式中最为有效和采用最多的一种方式。实体博物馆基本属于政府主导模式，经费来源由国家财政拨款支持，由地方政府或文化主管部门组织人力、物力实施运营。比如贵州傩文化博物馆，就是由政府主导对傩文化资源实施馆藏保护的一种主要模式。

政府提供的数字化文化资源具有公益性质，人们能更好地分享这种模式带来的信息便利。就政府主导的傩文化博物馆来说，主要有傩文化主题艺术会展、主题讲座、文化珍藏品展示、主题活动演出等。如中国文化剧院曾举办了贵州土家族傩文化关于"傩魂神韵——中国傩戏·傩面具艺术展"的活动，还有定期举办的有关地戏的专题演讲等。贵州傩文化博物馆还为公众提供丰富且免费的文化体验和参观，如傩仪、傩俗、傩歌等。

政府主导模式下的非物质文化资源的数字化保护措施所呈现出的影响力往往是立竿见影的，在这个大数据信息化的时期，各行各业的企业家都纷纷投入财力参与民族文化的数据资源建设项目，借助网络传播的优势以传承和发展优秀民族传统文化。近年来，由政府层面举办的国家级传统文化展览与日剧增，对抢救和保护传统文化资源具有很大贡献。

二 个人参与模式

土家族地区傩文化产业开发的个人参与模式，实质上是鼓励公众广泛参与抢救和保护傩文化资源的具体表现。由于傩文化遗产资源大都散存于民间乡野，政府主导或其企业经营的保护开发模式不一定能充分覆盖到这些地方，这样就促使个人参与的保护开发模式成为对傩文化传承保护的必要补充。

个人参与模式其核心是指参与弘扬并传承傩文化这特定群体，在傩文化的保护和传承过程中，他们起着中流砥柱的作用。但要靠他们主动自发地参与到傩文化的保护和传承中来，归根结底还是要在经济因素上给予他们有效的保障；否则，就会使他们失去对傩文化的保护热情和精神动力。为了能更好地弘扬和发展傩文化的精髓，应该将弘扬和发展傩文化过程中优秀的传承人和优秀传播者引导到产业开发项目之中，发挥他们的聪明才智以及传承技艺，支持并引导他们积极加入傩文化的产业发展与文化运营中。但是，仅仅依靠这些渐渐老去的传承人苦苦支撑与坚守，很难有所发展，这就需要社会精英、文化学者和大众们的积极参与。

三　企业经营模式

土家族地区傩文化产业发展需要现代企业的参与介入，毕竟，我国对非物质文化产品开发，无论理论还是实践都处于探索阶段，企业参与模式是市场经济形势下推动非物质文化遗产产业化发展的必然选择。企业运营模式能够打破土家族偏远农村地区傩文化服务的局限，将其文化内涵通过新渠道有效推广，开展傩文化衍生产品的研究，满足大众对现代精神文化消费的需要。这是因为傩文化产品和其他的文化商品不一样，它是以傩文化为载体向公众普及傩文化的特色产品，所以它的研发生产过程需渗入当前人们的各种文化需求，并以坚持社会效益为第一原则，突出傩文化传统民族特色功能，按照市场化运作的方式，积极开展傩戏演出活动，实现"以傩养傩、以戏养戏"，加快推进傩文化的传播和推广。

企业参与模式可概括为两种，一种是公益筹办模式，即成立不计利益的傩文化传播企业，用它们的经营方式来抢救和保护傩文化遗产。这类企业以傩文化为经营对象，包括傩文化主题影视制作，傩文化研究成果出版发行，傩戏傩仪表演，策划傩文化主题会展，开展傩文化动漫创作等。另一种是企业参与模式，即由各行业有实力的企业与政府、科研机构联手共建傩文化产业基地。企业经营范围不局限在傩文化上，而是以傩文化为基础的其他附加产业。比如贵州道真的"中国傩城""傩戏王国"，就是傩文化主题公园，融合旅游开发、大健康产业、农业观光等，涵盖了吃、住、游、购、乐等领域的多业态产业融合模式。这种模式企业不直接参与傩文化的保护开发的过程，只对傩文化保护开发提供资金赞助和支持，傩文化的保护和研发主要由研究机构和高等院校建立傩文化创意产业基地来完成。

政府参与立足于社会公益性，个人参与基于个人兴趣爱好及其文化自觉，企业参与则依靠经济效益。三种产业发展模式互为补充，相互发展，为一个共同的目的，那就是将散落在土家族地区古村落里孤寂、落寞的傩文化焕发生机，成为大众喜闻乐见的精神文化大餐。

第五节　傩文化资源开发 SWOT 分析

在土家族地区傩文化相关的数字化保护和产业化实施方面，对土家族地区傩文化实行 SWTO 法则，即对傩文化当前发展的优势（Strength）和劣势（Weakness）、机遇（Opportunity）与威胁（Threat）进行分析。

一　优势（Strength）分析

以土家族地区的傩文化为基础制造的衍生品的快速发展体现了新兴文化创意经济的特点，它对促进各民族文化的传承，加强经济发展有着深远而重大的影响。土家族地区傩文化创意产业能够很好地解决当地人的精神文化需求，推动全民创业，激活民营资本，是以改善民生经济的发展为目的的文化产业。

土家族地区傩文化数字化发展路线，主要是将傩戏、傩仪与动漫、游戏产业结合起来，充分挖掘傩文化中的特色资源，研发相关文化创意产品，诸如与傩文化相关的数码产品、现代服装、儿童玩具、各类装饰工艺品、主题文化公园、大型游乐场、闲暇休憩场所，相关网游行业、文化旅游资源等。在环境污染日益严重的今天，国家倡导环保绿色的文化创意产业发展，对整个投资环境相对宽松和有利，出于理性和商业的考量，让很多企业参与到文化创意经济模式中来，这就使得"文化建城""文化建乡"因为有了更多的参与者和投资者而变得空前热门。诸如在贵州道真建"中国傩城"项目，以建造中国的"迪士尼"游玩大型文化休闲场所为建设目标，建设内容包括傩文化民俗酒店、傩文化手工艺风情街、傩戏表演剧场等，多方位吸引现代城市人对传统傩文化的好奇和关注。这种大型的文化经济项目开发往往是使传统文化融合到现代经济社会的重要因素。

  对土家族地区傩文化资源的数字化，最大优势是在不改变土家族地区傩文化原貌的情况下，能够更好地记录和保存傩文化各方面的信息，还能够对这些繁杂的信息进行复制、再现、扩散与再生利用，尽可能地利用土家族地区傩文化资源独具特色的文化与经济效应。比如，将数字化技术应用到土家族地区傩文化资源产业化进程中，对促使土家族地区民俗活动、祭祀仪式、地方戏剧、文学艺术等更加符合现代审美习惯，从而促进文化产业的发展。因此，利用数字化信息技术可以实现对土家族地区傩文化开发利用，可以促使傩文化的产业化，能够拓展文化产业链，繁衍出新的行业及衍生品，充实傩文化经济效益，这对促进土家族地区经济的发展及文化的传承起着不可估量的作用。

  土家族地区傩文化数字博物馆的设计研发和对公众免费开放，成为土家族地区发展民族传统文化重要的文化宣传阵地。土家族地区傩文化数字博物馆将极大地推动土家族地区傩文化产业的繁荣与发展，从贵州傩文化博物馆以及"中国傩城"开发项目持续的社会关注热度来看，傩文化本身具有很强的神秘性和吸引力。同时，土家族地区傩文化数字博物馆的运行点击率，具有潜在的互联网新媒体广告商机,在互联网推广方案中,可以链接国内外多家非物质文化数字博物馆和文创产业推广平台网站,这样数字媒介广告传播效果就更加快速有效,完全能够适应互联网时代的新形态广告发展趋势,在数字互联网+时代,文化创意产业与互联网行业紧密相连,捆绑式发展,具有广阔的前景和发展优势。

二 劣势(Weakness)分析

土家族地区傩文化数字虚拟博物馆虽然在文物保护利用上更有优势,但对于文化旅游产业来说,毕竟属于网络虚拟体验,这与实地感受和体验不一样,带来吃、住、行、游、购、娱的旅游体验是数字化网络虚拟体验是无法比拟的。利用数字虚拟博物馆对傩文化进行数字化保护和传播固然有很多优势,但作为文化产业开发来看,显然作为网络虚拟仿真体验还是不如大众通过游历来亲身感受傩文化的魅力,这是其一。

其二,传统文化空间受到冲击。据走访调查,随着城镇化进程的加剧发展,工业现代化等新兴经济对传统农耕文化产生颠覆性冲击,人们原有的生活消遣方式和娱乐方式发生了翻天覆地的改变,土家族地区傩文化的传统祭祀文化礼仪等不再受到人们的追捧。特别是智能手机普遍使用,人们享受着时尚都市快餐文化所带来的愉悦,往常的思维方式和价值观念也潜移默化地发生了改变,这些都大大地动摇了传统文化的生存土壤,传统文化生存空间遭到破坏。

其三,文化创意人才欠缺与现有人才质量较低的问题是导致目前中国中西部地区创意人才供求不平衡的主要因素。一是土家族地区傩文化遗产继承面临着断层现象;二是创意人才严重匮乏,使得土家族地区傩文化的数字化产业形势不容乐观。换言之,将傩文化进行数字化保护和创新利用的原动力是土家族人民的智慧和灵感,尤其是长期在生活习得的精湛技艺等,只有依靠老百姓的智慧,并具有一定的文化素质和掌握一定的工艺技术,才能对土家族傩文化资源进行再创造与持续发展,也才能衍生出符合现代社会市场需要的文化原创产品。但是,囿于土家族地区在推进傩文化遗产的数字化开发和利用，往往受限于人才欠缺的影响，导致对傩文化资源的利用和开发的进程十分缓慢。

其四，虽然土家族地区有着很好的傩文化资源和相关旅游资源，但是，土家族地区文化产业保护开发处于一个极其初级的阶段，由于各区域地理位置的不同，导致其经济、文化的发展程度各不相同，各区域想要加快发展速度，改良产业结构、扩大发展规模并且在一定程度上提升数字化科技含量与文化产品的附加值是推进发展进程、调整发展动力的必要措施。

综上所述，土家族地区傩文化资源数字化开发及产业化发展劣势主要体现在：当地的人们对文化产业发展认知粗浅，观念陈旧落后；傩文化产业与旅游业融合创新不足；非物质文化保护体制单一，在以傩文化为主题的文化产业资源整合方面，缺乏长远规划；懂傩文化、善经营傩文化产业的复合型人才缺乏。

三 机遇（Opportunity）分析

据国家旅游局发布的《2016年上半年旅游统计数据报告》显示，"2016年1—6月，入境旅游人数6787万人次，比上年同期增长3.8%。其中：外国人1347万人次，增长9.0%；香港同胞4003万人次，增长2.2%；澳门同胞1158万人次，增长3.5%；台湾同胞279万人次，增长5.8%。2016年1—6月，入境过夜旅游人数2887万人次，增长4.3%。其中：外国人1036万人次，增长6.8%；香港同胞1369万人次，增长2.3%；澳门同胞236万人次，增长3.5%；台湾同胞246万人次，增长6.0%。2016年1—6月，国际旅游收入570亿美元，比上年同期增长5.3%"[①]。随着我国综合国力的增强，越来越多的外国游客对充满神秘东方色彩的古老国度——中国产生了兴趣，更多地是想通过旅游方式来了解我国文化。在国内，经济的快速发展使得人民群众的生活方式有了极大的

---

① 引自中华人民共和国国家旅游局官网，http://www.cnta.gov.cn/zwgk/lysj/201608/t20160801_779445.shtml。

改变，从最初追求身体的温饱到如今寻求精神层面的提升，使得我国的精神文化消费需求直线上升。

近年来，我国在动漫产业方面正逐渐从"儿童"时期向"青少年"时期发展。整个行业经历前五年高速增长后，"2014年动漫行业总产值突破千亿，2010—2014年CAGR为20.7%，2015年行业总产值有望增至1131.58亿元。根据统计结果来看，我国二次元用户是动漫产业的主要发展对象，截至2015年，我国二次元用户数量接近2.19亿人，其中核心二次元用户有5939万，且90后、00后的用户数量占总数的62.9%"[①]。将土家族傩文化的数字化开发与动漫产业相结合的形式，无疑有很好的数字化发展前景。

时间	发布单位	政策名称	具体内容
2008年	国家广电总局	《广电总局关于加强电视动画片播出管理的通知》	规定自2008年5月1日起，全国各级电视台所有频道不得播出境外动画片的时段，由原来的17:00至20:00延长至21:00
2009年	国务院	《文化产业振兴规划》	提出动漫产业要着力打造深受观众喜爱的国际化动漫形象和品牌，成为文化产业的重要增长点，支持动漫等文化产业进入国际市场
2011年	文化部、财政部、国家税务总局、海关总署	《动漫企业进口动漫开发生产用品免征进口税收的暂行规定》	对经认定的动漫企业进口动漫开发生产用品实施免征进口税收政策，免税税种包括进口关税及进口环节增值税
2012年	文化部	《"十二五"时期国家动漫产业发展规划》	规划明确"十二五"期间，将着力打造5至10个知名国产动漫品牌和骨干动漫企业
2014年	文化部	《关于贯彻落实〈国务院关于推进文化创意和设计服务与相关产业融合发展的若干意见〉的实施意见》	提出扶持内容健康向上、富有创意的优秀原创动漫产品的创作、生产、传播、消费
2015年	文化部	《2015年扶持成长型小微文化企业工作方案》	重点扶持的成长型小微文化企业

图9-2 我国出台动漫产业相关的政策

资料来源：《2016—2022年中国动漫行业市场深度调研及投资前景分析报告》。

---

① 引自中国产业信息网，http://www.chyxx.com/industry/201605/418229.html。

据分析报告指出（见图9-3），动漫设计制作占据文化创意产业链的上游，在移动游戏动漫题材中，魔幻类占据了13.1%的比例，远远高于以前的传统题材如武侠、历史、战争等。傩文化可以作为魔幻类型题材，对土家族地区傩文化的移动游戏题材开发，具有广阔的经济市场消费前景。土家族地区傩文化动漫游戏开发，经济收入部分主要是由游戏动漫平台或发行商出售漫画版权带来的。

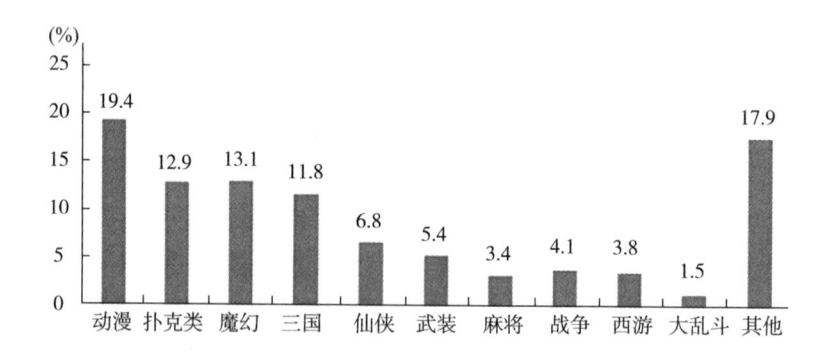

图9-3 移动游戏各题材分布一览柱形图（单位:%）

数据来源：《2016—2022年中国动漫行业市场深度调研及投资前景分析报告》。

游戏动漫产业具有丰富的内容，可开发空间十分充裕，且用户的年龄跨度较大，因此，将游戏动漫制造出的衍生品投放于市场，是该产业经济收入的主要增长源。其中，在2015年动漫衍生品市场收入达到380亿元，超过了播映市场收入1.5倍，并以每年约20%的高增长率攀升。因此，对土家族地区傩文化进行动漫影视游戏内容的开发，决定着其是否能占据文化产业链的核心地位，从而促进傩文化衍生产品的市场开发与繁荣发展。

第六节 傩文化的数字化产业发展对策

数字新媒体技术的不断发展，被广泛运用在人们生活的方方面面，在各行各业无不充斥着各种数字的智能产品。曾经散落在乡野的民间传统信仰和各种巫傩仪式也和现代的数字化技术沾上了边，通过数字网络信息技术带来的虚拟的仿真体验，使得每个人都可以参与到傩的活动中并可以选取一个角色亲身体验，过一把"傩戏"瘾。数字技术被应用到傩文化的活动中，人们很难从不同方面抽离出现实与虚拟世界的大量信息，人们的视觉神经也随着优劣难辨的数据信息而日趋脆弱与迟钝，传统文化在网络空间已经碎片化，往往被发布者片面理解后进行传播，在虚拟数字世界构建虚假的文化空间，大众很难在这个真假难辨的信息空间和网络炒作的传播中，保持本民族的文化本源与文化本真。因此，对傩文化的数字化产业发展，要保持傩文化的核心文化内涵，只有保持傩文化的本真性，才可以通过数字信息技术来丰富傩文化的产业线。通过以上分析，开发傩文化的动漫游戏文化产业，是推动傩文化传播，保护傩文化价值，丰富群众文化生活，推进传统非物质文化的保护和传承的重要举措。

一 依托数字互联网技术，促进产业转型

随着数字互联网络文化的兴起，给传统文化带来巨大的冲击，特别是依靠口传身授的民间非物质文化更是首当其冲，遭到日甚一日的破坏，人们也不再依赖曾经风光无限的民俗活动获得精神的满足，这也严重地导致古傩文化艺术形态日渐式微。然而，作为非物质文化遗产要在数字时代焕发青春，获得继续生长的原动力，就需要将科学保护技术与文化特色完美融合，将新兴的数字技术与我国民族的传统文化相结合，做到从根本意义上对民族传统文化进行传承、保护和传播。正如日本艺术理论家岩崎昶所说："艺术不是单纯地从几万年前堆在某处的两块石头上的壁画开始发展到今天这样规模的，它所以能逐渐扩大其领域，成为巨大的力量，首先是因为它能够最勇敢，最迅速地接受和利用每一个时代最发达的机械（技术）。换句话说，艺术就是直接产生于一切时代、一切社会的生产

(技术）这一基础之上的。"①傩文化也好，傩艺术也罢，都要与当代先进科学技术相结合，运用先进的技术手段，才能使古老的文化艺术焕发新的生命力。

在互联网时代，文化创意产业如雨后春笋般纷纷发展起来，民族文化创意产业借助互联网优势，在多个领域得到了拓展和延伸。利用互联网新媒体、大数据网络和数字化平台，宣传和推广民族文化创意作品，成为了横跨电影业、广播影视业、互联网产业、多媒体产业、网络游戏和旅游观光等具有文化创意性质的产业，这为傩文化数字动漫产业的发展提供了先决条件。

依托"互联网+"的发展方式，推动傩文化产业的成功升级转型与发展进程，这也是对傩文化进行传承与发展的必经之路。由于数字化技术的快速推进，人们对数字化技术的依赖程度与日俱增，而青年作为各个文化产业发展的主要对象，他们的娱乐生活与现代数字信息技术息息相关。互联网信息技术运用到傩文化的保护传承和发展中，已经成为研究土家族地区傩文化数字保护传承的重要课题。将傩文化衍生品与数字化技术相关联，并开展"互联网+"的发展形式，适度地开发与青年人消费观念相适应的互联网和移动终端衍生品，促进"互联网+动漫游戏"产业的发展，是依托互联网推动"互联网+傩文化"产业快速发展的重要举措。比如，傩戏表演中的傩坛空间、人物角色、法器道具、灯光色彩、器乐音响等，都可以通过数字摄录设备进行采集、数据处理，转换为数字网络视频格式文件在互联网中进行传播，其传播效果和受众面是依靠传统技术手段所不可能达到的。再则，土家族地区傩文化内容丰富，形式多样，通过长期的搜集和整理，已经积累了大量的图形图像、影音视频、文字资料以及神话故事传说等资料，为傩文化数字动漫产业提供了丰富的素材。而且，这些神幻题材恰好迎合了当下网络动漫游戏创意的流行趋势。从图9-3的数据可以看出，魔幻神话类题材深受游戏玩家喜爱，这也充分说明以傩文化为题材进行数字游

---

① ［日］岩崎昶：《电影的理论》，中国电影出版社1963年版，第11页。

戏开发具有良好的市场前景，譬如，傩文化动漫产业的开发可以从傩文化吉祥物的设计研发、傩文化主题动漫故事片的拍摄、傩文化数字游戏的开发以及傩衍生品的开发等多方面综合发展。

总之，数字网络信息技术为土家族地区傩文化产业的持续发展提供了强劲的技术支持，可以利用数字化技术对傩文化进行故事编排和讲述、计算机动画和虚拟现实。利用当前热度较高的互联网新媒体交互技术，可以把传统的土家族地区非物质文化遗产文化保护方式升级为新兴的动态保护方式；可以借助"互联网+"的传播形式，将傩文化与网络结合起来；还可以与新兴的"互联网+动漫"产业相融合，对傩文化产业进行深度开发与持续发展，以此促进傩文化产业的成功升级转型与发展进程。

二　依托数字虚拟技术，发展优势产业

利用互联网传播的便捷性和傩文化自身的特殊性，对土家族地区傩文化采取"模块化"保护与"碎片化"信息传播的方式。利用数字虚拟呈现技术，深入挖掘并呈现民间传统傩文化的魅力，以此推动傩文化挖掘和地方旅游开发两个产业融合，培育一批能彰显民族文化个性的文化品牌，积极拉近文化机构与企业的融合，共同创新，打造一批具有示范效应的傩文化项目，将傩文化的保护与传承融合的现代科技走入现代生活。

傩文化动漫产业的发展可以借助模块化与碎片化相结合的发展模式，这是由互联网信息技术发展特点所决定的。碎片化和模块化是个体与局部的关系，但是二者实则是一个整体。动漫艺术作品是由电脑、手机等数字终端作为载体进行传播发布，模块化结构技术不仅可以增强傩戏动漫创作灵活度，还可以及时更新、修改、变动傩戏动漫内容，具有高效率与实时性。对傩文化的文字资料、音乐唱腔、面具脸谱、表演影像、传承谱系等信息资源利用数字化技术生成虚拟现实场景，可以最大限度地展现傩文化动态演绎空间。

美国战略管理学家迈克尔·波特所提倡的产业的改进动力源于国家竞争优势的形成，而国家竞争优势的关键又在于产业的建立和创新。随着中国经济的快速崛起,国家对发扬和继承傩文化进行了不同程度的鼓励和扶持,只有牢牢把握产业经济的运行动向,傩文化才能被充分地发扬和巩固,也只有这样,文化的优势才会在众多产业中显现。国家在人力、物力、财力等方面都为傩文化提供保障,同时也在为傩文化寻找新的发展路径。在社会多元化的当今,傩文化的发展资源得天独厚,将土家族地区的傩文化列入国家级非物质文化遗产名录中,以更好地展现其优势,最大限度地实现人才化、效率化,建立一个具有民族风格的文化基地,让土家族地区傩文化能站稳脚,发挥特有的文化效应,从而提升土家族地区傩文化的影响力。

三 加大政策扶持力度,激发创意活力

土家族地区傩文化源远流长、文化底蕴深厚,这既是土家族地区独有的物质资源与精神财富,也是全人类的共同财富,其中也呈现出华夏子孙最深厚的文化内涵,是当代文化得以繁荣发展的原生态营养。国务院《关于实施中华优秀传统文化传承发展工程的意见》认为:"随着我国经济社会深刻变革、对外开放日益扩大、互联网技术和新媒体快速发展,各种思想文化交流交融交锋更加频繁,迫切需要深化对中华优秀传统文化重要性的认识,进一步增强文化自觉和文化自信;迫切需要深入挖掘中华优秀传统文化价值内涵,进一步激发中华优秀传统文化的生机与活力;迫切需要加强政策支持,着力构建中华优秀传统文化传承发展体系。"[①]

目前,国内民族文化衍生品研发现状面临市场需求不旺、销售渠道过于狭窄、产品创意设计滞后、知识产权意识淡薄、文化产业链不稳定、产品类型重合现象严重、缺乏专业的研发团队等,这使得绝大多数的非物质文化遗产文化衍生品只满足于低附加值的重复

---

① 新华社:中共中央办公厅国务院办公厅印发《关于实施中华优秀传统文化传承发展工程的意见》,http://www.gov.cn/zhengce/2017-01-25/content_5163472.htm,2017-01-25。

生产上。产品同质化现象严重，直接导致的后果就是造成文化产品研发链断裂，以至于市面上很难找到文化内涵丰富和具有特色鲜明的文化创意产品。土家族地区傩文化衍生品的研发需要遵循其本质的精神内涵，作为具有高识别度的文化符号存在，根据其实用价值或艺术价值的多重属性，通过对不同受众的年龄、性别、职业、审美等要素进行分析，在此基础上，系统性地规划出傩文化主题衍生品的研发体系，注意文化内涵的连接与体现，兼顾功能上的安全、便捷、适用的统一。如图 9-4 所示。

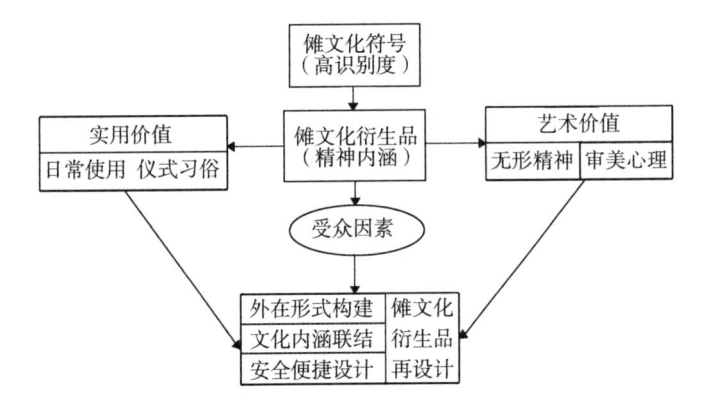

图 9-4　土家族地区傩文化衍生产品的研发设计

第七节　本章小结

土家族地区傩文化的数字化保护传承与发展，结合了人工智能的先进技术、信息工程的数字化技术，把先进的数字信息运用到文化传承与保护中来，从而为土家族地区傩文化的传承与发展奠定了坚实的基础，使其在发展中得到进一步的拓展和衍生。

但是，以下几点问题不容小觑：一是数字化技术破坏了原有的文化元素之间的互补性。要避免过度依赖数字化技术；同时保证文化遗产的"静态""动态""活态"不失真；并注重傩文化中物质要素和非物质要素的有机结合，贯彻二者相关保护策略。注意保护傩文化作为非物质文化遗产的原生性、广泛性、鲜活性。二是数字化保护传承的多专业性。非物质文化遗产数字化的表现与传统的表现有较大的差异，汇集了社会学、民俗学、信息工程技术、艺术学、符号学、民族学、影视学、传播学等专业知识，其中关联到的专业知识、科学技术是各学科互相补充、互相结合的高度体现，这就需要在日后逐步建立完善的管理体制及运行机制。三是大力培养数字化保护传承的多样化人才。土家族地区傩文化非物质文化遗产数字化研究和保护，是一个时历较长、技能较强、贡献较大的工程，其中人力资源的输送与培育是数字化信息技术发展的关键问题，这更要成立一支持久性的、技术精湛且具备较高技能、专业方面突出的人才队伍。四是土家族傩文化数字化保护传承生态产业链的形成和走品牌化经营之路。数字化信息技术彻底改变了土家族地区傩文化繁衍品的制造、推广、消费方法，采取现代化的品牌经营理念和先进的数字信息技术可以提升傩文化衍生产品的创造力，研发新的文化衍生产品，增强傩文化在文化产业中的竞争力和生命力。然而从文化产业经济发展的逻辑来看，技术只用于解决问题，优异的文化内涵和后续衍生的创新才是数字信息保护的重要内容。所以，当务之急就是土家族地区资源数据库的建立，傩文化的数据库的丰富性，决定了资源分享率是否高效和消费者在其中获得利益的大小。

我国互联网和数字信息技术正在快速发展，文创产业正显现出蓬勃生机，将数字信息技术运用到文化创意产业中，促进文化产业的继承与发展，加强数字文化产业和其他产业的有机结合，形成一个完美闭合的数字化产业圈，构成具有较强创新能力的傩文化产业链，力争将抽象的文化资源转变成具体的经济资源，创造出巨大的社会财富，巩固、充实、提高国家文化软实力，为实现中华民族伟大复兴的中国梦奠定坚实的文化基础。

参考文献

一 参考书目

阿汝汗、邵汉明、黄松筠：《松原历史文化研究》，人民出版社 2013 年版。

白慧颖：《知识经济与视觉文化视野下的非物质文化遗产保护与开发》，北京理工大学出版社 2012 年版。

陈华文：《文化学概论》，上海文艺出版社 2001 年版。

陈向明：《质的研究方法与社会科学研究》，教育科学出版社 2000 年版。

陈瑛、许启贤主编：《中国伦理大辞典》，辽宁人民出版社 1989 年版。

丁广惠：《中国传统礼俗考》，黑龙江教育出版社 2012 年版。

董士海、王衡：《人机交互》，北京大学出版社 2004 年版。

国家文物局法制处：《国际保护文化遗产法律文件选编》，紫禁城出版社 1993 年版。

贺刚：《湘西史前遗存与中国古史传说》，岳麓书社 2013 年版。

胡骏：《博物馆纵横》，中国青年出版社 1989 年版。

湖南省文化厅编：《湖南省非物质文化遗产名录（二）》，湖南人民出版社 2009 年版。

金新政、李宗荣：《理论信息学》，华中科技大学出版社 2014 年版。

李土生：《土生说字》（第 18 卷），中央文献出版社 2009 年版。

刘守华、陈建宪：《民间文学教程》，华中师范大学出版社 2009 年版。

刘翔：《信息管理与信息系统》，清华大学出版社 2013 年版。

马知遥、孙锐：《文化创意和非遗保护》，天津大学出版社 2014 年版。

潘云鹤、樊锦诗：《敦煌　真实与虚拟　中英文本》，浙江大学出版社 2003 年版。

曲六乙、钱㙇：《东方傩文化概论》，山西教育出版社 2006 年版。

谈国新、钟正：《民族文化资源数字化与产业化开发》，华中师范大学出版社 2012 年版。

覃溥：《守望家园——广西民族博物馆与广西民族生态博物馆"1 + 10 工程"建设文集》，广西民族出版社 2009 年版。

陶思炎：《民俗艺术学》，南京出版社 2013 年版。

田特平：《湘西民间艺术概论》，湖南师范大学出版社 2013 年版。

庹修明：《巫傩文化与仪式戏剧研究——中国傩戏傩文化》，贵州民族出版社 2009 年版。

王耀希：《民族文化遗产数字化》，人民出版社 2009 年版。

魏建香：《学科交叉知识发现及可视化》，南京大学出版社 2011 年版。

温德成：《制造业质量信息管理》，中国计量出版社 2005 年版。

吴玲达：《多媒体人机交互技术》，国防科技大学出版社 1999 年版。

吴曦：《信息安全辞典》，上海世纪出版股份有限公司上海辞书出版社 2013 年版。

徐磊：《褪色的诗意——非物质文化遗产视阈下的牛郎织女研究》，山东大学出版社 2013 年版。

徐士进：《数字博物馆概论》，上海科学技术出版社 2007 年版。

许文彬、张亦春：《信息结构、制度变迁与金融风险演进》，中国财政经济出版社 2004 年版。

杨帆、赵立臻：《多媒体技术与信息处理》，中国水利水电出版社 2012 年版。

张鸣:《文化创意产业集群理论与实践》,天津科学技术出版社 2013 年版。

张宪荣、季华妹:《现代设计辞典》,北京理工大学出版社 1998 年版。

张仲谋:《非物质文化遗产传承研究》,文化艺术出版社 2010 年版。

中国人民政治协商会议恩施市委员会文史委,湖北省恩施市三岔乡人民政府合编:《恩施文史资料第 15 辑·中国民间艺术之乡:三岔》,2005 年版。

仲富兰:《民俗传播学》,上海文化出版社 2007 年版。

周林、殷侠:《数据采集与分析技术》,西安电子科技大学出版社 2005 年版。

[美]爱德华·希尔斯:《论传统》,傅铿、吕乐译,上海人民出版社 2014 年版。

[英]博伊索特(Boisot, M. H.):《知识资产在信息经济中赢得竞争优势》,张群群、陈北译,上海人民出版社 2005 年版。

[日]岩崎昶:《电影的理论》,中国电影出版社 1963 年版。

二 期刊

曹毅:《土家族傩文化浅论》,《民族论坛》1995 年第 1 期。

常凌翀:《互联网时代西藏非物质文化遗产的数字化传播路径》,《中央民族大学学报》2014 年第 3 期。

陈明勇:《基于会声会影的影视编辑与制作》,《硅谷》2012 年第 19 期。

崔在辉:《"中国戏剧活化石"——恩施傩戏》,《湖北文史》2003 年第 1 期。

杜建华:《城市化、信息化进程中巴蜀傩戏、祭祀戏剧的嬗变》,《民间文化论坛》2005 年第 6 期。

龚德全:《多维视野下的傩戏傩文化——中国·遵义黔北傩文化国际学术研讨会综述》,《遵义师范学院学报》2009 年第 6 期。

郭巍:《虚拟现实技术特性及应用前景》,《信息与电脑·理论版》

2010年第5期。

国务院办公厅印发《关于加强我国非物质文化遗产保护工作的意见》,《人民日报》2005年4月27日。

韩晶:《新疆古籍文献资源数字化保护探析》,《图书馆学刊》2015年第11期。

何立高:《黔东土家族傩堂戏文化特色研究(上)》,《铜仁学院学报》2007年第6期。

黄柏权、葛政委:《从仪式到表演——恩施三岔"还愿"仪式的人类学考察》,《广西民族研究》2005年第4期。

黄怡鹏:《数字化时代广西壮剧艺术的保护与传承》,《广西社会科学》2008年第9期。

黄永林、谈国新:《中国非物质文化遗产数字化保护与开发研究》,《华中师范大学学报》(人文社会科学版)2012年第2期。

季涛频:《数字化时代图形传播的未来模式》,《装饰》2007年第2期。

李春茜:《数字化时代的知识传播与版权保护》,《情报科学》2000年第10期。

李国庆、张泊平:《河南省文化资源数字化传播研究》,《产业与科技论坛》2014年第2期。

李峻峰:《虚拟现实技术与虚拟校园的研究与实践——以潍坊学院虚拟校园建设为例》,《工程图学学报》2011年第3期。

李晓达、占向辉、徐杭:《基于逆向工程的某汽车车身部件的三维CAD数模的建立》,《科技信息》2010年第21期。

刘连山、李人厚、高琦:《视频数字水印技术综述》,《计算机辅助设计与图形学学报》2005年第3期。

刘绍敏:《民间祭祀 恩施傩戏》,《湖北画报》(湖北旅游)2007年第6期。

刘廷新:《湘西傩堂戏的传承与社会属性》,《中南民族大学学报》2006年第1期。

罗巧玲:《土家族傩文化现状解读——以恩施土家族苗族自治州为

例》,《湖北民族学院学报》(哲学社会科学版) 2011 年第 4 期。

倪光南:《大数据的发展及应用》,《信息技术与标准化》2013 年第 9 期。

彭冬梅、潘鲁生、孙守迁:《信息视角:非物质文化遗产保护的数字化理论》,《计算机辅助设计与图形学学报》2008 年第 1 期。

彭冬梅、潘鲁生、孙守迁:《数字化保护——非物质文化遗产保护的新手段》,《美术研究》2006 年第 1 期。

彭冠智:《湘西民俗文化事象考》,《船山学刊》2009 年第 3 期。

《省、市、自治区博物馆工作条例》,《江西历史文物》1980 年第 1 期。

谈国新、孙传明:《信息空间理论下的非物质文化遗产数字化保护与传播》,《西南民族大学学报》2013 年第 6 期。

谭必勇、张莹:《中外非物质文化遗产数字化保护研究》,《图书与情报》2011 年第 4 期。

庹修明:《贵州德江土家族地区傩堂戏》,《中央民族学院学报》1989 年第 3 期。

王文明:《湘西傩文化的价值及开发方略》,《船山学刊》2003 年第 4 期。

吴介、裘正定:《底层内容特征的融合在图像检索中的研究进展》,《中国图像图形学报》2008 年第 2 期。

吴祐昕、吴波、麻蕾:《互联网大数据挖掘与非遗活化研究》,《新闻大学》2013 年第 3 期。

吴振琦、崔彬、邱绮:《恩施土家族苗族自治州鹤峰县傩愿戏的田野调查》,《民间文化论坛》2011 年第 3 期。

肖健宇:《多媒体数据库系统设计的关键技术研究之一:特征的提取与索引》,《系统仿真学报》2001 年第 A2 期。

熊晓辉:《湘西土家族傩戏略考》,《戏曲艺术》2009 年第 3 期。

熊元彬:《浅述铜仁地区土家族宗教文化》,《中国社会科学院研究生院学报》2011 年第 6 期。

喻帮林:《贵州省沿河土家族傩戏概述》,《民族艺术》1995 年第

6期。

赵沁:《虚拟现实综述》,《中国科学(F辑:信息科学)》2009年第1期。

郑翠仙:《恩施傩戏艺术文化分析与可持续发展路径研究》,《湖北社会科学》2013年第2期。

《中华人民共和国非物质文化遗产法》,《中华人民共和国全国人民代表大会常务委员会公报》2011年2月1日。

《中华人民共和国文物保护法》,《中华人民共和国全国人民代表大会常务委员会公报》2012年第6期。

周子渊:《非物质文化遗产的数字化传播研究》,《调查与研究》2012年第3期。

Massimiliano Pieraccini, Gabriele Guidi, Carlo Atzeni, "3D digitizing of cultural heritage", Journal of Cultural Heritage, 2001, 2 (1).

克里弗德·埃·莱恩茨、艾德温·比·布朗利格、高天:《书籍保护和数字化》,晋图学刊,1988年。

三 论文集

陕西省文化厅,陕西省非物质文化遗产保护中心编:《陕西省非物质文化遗产保护高峰论坛论文集》,三秦出版社2008年版。

Cheng Yang, Shouqian Sun, Caiqiang Xu, "Recovery of Cultural Activity for Digital Safeguarding of Intangible Cultural Heritage", Proceeding of the 6th World Congress on Intelligent Control and Automation. Dalian: June 21 - 23, 2006.

四 学位论文

曹瑞:《互联网商业信息中的非物质文化数据挖掘及空间可视化》,硕士学位论文,河北师范大学,2012年。

曾婷:《辰州傩戏的传承研究》,硕士学位论文,中南民族大学,2012年。

陈济民:《基于连续文化序列的史前聚落演变中的空间数据挖掘研

究》，硕士学位论文，南京师范大学，2006年。

计云倩：《基于可见水印的古籍图像版权保护技术研究》，硕士学位论文，苏州大学，2010年。

李春霞：《多维的传播——论现代多媒体技术与中国民间艺术的传播》，硕士学位论文，南京艺术学院，2007年。

李鹏飞：《考古遗址发掘数据管理和分析技术研究与应用》，硕士学位论文，浙江大学，2014年。

李巍：《半结构化数据挖掘若干问题研究》，博士学位论文，吉林大学，2013年。

刘兴禄：《愿傩回归——当代湘西用坪瓦乡人还傩愿重建研究》，博士学位论文，中央民族大学，2010年。

马仁源：《基于UNITY3D平台的中国汉代服装展示设计与实现》，硕士学位论文，北京工业大学，2015年。

孙传明：《民俗舞蹈类非物质文化遗产数字化技术研究》，博士学位论文，华中师范大学，2013年。

覃京燕：《文化遗产保护中的信息可视化设计方法研究》，博士学位论文，清华大学，2006年。

王华忠：《考古发掘数据处理分析关键技术研究与实现》，硕士学位论文，浙江大学，2013年。

王振风：《基于Lucene的分布式全文检索技术的研究与应用》，硕士学位论文，东华大学，2015年。

吴志锋：《基于运动捕捉技术的木偶戏数字化研究与实现》，硕士学位论文，电子科技大学，2009年。

余传明：《基于本体的语义信息系统研究》，博士学位论文，武汉大学，2005年。

张谦：《三维网络数字水印技术研究及其在数字博物馆中的应用》，硕士学位论文，西北大学，2005年。

张帅：《全文检索技术的研究和应用》，硕士学位论文，北京邮电大学，2012年。